나도 나를
어쩌지 못할 때

나도 나를
어쩌지 못할 때

어떤 감정에도
무너지지 않고
나를 지키는 연습

케빈 브래독 지음

허윤정 옮김
정우열 감수

앤의books

결국 다 괜찮아질 것이다,
그게 무엇이든

우선 이 책을 펼쳐준 여러분에게 감사하다.

앞으로 내가 시작할 이야기는 나에게 일어난 우울과 불안 증세, 나아가 그것들이 초래하는 공황장애나 번아웃, 감정 붕괴로 인해 무너진 삶을 극복하고 서서히 회복하기까지를 다룬 긴 여정이다.

이 이야기를 책으로 쓰려고 마음먹은 이유는 오로지 하나다. 세상이 온통 잿빛으로 변하던 날, 모든 것이 부서져버렸던 그날, 나는 내 인생이 끝났다고 생각했다. 더 이상 내려갈 수도 없는, 그야말로 밑바닥까지 주저앉은 상태였다. 그러던 내가 작은 용기를 내어 도움을 요청하던 순간부터 삶은 조금씩 달라지기 시작했다.

회복의 과정에서 깨달은 것들이 있다. 나를 괴롭히는 감정들을 없애려고 애쓰지 말고, 혼자서 감당하기보다는 주변 사람들에게 손을 내밀어 함께 가는 편이 훨씬 더 빠른 회복의 길로 나아갈 수 있는 사실을 말이다.

내가 배운 것들이 누군가에게(그게 비록 단 한 사람일지라도) 도움이 되지 않을까 싶어 이 책을 쓸 용기를 냈다. 나는 여러분에게 이 책을 읽고 나면 새로운 사람으로 거듭 날 것이라는 약속 따위는 하지 않겠다. 그러나 지금보다는 반드시 더 좋아질 거라는 희망, 그게 내가 말하고 싶은 전부다.

케빈 브래독

차
례

작가의 말 결국 다 괜찮아질 것이다, 그게 무엇이든   004

1부

✕

우울하다고
말할 수 있는 용기

1장

우울과 불안

더 이상 내려갈 곳이 없는 바닥을 치면
그때부터는 올라갈 일만 남는다는 사실을 기억하라.

그냥 좀 우울한 사람   016
위기는 한순간에 찾아온다   023
불편한 진실을 마주하겠다는 결심   038
우울의 반대가 행복은 아니다   047

도와달라고 말하기

2장

혼자 감당하지 말고 도움을 요청하라.
용기가 나지 않는다면 그저 손을
조금 더 뻗는 일쯤으로 여기자.

힘들면 힘들다고 말해야 하는 이유 054

부정적인 감정이 들수록 솔직해져야 한다 066

'남자다움'이라는 감옥에 대하여 074

정신과 상담을 주저하는 사람들을 위한 조언 082

몸을 움직이는 습관

3장

쉬운 일을 꾸준히 하라.
몸을 움직이면 마음도 바뀐다.

걷기에서 발견한 교훈 089

몸이 나에게 보내는 작은 신호들 092

마음 들여다보기

4장

마음속 이야기를 솔직하게 하라.
감정을 정면으로 마주하지 않으면
우리는 그 감정의 노예가 되고 만다.

감정은 잘못이 없다 097

심리치료의 도움으로 가면을 벗다 107

약물치료는 꼭 필요할까? 115

우울증을 암시하는 증상들 118

2부

✳

나도 어쩌지 못하는
감정이 밀려올 때

5장 배우고 듣는 것

다른 사람이 해주는 말에 귀를 기울이고
새로운 삶의 방식을 배워라.

회복이란 듣고 배우는 과정이다   126
고전이 내게 가르쳐준 것들   133
혼자서는 무너져도 함께하면 치유한다   150
모임에 들어가기   157

6장 운동 시작하기

살을 빼거나 몸을 바꾸겠다는 집착은 버려라.
그저 아이들이 뛰노는 것처럼 운동하라.

명상이 가져다준 놀라운 효과   164
가볍게 시작해서 천천히 계속하기   168
몸과 마음을 위한 요가 수련   180
건강한 몸 상태를 유지하는 식습관   185

7장 중독에서 벗어나기

되도록 맨정신을 유지하라.
가짜 감정을 걷어내야 진짜 감정이 보인다.

삶이 힘겨운 사람들을 위한 회복 모임   191
알코올 중독자라는 딱지   200
자기 정체성을 인정한다는 것   211
트라우마에 대하여   215
알코올 중독에 대해 알아야 할 상식   220

8장 자연과 기술 사이

때로는 스마트폰 알림을 모두 끄고
밖으로 나가 자연의 품에 안겨라.

내가 살아 있다고 느끼는 순간   224
스마트폰 중독에 대한 새로운 논의   229
셀카와 '좋아요'에 집착할수록 외로운 이유   236
다시, 자연의 품으로   247

9장 일과 번아웃

당분간 목적은 잊어라.
살면서 때가 되면 다시 찾아올 것이다.

불태워 일했지만 마음의 재만 남을 때   254
번아웃을 겪고 나서 일터로 돌아가다   263
부담스러운 '목적'은 과감히 버리기   272

10장

나의 부모님

주변 사람들을 믿고 사랑하라. 그리고 어렵겠지만
그들에게서 사랑받는 사람이 되기 위해 노력하라.

어머니와의 이별   279

고통을 겪는 자식을 둔다는 것   284

3부

✶

사라지고 싶던 삶에서
살아가고 싶은 삶으로

11장

하루하루 실천하기

매일 아침이 행복하지 않아도 괜찮다.
중요한 것은 기분이 아니라 '오늘도 해냈다'는 사실이다.

매일 1퍼센트씩 나를 좋아지게 하는 일   296

'빌어먹을 하루하루'의 힘   299

실천을 오래도록 지속하려면   310

아침에 하면 좋을 습관 6가지   313

인내가 가져올 변화

상황은 반드시 바뀐다.
그러니 조급해하지 말고 시간을 두고 기다려라.

나아가진 못해도 살아갈 이유는 있다	318
회복으로 가는 길 가운데서	325
우울하지만 꽤 괜찮은 삶	332

감사의 말 내가 받은 축복들	337
추천 도서 목록	340
주석	343

12장

1부

우울하다고
말할 수 있는 용기

1장

우울과 불안

더 이상 내려갈 곳이 없는 바닥을 치면
그때부터는 올라갈 일만
남는다는 사실을 기억하라.

그냥 좀
—— 우울한 사람

    나의 하루가 어떻게 시작되는지부터 이야기해보겠다. 아침에 눈을 뜨면, 어떤 날은 그럭저럭 기분이 괜찮다. 침대에서 나와 느긋하게 커피를 내려 의자에 앉아 마시고 있노라면 꿈결 같은 안개가 걷히고 익숙한 모습의 현실이 드러난다. 창문의 블라인드를 걷어 올리고는 먼 하늘을 날아가는 비행기 소리를 듣는다. 기분이 괜찮다. 그래, 오늘은 괜찮다. 두 눈을 비비고 잠시 앉았다가 일과를 시작한다. 그날 할 일들을 쭉 해나가는 것이다.

    그런데 어떤 날은 일어날 때부터 뭔가 다르다. 우울이 시작되는 단서가 하나둘 나타난다. 몇 가지 익숙한 징표가 있는데 이를테면 간단한 것조차 결정하기가 정말 힘들거나, 목소리가 잠기거나, 뭔가 잘못 듣거나 말할까 봐 두려워진다. 또는 집 밖으로 나섰을 때 귀에 거슬리는 소음 때문에 화가 불끈 솟기도 한다. 버스 옆자리 승객의 헤드폰에서 나는 소리, 누군가가 음식을 먹으면서 내는 요란한 소리, 핸즈프리로 시끄럽게 통화하는 소리 등에 유독 예민해진다. 심지어 어떤 날은 잠에서 깨면 세상이 온통 잿빛이고 공허하며 아무 색깔도, 희망도, 이유도 없는 듯 보인다. 외롭고 지친 기분이 들며 몸이 둔하고 찌뿌둥하다. 내가 인생을 망쳤거나, 아니면 인생이 스스로 엉망이 된 것만 같다.

이런 일상이 반복되는 가운데, 어느 순간 드디어 에너지가 솟았다가 점차 사그라들었다가 다시 돌아오기도 하면서 하루가 지나간다. 이런 날들은 조금 노력이 필요한데, 나는 다음과 같은 일들을 해본다.

| 걷기

일단 현관문을 나선다. 잠시 멈춰 신발 끈을 고쳐 매고 공원으로 향한다. 공원을 한 바퀴 돈다. 두 바퀴를 돌 때도 있다.

| 말하기

나에게만 들리도록 작은 소리로 말한다. "그냥 공원을 돌고 있어. 오늘은 월요일이지" 따위의 말이다. 누군가가 전화를 걸어올 때를 대비해 아무 말이나 하면서 목을 푸는 것이다.

| 스트레칭

손가락을 깍지 끼고 하늘을 향해 기지개를 켜면서 팔다리, 몸통, 발가락까지 쭉쭉 뻗는다. 허벅지 뒤쪽 근육과 척추도 쭉쭉 늘려준다. 간단하게 적당히 한다.

| 움직이기

머릿속으로 내 몸을 떠올리면서 그 이미지와 하나가 되어 움직인다. 달리기를 할 때도 있고 복잡한 태극권 동작을 연습할 때도 있다.

| 듣기

모든 소리에 귀를 기울인다. 새들이 지저귀는 소리, 바람이 나뭇잎을 흔드는 소리, 비행기가 지나가는 소리 등. 저쪽 스케이트보드장에서 어떤 남자가 틀어놓은 힙합 음악이 들려올 때도 있다.

| 바라보기

오늘 아침에는 나뭇가지에 달린 잎들이 어떤 색을 띠고 있나? 하얀 하늘을 배경으로 그 잎사귀들은 몇 주 전보다 빛깔이 더 어둡고 말라 있다. 곧 갈색으로 변하리라.

| 알아차리기

오늘 아침에는 뭘 걱정하고 있지? 지금 느끼는 이 마음의 동요는 뭘까? 언제나 뭔가가 반드시 떠오르지만, 늘 분명하지가 않다. 그런 생각들을 단어로 표현하려고 애쓰면서 머릿속 목록에 저장한다. 하지만 세 개쯤 생각하고 나면 주의가 분산된다.

| 숨쉬기

맞다, 그냥 숨을 쉰다. 왜냐하면 대부분의 시간에는 숨을 쉰다는 사실을 잊은 채, 내 생명을 유지시키는 자동적인 호흡에서 멀어져 있기 때문이다. 눈을 감고 숫자를 10까지 센다. 끈기가 있을 때는 30이나 50까지 센다.

| 받아들이기

공원 벤치에 앉아 있을 때나 집으로 돌아와 의자에 앉아 있을 때나, 내가 정말 아는 것은 그런 감정의 양상들이 나타났다가 사라진다는 사실뿐이다. 그것을 식별할 만한 계기가 있을 때도 있고 없을 때도 있다. '그건 당연한 거지'라고 생각하면 마음이 조금 차분해진다.

정말 간단한 일들이다. 하루가 그렇게 시작된다.

하지만 어떤 날은 아침에 일어나 바로 옷을 입고 집 밖으로 나가 볼일을 본다. 친구를 만나기도 하고, 태극권 수업이나 회복 모임에 가기도 한다. 가게나 우체국에 갈 때도 있다. 때로는 행사에 가거나 그냥 놀러 나가서 군중 틈에 끼어 있기도 한다. 수다를 떠는 동안 분위기가 썰렁해지기도 하고 한바탕 웃음이 터지기도 한다. 그런 하루는 아주 멋질 수도 있고 쉽게 잊힐 수도 있다. 어쨌거나 그런 날들은 아무 생각을 하지 않아도 된다.

이제는 대부분 아침이 5년 전과 달라졌다는 느낌이 든다. 5년 전까지만 해도 아침에 눈을 뜰 때면 제발 우울한 기분이 들지 않길 바랐다. 사람들이 나에게 소원이 뭐냐고 물어보면 이렇게 대답했었다. 그저 아침에 눈을 떴을 때 우울하지도 불안하지도 않은 것. 왜냐하면 아침마다 항상 그런 기분이 들었기 때문이다.

| 우울

완전히 퍼져서 심하게 절망적인 상태. 그래서 말도 잃고 손끝 하나 움직이기 어려워지며 모든 에너지와 믿음, 사랑, 기쁨이 사라져버린다.

| 불안

잠에서 깨자마자 나를 관통하는 무시무시한 전류로, 마치 채찍질을 당하는 것 같은 상태. 공포스러운 생각은 공포스러운 감정으로 바뀐다. 두 손으로 머리를 감싸 쥐게 하는 두려움이다.

매일 아침, 그리고 거의 온종일 그랬다.

세월이 흐르는 동안 내 상태는 차츰 나아졌는데, 그 모든 나날에는 한 가지 공통된 주제가 있었다. 바로 회복이다. 회복은 아침마다 기분을 측정할 때 더 좋은 결과가 나오도록 노력하는 일이다. 회복하거나 건강을 유지하기 위해 매일 무언가를 하고, 그런 드높은 야망을 하나도 이루지 못한다 해도 최소한 몸을 움직이는 것이다. 다시 말해 그 일을 감당하고 꾸준히 해나가고 방법을 찾는 가운데, 처한 상황을 즐기고 사람들을 상대하면서 다시 살아가는 것이다.

회복을 이야기하면서 나는 해결책을 외치거나 한참 멀었다, 노력이 부족하다는 것을 암시하는 말들인 '자율'이나 '격려' 따위를 운운하지 않을 것이다. 나는 당신을 더 좋은 사람으로 만들 수 없다. 당신을 교정하거나, 정화하거나, 어떻게든 완벽한 사람이 되게 바꿔놓을 수 없다는 말이다. 그리고 물론, 당신을 행복하게 만들려고 하지도 않을 것이다.

심지어 우울이나 불안이라고 알려진 것에 정답이나 치료법이 있다고 논쟁하지도 않겠다. 결국 나도 찾지 못했다. 직접 겪어보니 그런 감정들은 바다의 조류나 행성의 순환처럼 끊임없이 왔다 간다.

대신 진지하고 솔직하게 이야기하고 싶다. 나에 대한 동정심을 자아내려는 수작은 부리지 않을 것이다. 그러면 우리 모두에게 도움이 되지 않을 테니까. 나는 웃기려 들지도 않고, 빈정

대지도 않으려 한다. 당신에게 호감을 사려고 내 결점을 웃음의 소재로 삼지 않을 것이다. 그 또한 쓸데없는 짓이다.

다만, 신뢰만큼은 반드시 필요하다. 내가 알고 있는 것을 그런 방식으로 들려주고 그 이야기로 어떤 틈을 메꾼다면, 아마도 회복이 가능하다는 희망이나 위안을 줄 수 있으리라 믿는다. 당신이 지금 겪고 있는 일이 자신만의 길을 찾을 때 겪는 일일 수 있다는, 아니 최소한 우리가 이 문제에 대해 이야기하는 방법을 찾을 수 있다는 희망이나 위안을 줄 수 있으리라는 얘기다.

그럼 이제, 나의 길과 언어를 어떻게 찾았는지 이야기를 시작해볼까 한다.

위기는 한순간에
_____ 찾아온다

　　내 이름은 케빈이다. 40대 중반이며, 영국 잉글랜드 지역의 슈롭셔주에 있는 작은 도시 출신이다. 교사였던 부모님, 누이와 함께 살면서 성장기를 보냈다. 1990년에 런던으로 가서 골드스미스대학교에 다녔고 프랑스어를 전공했다. 대학 졸업 후 처음에는 음악 잡지에서 기자로 일하다가 패션 잡지로 이직해 트렌드, 신세대 문화, 사회 문제에 관한 기사를 썼다. 또한 디제잉, 철인 3종 경기, 사이클, 컨설팅, 멘토링, 강연, 출판, 접시 닦기 등 다양한 일을 했고 그중 다수는 말이든 글이든 언어와 관련된 일이었다. 영어 외에 프랑스어를 유창하게 할 수 있으며, 이탈리아어와 독일어는 대화를 나눌 수 있는 수준은 된다.

　　2008년에는 몇 달 지낼 계획으로 베를린에 갔다가 2014년까지 계속 머물렀다. 나는 생물학적으로 남성이며, 키가 작고 (168센티미터) 머리가 벗어진 백인 이성애자다. 싱글이며 당연히 아이도 없다. 런던 남부 지역의 아파트에 세 들어 살고 있으며 가족과 친구들은 영국 전역과 해외에 흩어져 있다. 어머니는 2017년 말에 암으로 돌아가셨는데 그 일로 한동안 무척 상심했다.

이런 사실들이 당신에게 어떻게 받아들여질지, 그리고 내 모습을 어떻게 그려낼지 궁금하다. 내가 알 수는 없다. 솔직히 말하면, 나의 정체성의 일부가 담긴 이런 인생 이력서를 쓰는 건 좀 힘든 작업이다. 내 안에서 나를 흥미롭고 성공한 사람으로 보이게 하고 싶다는 욕구가 올라오는 게 느껴진다. 예를 들면 저스틴 팀버레이크나 다프트 펑크와의 인터뷰, 파티에서의 디제잉, 패션계 경력 등 내가 했던 멋진 일과 성취를 남들 앞에서 좀 더 두드러지게 언급하는 것 말이다.

다음 내용은 나에 관한 이야기의 또 다른 버전이다. 아마 이 이야기를 읽으면 우리 사이에 어떤 동료애가 생겨날지도 모르겠다. 이것은 내가 수년간 받았던 치료, 이런저런 생각과 글, 인생 경험이 한데 모여 나의 미숙한 내면을 보여주는 일종의 정신 이력서다. 여기에는 수시로 오르락내리락하는 감정, 가끔 훌륭한 동료와 지겨운 불평꾼 사이를 오가는 극적인 변화, 그리고 그 과정에서 나타나는 고뇌·불안·우울·감정 억제·명랑함·그럭저럭 괜찮은 기분 등 앞서 얘기한 지난날의 내 모습이 담겨 있다.

| 첫 기억

웨일스 북부 해변에 있는 얕은 물웅덩이에서 놀고 있다. 가족들은 다 어디로 갔는지 나 혼자 버림받은 것 같은 기분이 든다(가족들은 나를 버린 게 아니었다. 그런데도 그때의 그 느낌이 기억에서 사라지지 않는다).

| 열한 살

할아버지가 돌아가셨다. 사랑하는 사람들이 죽어 세상을 떠나는 마당에 계속 살아가는 게 무슨 의미인지 처음으로 궁금했다. 어쩌면 나도 죽어야 할지 모른다는 생각이 들었다.

| 열다섯~열여섯 살

학교에서 프랑스어를 잘하는 학생이었다. 그래서 장 폴 사르트르와 알베르 카뮈 같은 프랑스 철학자들의 책을 좀 읽어보기로 했다. 그들은 우리 모두 언젠가는 죽게 될 존재이므로 삶에는 필연적 의미가 없고, 뭘 해도 부질없다고 주장했다. 나는 그때까지 '삶의 의미'를 찾기는커녕 삶에 의미가 필요한지조차 생각해본 적이 없었다. 그냥 살아가고, 친구들과 놀고, 학교에 다니고, TV를 보고, 취미생활을 할 때는 삶의 의미가 필요 없으니 말이다. 그러다가 어느 순간부터 삶의 부질없음을 느끼기 시작했다. 하지만 어쩌면 당시에는 우울한 모습을 연기하면서 어느 정도 흉내만 낸 것이었는지도 모르겠다. 프랑스어 말하기를 배울 때 프랑스어의 소리와 특징을 흉내 내는 것과 마찬가지로 말이다. 그래도 이 우울한 파리지앵 실존주의자들의 말은 멋지고 의미심장해 보였다. 그들이 찍힌 흑백사진들을 보면 담배를 피우고 술을 마시면서 뭔가 깊은 주제에 관해 대화하는 모습인데 그게 마음에 들었다.

| 스무 살

가장 친한 친구 두 명과 에든버러에서 함께 지내면서 여름에 식당에서 접시 닦기 아르바이트를 했다. 그러던 어느 날, 인지 능력에 뭔가 이상이 생겼다는 것을 깨달았다. 현실과 동떨어져 있는 기묘한 느낌이었다. 마치 그곳이 실재하지 않거나, 아니면 내가 거기에 존재하지 않는 것 같았다. 이를테면 접시가 가득 담긴 식기 건조기나 내게 소리치는 주방장과 나 사이에 불투명한 유리벽이 놓여 있는 듯하다고나 할까. 비몽사몽인 것처럼, 현실 사건과 내가 인지하는 것 사이에 작은 시차가 생겨 난감해지기도 했다. 그런 상태를 '이인증depersonalization'이라고 부른다는 걸 나중에야 알았다.

| 20대 중반

이듬해 프랑스의 대학에서 공부할 예정이었다. 그런데 프랑스로 날아가기 전날 밤, 런던의 한 술집에서 친구가 환각제를 먹어보자고 제안했다. 좋은 생각인 것 같았지만, 실제로는 정말 멍청한 생각이었다. 나는 맛이 가서 밤새 한숨도 자지 못했다. 어쨌거나 프랑스에 도착해서 거처를 알아보러 다녔다. 그런데 갑자기 공황발작이 일어나면서 환각 상태로 되돌아간 것 같았다. 앞서의 이인증 증상이 느껴지더니, 곧이어 환각 체험을 또 하고 있다는 생각이 들었다. 땀이 흐르기 시작했고 심장이 쿵쾅쿵쾅 뛰면서 생각이 걷잡을 수 없이 달렸다. 이러다 미쳐버리지는 않을까 겁이 덜컥 났다.

영국으로 돌아와 병원에 갔다. 한 의사는 '스트레스성 우울증stress-related depression'이라는 진단을 내렸고, 한 정신과 의사는 '강박장애obsessive-compulsive disorder'라고 병명을 기록했다. 나는 항우울제를 처방받았다. 약을 먹은 뒤로는 생각과 감정이 꼬이고 뒤엉키는 증상이 서서히 사라졌다. 고향 집에 잠시 머물면서 모교에서 건물 관리를 돕는 자원봉사 활동을 했다. 벽에 페인트칠을 하고, 복도를 쓸고, 이것저것 수리하는 일을 했다. 그리고 나서 프랑스로 돌아가 그해 학업을 마치고 대학 공부도 마쳤다.

1년쯤 지나 우울증약도 끊고 다시 괜찮아졌지만 한동안 사는 게 정말 무섭다는 생각에서 벗어나지 못했다. 사실 20대 내내 그랬다. 나는 '과잉각성 상태hypervigilant'였다. 이 용어도 한참 지나서야 알게 됐다.

| 스물아홉 살
한차례 파도가 치면서 모든 것이 무너져버렸다. 20대 초부터 오랫동안 사귄 여자친구와 헤어졌고, 연애를 새로 시작했지만 오래가지 못했다. 새 일자리를 구했다가 잃었다. 이사를 밥 먹듯이 했고, 한동안 술을 지나치게 많이 마셔 음주 문제가 생기기도 했다. 아주 늦은 시간까지 자지 않았고, 파티를 과하게 했으며, 과속 운전도 했다. 스쿠터를 사고, 문신을 했다. 헬스장에서 몸을 혹사하면서 근육을 만들었고, 값비싼 청바지도 입고 다녔다.

| 30대

그런 생활이 몇 년 동안 지속됐다. 꽁꽁 얼어붙게 만드는 불안과 회색 안개 자욱한 우울 사이에서 하루하루가 지나갔다. 공황발작과 이인증도 불쑥불쑥 나타났는데, 그럴 때면 병원에 가 의사에게 내 감정들을 쏟아냈다. 상담치료를 좀 받고 항우울제를 처방받았다. 그 후로 계속 약을 먹고 있다.

얘기를 듣다 보면 당신은 내가 이 모든 일을 겪으면서 분별력이나 조심성을 좀 갖게 되었으리라고 생각할 것이다. 우울과 불안으로 채색된 시간 동안 자기돌봄과 생활에 대해 조금 더 마음챙김mindfulness이 되지 않았을까 하고 말이다. 그런데 '마음챙김'이라는 말은 내가 20~30대이던 시절에는 흔하게 사용되지 않았다. 어쨌거나 나는 당신의 기대대로 되지 않았다. 다만, 그런 증상들이 내 안에 담겨 있기 때문에 그것들을 품고 살아가는 법을 배웠을 뿐이다. 우울하거나 슬픈 감정, 초조해하면서 집착하는 모습이 완전히 일상이 됐다는 뜻이다. 그냥 나라는 사람은 원래 그런 것 같았다.

그나마 30대 중반에는 심리치료사를 찾아가서 그런 증상들이 삶을 이해하는 데 도움이 되는지 알아보려는 지각이 있었다.

'과연 이게 다 정상이란 말인가? 더 충만한 삶, 어쩌면 훨씬 더 행복한 삶을 살 수 있는 더 좋은 방법은 없을까? 남들은 자기 삶에 상당히 만족하는 듯 보이는데 말이야. 나도 한때 그랬었고. 지금도 그런 일이 내게 가능할까?'

사실 그런 고민을 하는 시점에도 그 유령들이 의식의 오지에 잠복해 있다가 언제든 다시 나타날 수 있다는 것을 알고 있었다.

30대의 대부분 시간을 비슷비슷하고 불확실한 프리랜서 생활로 이어갔다. 남들 눈에는 내가 아무 걱정 없이 여기저기 잘 돌아다니는 듯이 보였을 수도 있지만, 마음속으로는 몹시 방황했다. 2008년쯤 되자 변화가 필요하다는 생각이 들었다. 그래서 베를린으로 갔다. 철인 3종(수영, 사이클, 마라톤) 경기에 참가하기 위해서였다. 우선 베를린 마라톤 대회에 참가 신청서를 내고는 장거리 달리기 훈련을 시작했다.

일반적으로 30대의 삶에는 중력이 작용하지 않나 싶다. 돈, 경력, 부동산, 중압감 등 삶의 문제들이 커지니까 말이다. 그러나 나의 경우에는 닥치는 대로 살았던 삶이 2008년쯤에 이르자 오히려 더 마구 흘러갔던 것 같다. 될 대로 되라는 심정

으로 아는 사람이 한두 명밖에 없는 도시로 이주해 그 무작위
성을 기꺼이 받아들이기로 마음먹었다. 그렇게 가게 된 베를린
에서 2009년부터 2014년까지 5년을 살았다.

| 마흔두 살

2014년 8월 10일, 의사가 내 진료 기록에 적어 넣은 말은
'주요 우울증 삽화major depressive episode'이었다. 나는 시내 한복판
베를린 TV타워에서 멀지 않은 병원에 있었다. 더위로 펄펄 끓
는 일요일 오후였다. 친구 몇 명이 길바닥에 쓰러져 있던 나를
이 병원의 응급센터로 데려다 놓은 것이다.

친구들 말에 따르면, 나는 완전히 망가져서 '폐인'이 되어
있었다고 한다. 말도 못 하고 술에 취한 상태로 눈에 눈물이 글
썽글썽해서는 공포와 두려움, 수치심에 사로잡혀 혼란스러워하
며 꼼짝도 하지 못했다고 한다. 말을 하기는커녕 두 발로 서 있
지도 못하더라는 것이다.

그 친구들은 내가 페이스북에 쓴 '도움이 필요해요'라는
메시지를 보고 달려온 것이었다. 내가 그 메시지를 올린 이유
는 어떻게 해도 목소리가 나오지 않아서였다. 메시지를 입력한
시점은 길바닥에 몇 시간을 주저앉은 채 온라인상에 널리 퍼져
있는 자살 방법 목록(그런 것들은 이미 알고 있을 테니 여기서 굳이
언급하진 않겠다)을 죽 훑어보면서 어떤 방법을 택할지 결정한
뒤였다.

그 직전의 상황은 이랬다. 나는 사무실에 들어가서 나를 점점 파멸시키고 있는 일을 그만두겠다는 내용의 사직서를 썼다. 그러고는 울음이 터져서 소리 내어 울다가 사무실을 나왔다. 1층으로 내려오니 주류 판매점이 보였다. 그래서 현실에서 벗어날 때까지 술을 마시리라 결심했다. 그렇게 행동한 이유는 그것 말고는 아무것도 할 수 없을 것 같아서였다.

무언가가 내 앞에 나타나서 나를 에워싸더니 내 안으로 들어가는 게 느껴졌고, 나도 이미 그것을 향해 움직이고 있었다. 그것은 바로 공허와 지독한 허무였다. 그 느낌은 빠르게 확장됐다. 삶을 끝내야만 나는 무無와 결합해 하나가 되고 스스로 해방될 수 있었다. 술병들이 빠르게 비었다. 한 병씩 비어갈 때마다 현실은 암흑 속으로 사라졌고, 나도 그곳으로 점점 다가갔다.

그런데 그 와중에 다른 생각이 찾아왔다. 어디서 왔는지는 지금까지도 모르겠고 앞으로도 절대 알 수 없을 테지만.

—난 도움을 청할 수도 있어. 왜 안 하지?

—하지만 어떻게 해?

—페이스북은 어때? 넌 매일 매시간 들여다보잖아?

—하지만 페이스북은 그런 용도가 아니야. 안 그래? 아니, 그런가?

—어쩌면 그런지도 모르지. 한번 알아보자.

—그런데 뭐라고 쓰지?

— '도움이 필요해요'라고 쓰면 어떨까? 그렇게 해보자.

나는 '도움이 필요해요'라는 말을 입력하고 전화번호와 위치도 추가한 뒤 잠시 망설였다. 이 메시지를 올려야 할지 말아야 할지 고민이 됐다. 사람들이 어떻게 생각할까? 두려웠다. 어쩌면 그들은 하하 웃거나 혀를 쯧쯧 차면서 내가 소동을 일으키거나 주의를 끌려고 한다고 생각할 수도 있고, 내가 별난 놈이라고 생각하거나···. 글쎄, 지금도 뭐가 뭔지 모르겠다.

그렇게 주저하는 사이에 시간이 지나갔다. 얼마나 지났는지 역시 지금도 모른다. 한 시간쯤일까? 모르겠다. 그땐 그냥 두려웠다.

나는 '게시'를 클릭했다.

금세 전화기가 뜨겁게 달아오르더니 삑삑거리고, 번쩍번쩍하고, 벨이 울리면서 난리가 났다. 머리 위로는 8월의 태양이 타는 듯했고 사방은 고요했다. 매일 오후의 끝자락에는 한 떼의 새가 TV타워를 빙빙 돌곤 했지만 오늘은 그러지 않았다. 곧 친구들이 택시를 타고 와서는 나를 일으켜 세워 병원으로 데려갔다. 나는 진료실에서 의사에게 앞에서 이야기한 내용, 그러니까 내 정신 이력을 최대한 기억해내서 최선을 다해 설명했다. 통째로 전부.

이렇게 내 이야기를 속속들이 풀어놓은 것은 그때가 처음이었다. 거의 서 있기도 힘든 상태였는데 말이다. 의사는 나더

러 자살하지 않겠다는 약속을 하라고 했다. 그래서 나는 그렇게
말했다.

"약속합니다."

의사는 '주요 우울증 삽화' 뒤에 이렇게 추가했다. '자살 생
각부터 의도, 실행까지 갔다가 어떤 생각이 떠올라 보류함.'

＊ ＊ ＊

여기까지 읽고 나면 아마도 몇 가지 궁금증이 확 올라올
것이다.

—왜 그런 기분이 들었는가?
—어쩌다 그런 일이 일어났는가?
—당신이 맞닥뜨린 공허와 무란 무엇인가?
—'자신을 무와 결합한다'라는 게 무슨 뜻인가?

나는 이 질문들에 답하려고 시도할 수는 있다. 하지만 그
러려면 그 답으로 '이유'를 전개하는 과정에서 끊어지는 부분들
에 대해 먼저 설명해야 한다. 바로 앞에서 그날의 경과를 기억
나는 대로 최대한 묘사하기는 했다. 그러나 지금도 그 순간으
로 깊이 들어가면 들어갈수록 인과 논리는 무너져 내리기만 한
다. 언어도 마찬가지다. 이 글을 쓰는 지금, 위기에 처했던 그때

1장
우울부흥운

로 다시 돌아가 봐도 당시 상황은 전혀 이성적이지 않고 설명이 불가하다. 왜냐하면 그 순간은 내가 오랫동안 알고 있던 나의 정신질환이 진정한 부조리가 되는 과정이었기 때문이다. 즉 이성과 논리는 없고 미쳐가는 상태였다.

바꾸어 말하면, 인생이 엿같을 때 '내 인생은 엉망진창이야. 나 자신이 정말 싫고 죽고 싶어'라는 생각이 드는 것은 자연스럽고 논리적이다. 일상적으로 스쳐 지나가는 생각이자 누구나 흔히 하는 생각이다. 대중가요의 가사에서도 흔히 볼 수 있지 않은가. 하지만 그런 생각이 실행하고 싶을 정도로 심해지고 지속되면, 즉 생각이 의도로 바뀌고 행동으로 들어가면 이야기가 달라진다.

또다시 이렇게 말하는 이유는 당신이 나를 믿게 하려면 그 모든 것이 나를 어디로 데려갔으며, 내가 돌아오기 직전에 무엇을 보았는지 설명이 필요해서다. 그 공허와 무가 바라다보이던 벼랑, 그곳에는 이유나 원인이 없다. 어떤 이성이나 논리, 인과관계를 적용해도 '그 이유는 이렇다'라고 말할 수 없다. 그것은 존재의 끝이기 때문에 형태나 실체도 없다. 내가 얼핏 본 것은 내 삶이라고 인식하는 것의 끝에 있던 무였다.

게다가 그것은 공간보다는 시간상에 놓여 있었다. 장소 자체는 전혀 특별하지 않았다. 베를린 중심에 있는 두 사무실 건물 사이의 콘크리트 광장이었고, 주변에는 자전거 거치대와 쓰레기통, 전차 선로가 있었다. 비록 독창적이거나 아름답지는 않아도 '공허'와 '무'가 그 순간을 표현하는 데 가장 가까운 말인 것 같다. 광대하고 강력하며 유혹적인 무는 모든 것의 끝을 약속했다. 온갖 고뇌와 골칫거리, 결정과 책임의 의무, 나 자신이 되라는 요구를 비롯하여 모든 게 끝날 거라고 말이다. 우울이 손짓하면서 부르는 목적지인 '무'는 내가 우울을 만나 포옹하기 위해 이동했던 곳이다.

✳ ✳ ✳

그날의 사건들은 그전에 겪었던 공황발작, 이인증, 강박장애, 우울, 불안, 자가 치료, 병원 가기, 약물치료 같은 보다 평범한 방랑에 비하면 극단적이었다. 위기의 순간은 갑자기 닥치지만, 이런 속도와 강도의 변화는 내가 경험한 위기와 성격이 비슷해 보이며 다른 사람들에게도 찾아온다고 들었다. 무언가가 자신도 모르는 사이에 소리 없이 몇 주, 몇 달, 몇 년 동안 쌓이다가 별안간 가속되면서 '신경쇠약', '번아웃burnout', '주요 우울증 삽화', '정신건강 위기' 등으로 불리는 다양한 상태로 이끄는 것이다. 그런 명칭 중 일부는 진단 용어나 임상 용어이지만, 나머지는 훨씬 구어적이어서 누가 물어보면 간단히 설명해줄 수 있는 쉬운 표현이다. 그중에서도 가장 구어적인 표현은 '바닥을 친 상태'다. 약간 정신분석학적으로 설명하자면, 아마도 삶에 절실한 욕구가 있다고 스스로 인정하지만 처한 상황에 대처할 수 없어서 이렇게는 계속 살아갈 수 없다는 것을 최종적으로 인식하고 수치심을 느끼며 세상과 단절하는 것을 의미한다. 그게 바로 나의 상태였다.

그 상태에 이르기까지 모든 것이 빠르게 진행됐다. 병원에 실려 간 날로부터 열흘쯤 전이었다. 내가 일하는 잡지사 사무실에서 팀원 중 한 명인 제니가 내 옆에 의자를 갖고 와 앉았다. 우리는 잠시 수다를 떨었다. 제니가 내게 잘 지내느냐고 물었다. 나는 그런 질문을 받은 적이 한동안 없었는데, 제니는 뭔가를 직감했던 듯하다.

"별로 안 좋아."

나는 내 신발을 물끄러미 내려다보며 대답했다. 정확히 뭐가 별로 안 좋은지 알아내는 데 시간은 좀 걸렸지만, 몇 가지가 머릿속에 선명하게 떠올랐다. 내가 맡고 있는 패션지 편집 일은 스트레스가 끊이지 않는 업무였다. 그 일을 시작한 지는 2년 반 정도 됐는데 대체로 그럭저럭해나가고 있었다. 근래에는 선열(단핵증이라고도 하며 발열, 인후통, 근육통 등의 증상이 나타나는 바이러스 감염 질환-옮긴이)에 걸려서 이미 겪고 있는 증세에 새로운 양상의 육체적 고통, 이를테면 근육이 죽어버린 것 같은 느낌까지 더해졌다. 다시 술도 너무 많이 마시고 있었다. 게다가 연애 중이었는데 관계가 힘든 시기를 맞아 갈등과 다툼 속에서 어찌할 바를 모르고 있었다. 그리고 삶에 완전히 회의가 들면서 뭘 어떻게 해야 할지 고민에 빠져 있었다. 매일 거대하고 답이 없는 질문들을 놓고 괴로워했다.

　제니가 내 말을 인내심 있게 들어주는 동안 나는 계속 중얼거렸다. 이 모든 것을 설명하면서 '별로 안 좋다'는 내 말에 얼마나 많은 내용이 담겨 있었는지 스스로도 놀랐다.

　이후로도 하루하루가 전투 같았고, 아침마다 떠오르는 의문들은 점점 더 커지고 깊어지는 듯했다. 그래도 한 일주일 정도는 아침에 눈을 뜨면 몸을 일으켜서 생활할 수 있었다. 그러나 그 후로는 마치 온몸이 치통을 앓는 것처럼 쿡쿡 쑤시며 아프고, 귓속이 윙윙거리고, 완전히 불안감에 휩싸였다. 부모님에게 전화해서 내가 현재 상황을 감당할 수 없을 것 같다는 말도 했다.

　그때를 돌아보면 이상한 점은 그 모든 상황이 정상이고 일상적인 것 같았다는 것이다. 그저 내 운명이고, 인생에서 좀 특별한 시기인가 보다 했을 뿐이다. 그래서 그냥 그렇게 계속 지냈다.

불편한 진실을
_____ 마주하겠다는 결심

2014년 8월 베를린에서 병원에 실려 간 나는 통원 치료를 받기로 했다. 당시 내 감정 상태를 보면 성을 잘 내고 변덕스러웠다. 궁지에 몰린 것 같고 혼란스럽고 두렵다가, 내 안을 흘러 다니는 불안의 충격파가 발사되면 기분이 암울해지고 말이 없어졌다. 그러고 나면 걷잡을 수 없는 피로감이 몰려왔다. 거실 의자에서 일어나 식탁으로 가는 데에도 엄청난 노력이 필요했다.

집으로 온 나는 침대에 누워 방금 일어난 일을 이해해보려고 노력했다. '무너진다'라는 게 이런 모습이었나? 다른 사람들 얘기를 들어본 적은 있지만, 왠지 이 상황은 현실 같지 않았다. 그런데 곧이어, 아무것도 현실 같지 않았다.

침대에서 나와 잠시 바닥에 앉아 커피를 마시고는 또 드러누워야 했다. 노트북에 뭐라고 좀 끼적이다가 창밖을 내다보았다. 미래를 생각하면 곧바로 두려움에 휩싸였다. 모든 일이 벅찼다.

처음 며칠 동안은 친구들이 아파트로 찾아와 내 상태를 확인했다. 잘 있는지, 뭐 필요한 건 없는지 살펴보고는 내게 말을 걸거나 자기 이야기를 털어놓기도 하고 그냥 같이 시간을 보내기도 했다. 나는 친구들이 나를 걱정해주는 모습에 정말 감동했다. 특히 고마웠던 건 그들 중 누구도 그 시점의 내 실상을 보고 당황하지 않는 것 같았다는 점이다. 그때 나는 한마디로 엉망진창이었다. 내 사건은 꽤 널리 알려졌다. 그전에는 세심하게 관리되던 내 페이스북 페이지가 온통 그 얘기로 도배됐기 때문이다. 그래서 마냥 괜찮은 척할 수도 없었다. 나에게 반감을 가질까 봐 두려웠던 페이스북 친구들 역시 이 상황을 아무렇지도 않게 여기는 듯했다. 이 점이 정말 놀라웠다. 그들은 '넌 사랑받고 있어', '힘내라' 같은 메시지도 보냈다. 한 친구는 행복한 시절의 내 모습, 우리가 함께했던 일들, 같이 갔던 장소들을 보여주는 사진들로 페이스북 뉴스피드를 채우는 캠페인을 벌였다. 이렇게 사람들의 관심을 받고 있다는 느낌이 들자 감동의 물결이 밀려왔다.

한 메시지는 정말 내 마음을 움직였다. 최소한 10년은 보지 못했던 친구가 매일 내게 메시지를 보내면서 상태가 어떤지, 무엇을 하고 있는지, 기타 등등 안부를 물었다. 그러다가 하루는 이런 제안을 했다.

"케빈, 이제부터 넌 완전히 솔직해야 하고 이 모든 일을 숨길 필요가 없어. 모든 것에 정면으로 맞서야 해. 그래서 말인데 스스로 작가라고 생각하고 글로 한번 써보면 어때?"

나는 우울과 불안에서 허우적거리고 있다는 내면의 불편한 진실을 회피하거나 무시하면서 세월을 보내왔다. 대화할 때는 그 사실을 완곡하게 표현하면서 덮어버리거나, 멋진 또는 익살스러운 페르소나를 만들어내 상대방이 내 실제 기분을 알지 못하도록 주의를 딴 데로 돌리곤 했다. 그런 만큼 내 삶이 펜을 들 만한 주제가 될 수 있겠다는 생각은 한 번도 해본 적이 없었다.

이후로도 친구는 '글로 쓰라'는 얘기를 몇 번 더 했는데, 이 방법을 왜 그렇게 주장하는지 궁금했다.

"그 이유는 내 누이가 너와 같은 일을 겪어서 그래." 어느 날 친구가 내 궁금증을 풀어주었다. "그런데 누이는 성공하지 못했어. 스스로 목숨을 끊었지."

그 후로는 이유가 별로 필요하지 않았다. 나는 생각과 감정, 기억과 꿈에 대한 일기를 쓰기 시작했다. 아울러 사진을 모으고 아이들처럼 수채 물감으로 직접 그려 색인 카드도 만들었다. 몇 달 후 영국으로 완전히 돌아올 때까지 그 작업을 계속했다. 돌아와서도 2년 동안 꾸준히 문장과 토막글, 기억 그리고 들은 내용 중 도움이 되는 것들을 휘갈겨 썼다. 마침내 엔버와 나는 모든 기록을 모아 분류하고 편집해서 〈토치라이트〉라는 한정판 잡지를 발간했다.

***

　일단 발간하고 나니 잡지를 읽은 사람들에게서 수많은 메시지가 도착했고, 몇 달에 걸쳐 독자들의 생각을 들었다. 한 친구는 잡지를 보면서 매우 슬프면서도 행복했다고 말했다. 한 남성 지인은 그 잡지가 자신의 생명을 구했다고 했다. 이런 내용도 있었다.

　"당신의 이야기가 곧 제 이야기라고 말하면 충분하겠네요. 더불어 수백 명, 수천 명, 아니 어쩌면 수백만 명의 이야기일 수도 있어요. (…) 그래요. 도움이 돼요."

　사람들은 무엇보다 이야기를 하는 방식에 반응하는 것 같았다. 사실 다른 이들을 불러들이는 언어적 요소인 그 어조를 찾는 데 시간이 좀 걸렸다. 그리고 지금 이 책에서도 같은 어조로 말하고 있다. 내가 바라는 것은 꾸밈없으면서도 친근한 태도다. 지금 내 말이 어떻게 들릴지 궁금하다. 당신도 스스로 의식하는지 모르겠지만, 나를 평가하고 싶다는 욕구를 느낄 것이다. 그렇더라도 내 이야기가 마음에 와닿고 친숙하게 들렸으면 좋겠다. 아울러 내 말이 가식적이거나 시적이지 않았으면 한다. 또한 학술 용어나 전문 용어로 이해를 가로막는 일도 없기를 바란다. 아무튼 나는 내 경험 말고는 어떤 것에도 전문가가 아니다. 심지어 내 경험에서도 오로지 내가 아는 범위에서만 말할 수 있다.

이런 방식으로 말하는 이유가 또 하나 있다. 우울과 불안을 일반적인 문제로 다루려 하고, 바닥을 치는 일이 보기 드문 현상이 아니라 사람들에게 무차별적으로 일어나는 예측불허의 사태임을 보여주려 한다면, 그것을 설명하고 이해시키기 위해서는 일상적이거나 인간적인 언어가 필요하기 때문이다. 임상 지침서가 아니라 삶의 경험을 고려하는 언어 말이다.

지금으로서는 그런 언어가 실제로 없다. 사실, 현재 주어진 언어는 우리가 필요로 하는 언어를 갖는 데 큰 걸림돌로 작용할 수 있다. 주위를 둘러보면 숱하게 많은 전문 용어와 정의가 있다. 예를 들어, '삽화episode'과 '장애disorder' 같은 임상 진단용 전문 용어가 있고, OCD(Obsessive-Compulsive Disorder, 강박장애)처럼 편의상의 약어도 있으며, '정신건강mental health'과 '정신질환mental illness'처럼 포괄적 범주의 말도 있다. 게다가 '웰니스wellness'와 '웰빙well-being' 같은 모호한 개념이 점점 증가하고, 심지어 '멘탈 피트니스mental fitness' 같은 신개념까지 등장했다(정신운동이라니, 내게는 전체주의 시대의 선전용 영상에 나오는 말처럼 들린다). 나는 맨 먼저 정신건강이란 그것 자체를 말하는지, 아니면 단순히 정신질환이 없는 상태를 가리키는지부터 물을 것이다. 이 책은 정신질환이라는 어려운 문제를 다루기 때문이다.

이런 용어 중 일부는 신체와 대응하면서 직접적인 유사성을 보이는 것 같다. 일테면 '건강well'이나 '질환ill' 같은 말은 신체에도 사용된다. 하지만 그런 말들이 생각과 감정이라는 한없이 복잡한 지형에서 발견될 때는 그렇게 간단하지가 않다. 그래도 그런 용어들은 유용할 수 있으며, 상세한 설명과 체계화한 내용은 인터넷 또는 미국정신의학회에서 발간한 〈정신질환의 진단 및 통계 편람Diagnostic and Statistical Manual of Mental Disorders, DSM〉과 영국을 비롯해 서유럽의 많은 국가에서 사용하는 편람인 세계보건기구WHO의 〈국제 질병 분류International Classification of Disease, ICD〉에서 볼 수 있다.

그럼 이제 다시 일상적인 비임상 세계로 돌아가자. '우울'과 '불안'은 신호가 되는 말들로, 이 거대한 주제와 더불어 무한대에 가까운 인간의 경험 속으로 들어가는 길을 찾도록 도와준다. 이렇게 말하면서 말이다.

"이봐요. 내가 얘기하려는 건 지속적인 비참함과 지독한 공포지, 독감이나 부러진 다리 따위가 아니에요."

하지만 우울과 불안이라는 말에는 우리가 다루는 내용을 이해하게 하고, 더 중요하게는 그것을 전달하는 데 실질적인 도움을 주는 뉘앙스가 여전히 부족하다. 그렇더라도 내 말은 우리가 이른바 우울과 불안을 가장 먼저 다루어야만 그것들에 대처할 수 있다는 것이다. 달리 말하면, 거울에 비친 우리의 모습을 인식하고 인정하며 그 영향과 의미를 설명하는 것이 첫 번째 해야 할 일이라는 뜻이다.

이는 우울과 불안이 존재하지 않는다는 말이 아니다. 그것들은 존재한다. 심지어 종종 치명적이기도 하다. 그래서 이 책에서는 우울과 불안이라는 말을 계속 사용할 것이다. 그 말들이 이모티콘만큼 효과적이진 않다고 하더라도 말이다.

＊＊＊

언어 문제에는 한 가지 측면이 더 있다. 바로 회복이다. 이 책에서 이야기하는 것처럼 회복은 '회복이 일어나길 바라는 마음으로 도움을 청하는' 데서 시작된다. 그리고 다음 단계는 회복에 대해 말하는 것이다. 즉, 이야기를 들려주는 것이다.

단어는 문장을 만들고, 문장은 이야기를 만들며, 이야기는 경험을 접할 수 있다. 그리고 경험을 전달하는 일은 우리를 타인과 연결해준다. 이것은 무척 중요하다. 정신질환은 사람을 고립시키기 때문이다. 정신질환의 가장 잔인한 속임수는 환자가 자기 혼자라고 확신하게 한다는 것이다. 하지만 서로 이야기를 나눌 때, 일테면 당신이 나에게 그리고 내가 당신에게 이야기할 때 우리는 더는 혼자가 아니다. 경험을 소리 내어 말함으로써 더는 숨기지 않게 된다.

스토리텔링이라는 말 역시 명확한 표현은 아니지만 여기서는 수치심을 제거하는 방법으로서 의미를 갖는다. 자신이 누구이며 어떤 사람인지 설명하고, 자물쇠로 꼭 잠긴 서랍에서 개인의 내적 경험을 끄집어내 세상을 헤쳐나가는 데 사용하는 것이다. 이는 정신질환에 시달리는 사람이나 그런 진단을 받은 사람, 정신장애가 있는 사람은 자연히 이야기도 갖게 된다는 의미이기도 하다. 그 이야기는 오르락내리락 기복이 있고, 구불구불 굽이지며, 들락날락 어수선하다. 내가 자주 그랬듯이 정신질환이 자신의 정체성과 야망은 물론, 고통을 제외한 모든 것을 빼앗아갔다는 기분이 들 수도 있다.

그래서 지금 첫 번째 제안을 하겠다. 오늘부터 자신의 이야기를 써나가자. 펜과 종이를 사용해 메모하는 습관을 들이자. 종이에 적는 대신, 스마트폰을 사용해 음성 녹음이나 영상 촬영으로 기록해도 된다. 이야기에 추가할 내용은 차차 알려주겠다. 이 책의 장들을 처음부터 끝까지 죽 읽으면서 자기가 쓴 이야기로 돌아가 보자.

지난 몇 년 동안 정신건강과 정신질환에 대한 정말 괜찮은 지침서를 계속 찾았지만 아직 찾지 못했다. 그것은 우리가 이미 얘기한 내용과 관계가 있을지도 모른다. 일테면 독감이나 부러진 다리와 달리 모든 사람의 우울과 불안은 각자의 버전으로 전개된다. 그러므로 이야기 하나로 다 되는 만능 해결책을 제시하기가 불가능하다. 이 말은 어떤 관점에서 보면 가장 훌륭한 이야기들은 모두 정신건강 및 질환에 관한 것임을 의미하기도 한다. 그런 이야기들은 성공과 실패, 혼란, 상실, 구원의 곡선을 그리며 인간 삶의 어려움과 복잡성 같은 것을 담고 있기 때문이다. 예를 들면 햄릿의 실존적 두려움, 알베르 카뮈의《이방인》에서 묘사된 삶의 부조리, 어니스트 헤밍웨이의《노인과 바

1장
우울과 불안

045

다》에서 보이는 깊은 고독, 루이스 캐럴의 《이상한 나라의 앨리스》에 나오는 현실과 환상 사이의 모호함 등이다. 이 작품들 중 어느 것도 정신건강이나 질환에 대한 이야기라고 표제를 달지는 않았지만, 그런 용어 자체의 편협성에 대해서는 더 많은 말을 하고 있다.

이야기는 통계학이 좀처럼 보여주지 않는 방법으로 진실을 전한다. 누군가가 어떤 일의 한가운데에 있다면, 아마도 그 일에는 시작과 끝도 있을 것이다. 모든 이야기에는 이 세 가지가 필요하니까.

우울의 반대가
_____ 행복은 아니다

이야기는 경험을 담아내는 데 도움을 준다. 이 책의 장들은 보통의 이야기들처럼 연대순으로 전개되지 않고 주제별로 묶여 있다. 여기서 이야기하는 경험과 생각은 지난 몇 년 동안 내가 깨닫고 배운 내용을 바탕으로 한다. 그 기간의 삶을 보면 중요한 사건들도 있었고, 흥분·슬픔·기쁨 같은 감정들도 자라났다. 시간과 공간을 바꿔가며 때때로 빨라지기도 하고 느려지기도 하면서. 그런 와중에도 나는 쓰기와 말하기를 멈추지 않았고, 그 덕에 이야기를 시간상의 형태로 볼 수 있었다. 그리고 그 이야기 덕에, 자주 심하게 무너졌던 시기의 의미와 교훈을 얻게 됐다.

그러나 방금 말한 내용에는 단서를 달아야 한다. 실제로 끝이 없었다는 단서 말이다. 이를테면 할리우드식으로, 마지막 순간에는 등장인물들이 아름다운 석양을 바라보며 서로 안아주는 흐뭇한 결말이나 모든 일이 해결되어 개운하게 끝나는 결말은 없었다. 이 책 바깥에서의 내 삶은, '다음 편에 계속'이라는 자막이 뜨는 끝나지 않은 드라마와 비슷하다. 그나마도 이 책에 담긴 내용은 조금 회복된 상태에서 쓴 것이다. 조금 회복된 상태란 활동을 하고, 마음이 상대적으로 안정됐으며, 어느 정도 거리를 두고 사건을 바라보면서 "그래, 그런 일이 있었지. 이게 깨달은 점이야. 내가 변했다는 느낌은 이래"라고 말할 수 있을 만큼 나아진 때를 말한다. 그리고 질적으로도 나아진 상태라고 할 수 있다. 예를 들면 최근에 더 괜찮은 사람이 된 듯한 기분이 들거나, 최소한 더 친절해지고 조금은 덜 초조한 상태 말이다.

내가 '회복은 결코 끝나지 않을 것이며, 우울과 불안은 치료되지 않는다'라는 식의 이야기를 덧붙였다고 해서 당신의 걱정거리가 늘어나지는 않았으면 한다. 그런데 다른 한편으로, 회복이 정말로 일어나면 삶에 의미 있는 변화가 찾아오기에 그 과정이 절대 끝나지 않길 바라는 사람들도 있다. 드럼과 베이스 연주자인 골디가 그런 사실을 정말 훌륭하게 표현했다. 몇 년 전 내가 그를 인터뷰했을 때였다. 그는 요가에 입문한 것이 심한 중독에서 회복하는 데 어떻게 도움이 됐는지 이야기하면서 이렇게 말했다.

"제가 저지른 실수들에서 정말 많이 배웠어요. 그래서 실수를 몇 개 더 해볼까 생각 중입니다."

내가 저지른 실수 하나는 믿음이 부족했다는 것이다. 다 괜찮아질 것이라는 믿음, 내 문제를 스스로 처리하고 삶의 어떤 무게도 감당할 수 있으리라는 믿음을 갖지 못했다. 이야기가 나온 김에 일화를 하나 들려주겠다.

병원에 실려 갔다가 집으로 돌아왔을 때의 일이다. 좀 전에 무슨 일이 일어났던 건지 이해해보려고 애쓰던 중에 시각화 작업이 유용하다는 정보를 얻게 됐다. 아마 책이나 온라인에서 봤을 것이다. 그 내용은 이랬다.

'지금 정말 힘든 시기를 겪고 있다면, 5년 후 미래의 자신이 현재의 자신에게 메시지를 보낸다고 상상해보라. 현재의 나는 어떤 메시지를 받고 싶을까?'

나는 잠시 생각해보고는 결국 다 '괜찮아지길' 바란다는 내용일 것으로 추측했다.

이 글을 쓰는 지금의 나는 그로부터 5년이 지난 후의 나다. 그사이에 많은 우여곡절을 겪었지만 정말 다 '괜찮아졌다'고 여겨진다. 그 5년 동안 현실이라는 캔버스에 그려진 일련의 사건들을 간략히 이야기하면 다음과 같다.

2013년 베를린에 있었던 나는 어느 정도 정신 줄을 놓고 공황 상태에 빠져 있었다. 내 삶에서 어떤 변화가 필요하다는 것을 어렴풋이 느끼고 있었다. 2009년 런던에서 이주해 몇 년이 지난 무렵이었다. 그전에 있었던 일은 상당 부분이 기억 속에서 공백으로 남아 있다. 아마도 내게 큰 의미는 없는 것 같다.

2014년은 바닥을 친 해였다. 시작은 좋았다. 술을 끊었고, 그래서인지 더 유쾌하고 낙관적인 기분이 들었다. 사랑에 빠져 있었고, 삶 자체에 대한 사랑도 재발견했다. 그런데 갑자기 모든 게 무너지기 시작했다. 몸이 아프고, 스트레스를 받고, 상황에 압도됐으며, 불안과 우울이라는 숙적이 돌아왔다. 하지만 그런 경고들을 알아채지 못했다. 8월에 병원에 실려 갔고, 가을에는 생각을 정리하러 고향 집에 잠시 갔다가 베를린으로 다시 돌아왔다. 얼마 후 고향 집에 다시 갔는데, 이번에는 가까운 미래에 대해 생각해볼 시간을 가지려는 것이었다. 그때가 11월 말이었다.

부모님과 함께 지내며 겨울을 났다. 날씨는 춥고 마음은 뒤죽박죽이고 절박하던 당시, 내 상태를 개선하고 이 상황을 바로잡기 위해 무엇을 할 수 있을지 답을 찾아 헤맸다. 노트에 끼적거리고 책도 읽으면서 몸에 좋다는 운동, 철학 공부, 창의적인 실천 방안 등 개선의 발판이 될 만한 이런저런 일들을 시도했다.

2015년이 되자, 내 삶을 뒤덮었던 사나운 날씨가 개기 시작했다. 친구 하나가 브리스틀에 있는 자기 집의 방 하나를 내주겠다고 해서 그곳으로 거처를 옮기고, 도움이 될 것 같은 일들을 계속해나갔다. 그해 말 런던에서 일자리를 얻었다. 런던으로 간 나는 살 집을 구하기 전까지 잠시 반 노숙자로 지냈다. 이후 직장에 다니면서 글을 쓰고 대학 과정도 등록했다. 그러다가 어느 날 전철 안에서 한 여성을 만났는데, 그 여성이 건넨 소책자를 보고 그동안 써온 이 막연한 이야기를 가지고 뭔가 해야 한다는 것을 깨달았다.

2016년은 아무 사건 없이 평범하게 보냈다. 2017년 초 친구인 엔버와 함께 〈토치라이트〉를 세상에 내놓았다. 내가 한 시사 주간지에 기고한 글이 입소문을 타면서 그해 말이 되자 잡지가 모두 팔렸다. 직장을 그만두었고, 어머니가 돌아가실 무렵에는 가족과 함께 있었다. 11월에 어머니의 생명이 스러져갔고, 나는 호스피스 병상에 누워 있는 어머니의 손을 잡고 있었다.

이 글을 쓰고 있는 시점은 2018년이고, 회복의 여정은 지금도 계속되고 있다. 이야기도 계속된다(이 장은 이 책의 다른 장들을 다 쓰고 가장 마지막에 쓰고 있다).

내 마음속에 품었던 모든 오싹한 의심과 두려움에 맞섰다는 의미에서 보면 지금까지 다 '괜찮다'고 할 만하다. 나는 삶을 헤쳐왔고, 회복했고, 살아남고, 배웠으며, 삶이 다시 좋아지기 시작했다. 당신도 그렇게 되리라 믿는다.

* * *

아마도 우리는 추상적인 관념들 속에서 조금은 헤매면서

현재의 자신을 뒤로한 채 살고 있는지도 모른다. 그런데 거듭 말할 것이 있다. 이 책에서 우리는 행복해지려고 애쓰지 않을 것이다. 왜냐하면 행복은 우울이나 불안의 반대가 아니기 때문이다. 우리는 최악의 상황을 헤쳐나가는 과정에서 바닥을 치고 올라와 회복으로 가는 길을 찾고 있다. 길이 있다고 확신하면서 말이다.

이야기를 쓰고 들려주는 일은 그 길을 찾는 하나의 방법이다. 그래서 당신에게 도움이 되리라는 희망을 품고 내 이야기를 몇 가지 더 들려주려고 한다. 그 이야기들이 당신에게 도움이 되리라는 사실을 아는 것이 나에게도 분명히 도움이 된다. 하지만 그 모든 것 이전에 중요한 일이 일어나야 한다. 바로, 도움을 청하는 것이다.

2장

도와달라고 말하기

혼자 감당하지 말고 도움을 요청하라.
용기가 나지 않는다면 그저 손을
조금 더 뻗는 일쯤으로 여기자.

힘들면 힘들다고
_____ 말해야 하는 이유

우리는 왜 도움을 청하지 않을까? 사실 어려울 것
도 없고, 꽤 간단한 일이다. 입을 벌려 "도움이 필요해요" 또는
"좀 도와줄래요?"라고 말하면 되니까. 직접적으로 솔직하게 요
청하면 된다.

그럼에도 우리가 도움을 청하지 않는 이유는 다음처럼 몇
가지를 꼽을 수 있다.

—사람들에게 웃음거리가 될 수도 있어.
—사람들이 나를 평가할지도 모르지.
—뭔가 필요해 보이므로 약한 사람으로 보이겠지.
—구차해 보이지 않을까?

—나에게 정신건강과 관련된 문제가 있다고?

—문제가 있다고 하더라도 남들의 도움이 필요할 정도로
　심각하지는 않아.

—사람들을 귀찮게 하고 싶지 않아.

—사람들을 보호하고 싶어. 내 안의 말 못 할 비밀이 공개
　되면, 엄청난 혼란이 일어날 수도 있으니까.

—나 혼자서도 해나갈 수 있어.

가장 큰 이유는 이것이다.

—문제가 있다는 것을 모른다.

말하기는 나 자신을 넘어 바깥세상으로 들어가는 행위로
자신을 실제로 존재하게 하며, 나라는 존재가 남들에게 알려지
고 내 소리가 들리게 한다. 그 반대가 수치심이다. 말이 없게 만
들고, 앞서 열거한 도움을 청하지 않는 이유들의 배후에서 힘을
발휘한다. 수치심과 침묵의 위험한 동맹을 계속 주시하자. 실제
로 둘이 손을 잡으면 치명타가 될 수 있기 때문이다. 적어도 5년
전 나의 경우에는 거의 그랬다. 당시 나는 길바닥에 털썩 주저
앉은 채 말할 기운을 완전히 잃었었다.

도움을 청하려면 어휘가 필요하다. 더욱이 고통과 회복이라는 주제를 논하는 일은 무엇보다 그에 알맞은 단어를 찾는 일이다. 그러려고 전문 작가가 될 필요는 없다. 사실 작가가 아닌 사람이 아마 더 쉽게 찾을 것이다.

그 예로, 내가 겪은 부정적인 감정을 나만의 언어로 정리해보면 다음과 같다.

| 슬픔

나쁜 소식에 대한 반응으로 죄책감이 남아 있는 상태. 어떤 사람이나 일에 대해 안타까워하는 심정. 내가 더 많이 또는 더 잘할 수 있었는데 그러지 못한 상황에 대한 반응.

| 멜랑콜리

달곰쏩쏠한 감정. 기쁨과 실망이 같이 스며든 기억이기에 그때를 다시 떠올리더라도 견딜 만하다.

| 비애

가혹한 진실을 직면할 때의 심정. 누가 떠나버렸거나 무엇을 잃어버렸는데, 그 대상이 돌아오지 않을 거라고 생각할 때부터 눈물이 나기 시작한다.

| 비참

어쩔 수 없이 계속 괴로운 상황에 대한 반응. 예컨대 직장에서 끔찍한 일이 있거나, 날씨가 지독하거나, 조마조마하면서 한없이 기다릴 때 느끼는 심정이다.

| 절망

패배감. 비극적인 한순간이 영원히 계속될 것만 같다(대개 비극은 실제로 일어나지 않았다. 머릿속에만 존재하는 정신적 사건이다).

| 우울

푹 꺼지고 굳어 있는 상태. 길게 이어지는 절망이 영원히 끝나지 않을 것 같다. 감각이 있는 것도 아니고, 없는 것도 아니다. 그것 자체도 느낄 수 없는, 살아 있으면서도 죽은 상태다. 그러면 몸도 그런 상태가 된다. 기운이 다 빠지면서 말하고 느끼고 움직이는 동력이 서서히 소진된다. 이때부터 나는 사람들에게 "우울해"라고 말하기 시작한다. 그러면 이유도 모르고 어쩔 줄도 모른 채 그냥 기분이 나빠져서는, 사랑하는 사람들에게 그 시기에는 나를 판단하지 말고 받아들이라고 부탁한다. 평소하던 대로. 그런데 그런 기분이 얼마나 가냐고? 기껏해야 일주일이나 열흘, 보름쯤이고 그 후로는 다시 적응되는 것 같다.

| 집착

아침에 눈을 뜰 때부터 내 곁에 있고 그날은 계속 붙어 다닌다. 이를 닦을 때도, 주전자에 물을 끓일 때도 같이 있다. 뭔가 끝내야 한다고 조바심치지만 그 일은 만만치 않다.

| 걱정

적어도 스스로 알고 있는 근심과 고민. 그 걱정거리들에 이름을 붙여줄 수도 있고, 그것들을 잘 설득해보거나 주먹을 날려 제압하라고 스스로 말할 수도 있다. 그런 일들은 그럭저럭 잘해낼 수 있다.

| 반추

그런 걱정들이 계속 이어지다 약해지면, 의식의 지평에서 사라지긴 하지만 힘을 축적한다. 반추는 진을 빼놓는다. 뭔가에 홀려 있음을 깨닫고는 어디 좀 앉아서 쉬어야 한다. 하지만 나를 정말 괴롭히는 게 뭔지 모르겠다. 설명할 수가 없다.

| 불안

보이지 않게 파고드는 뭔가가 아예 그곳에 자리를 잡고 계속 자란다. 몸으로도 느껴지는, 말로 표현할 수 없는 체험이다. 지크문트 프로이트는 불안이란 '대상이 없는 두려움'이라고 말했다.

| 두려움

정체가 밝혀진 불안으로, 이름도 있고 이미지도 있다. 그게 아니라면, 객관적 위협에 대한 자연스러운 반응이다. 그런 위협은 마치 술집에서 나를 조롱하는 사람처럼 내 위태로운 존엄성을 공격한다.

| 망상

일시적이고 다극적인 위협에 대한 두려움. 나도 이런 증상을 겪었지만, 심지어 그게 망상이라는 것을 알아도 마음이 놓이지 않는다. 극단적인 경우에는 망상이 역으로 자각을 끌어들여 '진실'임을 더 강하게 주장한다.

| 무서움

노골적인 공포. 실존적 두려움을 느낄 때, 일테면 "나는 지금 바다에 빠져 죽어가고 있어!"라고 외치는 심정이다. 어마어마한 크기의 외로움과 무의미함이다. 다행히도 자주 찾아오지는 않는다.

어쩌면 이런 식의 감정 목록 작업이 좀 단정적으로 보일지도 모르겠다. 이런 정리는 어떤 대상(여기서는 감정)에 대해 엄격히 질서를 잡는 전형적인 남성적 방법이기에 당연히 영구적이지 않고, 종종 부정확하기도 하다. 하지만 이 글을 쓸 때는 내가 '남성'임을 특별히 의식하지 않는다는 것을 알아주길 바란다. 이는 '남자라면 이래야지' 하는 관념에서 벗어나겠다는 뜻이다. 예컨대 강하고, 목적의식이 있고, 흔들리지 않고, 확실하며, 감정을 조심해야 한다는, 한마디로 '무장'하고 있어야 한다는 관념을 따르지 않겠다는 얘기다.

남녀를 막론하고, 내가 아는 많은 사람도 그런 감정을 느끼고 알고 있다. 따라서 내가 수치심 문제를 살펴볼 때 남자의 눈으로 보고 있긴 하지만, 우리가 시야를 더 넓혀야 한다는 것을 알고 있다. 결국 우울과 불안을 마치 남성 특유의 문제인 것처럼 보지 않아야 한다는 말이다.

오늘날 영국에서 범불안장애Generalized Anxiety Disorder, GAD를 진단받는 경우는 남성(4.9퍼센트)보다 여성(6.8퍼센트)이 더 많다. 16~24세 연령대를 보면 일반적인 정신건강 문제를 겪는 여성(26퍼센트)이 남성(9퍼센트)보다 세 배 가까이 많으며 자해와 양극성장애, 외상후스트레스장애Post-Traumatic Stress Disorder, PTSD도 더 많이 겪는다.[1] 게다가 학자들이 '자살 생각에 대한 성별의 역설'이라고 정의한 내용을 보면 남성은 자살을 더 끔찍한 방법으로 실행할 가능성이 크고, 여성은 자살 생각을 더 자주 떠올리는 경향이 있다고 한다.[2]

이제 수치심, 성별, 질환 그리고 그 외 요소가 포함된 매트릭스에 대해 알아볼 차례다. 그 외 요소는 바로 '위기'다. 과거 베를린에서 나에게 일어났던 일도 그 한마디로 요약된다.

몇 년 전, 이 모든 문제에 전문가라 할 수 있는 루크 설리번 박사를 알게 됐다. 심리학자인 설리번 박사는 런던 남부 페컴에 있는 국민건강서비스 위기개입팀에서 일하면서 자살 실행자들을 자주 상담한다. 그는 '멘즈마인즈매터Men's Minds Matter(남자의 마음은 중요하다)'라는 비영리 단체를 운영하고 있는데 남성 심리학, 자살, 웰빙이 만나는 영역의 이해를 향상시키는 기관이다. 그런 역할에 대해 더 알고 싶고 내 경험을 그 맥락 안에서 더 이해하고 싶어서 나는 이 글을 쓰기 얼마 전 그의 상담실을 찾아갔다. 우리가 가장 먼저 나눈 이야기는 앞서 언급한 '도움을 청하지 않는 이유'의 목록에서 맨 마지막 부분이었다. 바로, 문제가 있다는 것을 모른다는 것 말이다.

설리번은 자살 개입이라는 최전선에서 일하면서 반복적으로 만나게 되는, 그의 표현에 따르면 "견딜 수 없는 순간"을 맞으며 분투하는 사람들의 모습에 대해 이야기했다. 그 과정을 보면, 그들은 살면서 일련의 스트레스를 받는 사건이나 상황에 직면한다. 일테면 직장 일이 힘들고, 몸이 아프고, 관계에 갈등이 생기는 일들이 연달아 발생하는데 그게 쌓이고 쌓이다가 마침내 그 상황에 압도당하고 만다. 그 결과가 바로 위기다. 그리고 그때 갑자기 자살 생각이 떠오르면서 '자살'로부터 어떤 약속을 받는다.

"자살 생각이 살아서 움직이는 게 보입니다"라면서 그는 말을 이었다. "우울증을 앓고 있느냐 아니냐와는 상관이 없어요. 누구든 감정적으로 몹시 괴로운 처지에서 그 상황이 지속되고 견딜 수 없게 되면 거기서 벗어나려고 뭐라도 할 겁니다. 그런데 상황이 나아지지 않고 계속 이어지면 결국 '계속 이런 식이라면 더는 못 살아'라고 생각하는 지경에 이르죠. 여러 위기가 한꺼번에 몰려와서 갑자기 그런 생각이 들 수도 있고, 아니면 평소에 힘든 일들이 차곡차곡 쌓이면서 기분이 지속적으로 악화되고 그 감정에 서서히 잠식되어 결국 예상치 않게 한계를 넘어갈 수도 있습니다."

자신의 내면세계를 보지 못하는 현상은 남성에게서 더욱 극적이고 심각하게 일어나는 경향이 있다고 설리번은 말한다.

"우선 자신에게 문제가 있다는 걸 알아야 합니다. 제가 상담해보니 많은 남성이 문제가 존재한다는 사실을 모르거나 자각하지 못한다는 게 점점 분명해지더군요. 우리는 자신의 내면세계에 접근해 그것을 이해하지 못하면, 내면의 소리를 알아듣지 못합니다. 말로 표현할 수도 없고, 의식적으로 구조화할 수도 없죠. (…) 그냥 마음속에 뭔가 있는데, 그 뭔가가 불편하고 불쾌해서 이렇게는 계속 살지 않겠다며 스스로 목숨을 끊을 수도 있어요."

위기에 대한 그의 이야기는 흥미로웠다. 그에 따르면, 위기는 삶에서 일어나는 일련의 재앙 같은 사건들과 스트레스가 만든 결과이며, 정신질환보다 더 큰 자살 요인이었다. 또한 영국 내 전체 자살의 72퍼센트가 정신건강과 무관하게 일어나며 자살자 중 다수가 정신질환이 없는 사람들이었다.

"이는 정신질환의 문제가 아닙니다. 바로 삶의 문제죠. 자신이 처한 상황 말입니다. 바로 눈앞에서 도전과 위협을 받는 상황에 놓이다 보니 거기에 대처할 능력이 없거나 어떤 해결책을 찾지 못하는 겁니다."

이 말을 듣고 삶에 대해 생각하게 됐다. 가장 먼저 그해 8월의 뜨겁던 날이 떠올랐다. '주요 우울증 삽화', 내 진료 기록에 적힌 말이자 그전부터 나에게 일어나고 있던 사건에 붙인 유용한 병명이었다. 당시 내 의식은 완전하지 않았음에도 그런 생각이 들었다. 돌이켜보니 내가 불안이라고 이해했던 것이 큰 파도로 강하게 밀려왔고, 확실히 우울했던 느낌이 기억난다. 또한 그와 연관해서 당시 내 삶의 고난을 있는 그대로 받아들이고 꾹 참는 수밖에 없다고 인식했던 것도 기억난다. 그때 나를 힘들게 했던 문제들은 더는 감당할 수 없었던 업무, 선열을 앓느라 몸도 아프다는 사실, 돌파구가 보이지 않는 갈등 속의 관계, 혼자 계속 끌어안고 있던 엄청난 무게의 의문들이었다. 그 정점은 자살 생각이 엄습하면서 자살할 방법에 대해 생각하고, 이렇게 살아 있는 순간을 견딜 수 없으니 무조건 죽는 길밖에 없다고 확신했을 때였다. 그 순간이 바로 위기였다.

우리는 한 시간 반 동안 대화하면서 그의 임상적 통찰과 나의 생생한 경험을 바탕으로 이 주제를 깊이 파고들었다. 또한 남성의 사회화 방식이 특정 상황에서 어떻게 자기파멸을 유도

하는지에 대해서도 이야기했다. 설리번은 최근에 공동 저작한 간행물에서 우리가 아는 남성성(또는 남성의 행동)을 정의하는 지배적인 가치와 규범이 존재한다고 썼다. 여기서 남성성은 곧 힘이라는 주제의 변주이며 그런 변형에는 '전사와 승자'이면서 '공급자와 보호자' 되기, '지배와 통제' 유지가 포함된다. 이런 모델이 다른 데서는 '전통적인' 남성성 또는 '패권을 쥔' 남성성 이라는 말로 나타났다.

이런 남성의 행동은 지금보다 앞선 시대에 뿌리를 두고 있다. 설리번은 그 예로 1852년 남아프리카 해안에서 사고로 침몰한 영국 해군 호위함 버컨헤드호 이야기를 들려줬다. 바로 그 유명한 '여자와 아이 먼저women and children first' 규정이 처음으로 성문화되는 데 계기가 된 사건이다. 당시 배에 구명정이 부족해 사람들을 모두 태울 수 없게 되자 해군들은 여자들과 아이들, 일부 동료의 생명을 구하고 자신들의 목숨을 희생했다.

그때부터 '희생의 힘'이라는 관념이 가장 중요한 남성적 특성 중 하나가 됐다. 그러나 설리번에 따르면, 그런 관념은 많은 문제를 보지 못하게 가리고 만다. 자세히 들여다보면, 남성의 삶은 사실상 '건강 악화, 조기 사망, 질병과 부상'이나 다름없다. 그는 "남성을 매우 취약하게 만드는 성의 문제가 있으며, 살해나 교통사고보다 자살로 인한 사망이 더 많은 이유다"라고 말했다.

2004년도에 멘즈마인즈매터라는 단체를 설립했을 때, 아무도 이 문제에 관심을 기울이지 않는 것 같다는 사실에 충격을 받았다며 그는 이렇게 말했다.

"그건 심장병을 무시하는 처사나 다름없습니다."

남성이 여성보다 자신의 감정을 표현하는 데 서툴다는 것은 또 다른 대중적 편견이다. 설리번은 그런 선입견이 대단히 심각한 결과를 초래한다고 본다. 왜냐하면 그런 지배적 규범이 남성들이 힘든 모습을 보여주거나 인정하는 걸 가로막기 때문이다.

"남성의 심리 세계와 정서적 경험, 최적의 대인관계 능력을 통찰해야 합니다. 제가 보기에는 자살을 논할 때 이 세 영역이 가장 결정적이에요. 성인기에서 유년기로 거슬러 올라갈수록 정서 발달이나 의식, 이해·표현 능력이 떨어집니다. 그러니 감정을 자산으로 보지 않는다면 그것을 어떻게 언어로 풀어서 이야기하겠어요? 감정은 약한 것이니 절제해야 하고 심지어 감정이 없어야 한다는 관념이 있는데, 완전히 정신 나간 소리예요."

정신이 나갔다는 것은 곧 미쳤다는 말이니, 결국 성별과 상관없이 체면을 잃지 않으려고 도움 청하기를 거부하는 건 미친 짓이 된다. 그는 이 말을 덧붙였다.

"도움을 구하는 것은 남성성에 상반되죠. 자신의 취약성 vulnerability을 보여주면 더 취약해지는 꼴이 되는데, 어떻게 그런 행동을 하겠어요?"

부정적인 감정이 들수록
_____ 솔직해져야 한다

정신건강과 정신질환이 일반인들의 대화에 더 많이 등장하면서부터 취약성이라는 말도 자주 들린다. 취약성은 감정에 솔직해지고자 하는 태도를 표현하는 유행어가 됐다. 그런데 그 말은 내게 남성이 아니라 여성, 그중에서 특히 한 여성을 떠올리게 한다. 바로 에이미 와인하우스(영국의 가수. 뛰어난 재능으로 사랑받았으나 2011년 알코올 중독으로 사망했다-옮긴이)다. 에이미에 대한 이야기는 우리가 취약성을 이해하여 그 말을 최대한 활용하면서 몇 가지 함정을 피해 갈 수 있도록 도움을 준다.

2011년 에이미 와인하우스가 갑자기 죽었을 때 아마도 많은 사람이 충격을 받고 슬퍼했을 것이다. 나 역시 에이미의 목소리와 음악은 물론, 양팔에 새긴 문신과 벌집 모양의 헤어스타일, 종잡을 수 없는 음악적 기교를 정말 좋아했다. 가수로서의 눈부신 재능을 넘어 에이미가 정말 빛나는 예술인이었던 이유는 실제로는 물론이고 상징적으로도 그녀가 가사와 정말 딱 어울려서다. 에이미가 가슴으로 느낀 것이 목소리를 통해 나오면서 거의 신화적인 힘을 발산했다. 모든 것이 정말 날것 그대로였고 진정성이 느껴졌다. 그런 스타가 스물일곱 살에 죽은 것은 엄청난 비극이었다.

에이미 와인하우스는 자신이 느끼는 감정의 격동을 음악으로 표현한 예술인이었다. 그런데 우리가 에이미의 노래를 들을 때쯤에는 그 공연에 매니저와 프로듀서를 포함한 여러 제작진, 녹음실은 물론 보도자료, 사진 촬영, 타블로이드판 스캔들, 표지가 멋지게 디자인된 음반 등이 매개되어 있으며 이 모든 것이 이미지를 구축하기 위해 설계되어 있다는 점을 기억해야 한다. 바꾸어 말하면, 소비자인 우리가 접하는 것은 에이미가 분명히 느꼈던 고통을 정해진 양식에 맞춰 보여주는 공연이었다는 것이다. 그녀가 가진 날것 그대로의 감성이 시장에 내놓을 수 있게 상품화되고 세련되게 다듬어졌다는 뜻이다.

에이미의 인생 후반에는 그럴 만도 하겠다 싶은 변화가 있었다. 당시 혼란의 도가니였던 에이미의 마지막 콘서트를 본 팬들이 실망하고 분노했다는 기사를 읽은 기억이 있다. 팬들은 자기가 좋아하는 가수가 가사를 계속 잊어버리고, 술에 취해 휘청

거리면서 무대를 돌아다니며 횡설수설하는 것을 보고 기분이 몹시 상했다. 그 현장에서 에이미가 보여준 것은 음반과 뮤직비디오에서 보여주었던 세련된 감정 표현과는 사뭇 달랐다. 사실 팬들이 본 것은 잘 연출된 공연이었다기보다는 공개적으로 중계되는 생생한 실제 위기였다. 말하자면 겉으로 드러난 실제의 취약성이었던 것이다.

문제는 그 모습이 지나치게 사실적이었다는 점이다. 너무 추하고 어색하며 불쾌할 정도로 당황스러웠다. 그 무대에 섰을 무렵 에이미는 심각한 문제들에 시달리고 있었다. 그녀가 식욕이상항진증(폭식과 구토를 반복하는 식이장애-옮긴이)과 약물 남용으로 어려움을 겪고 있다는 사실은 이미 잘 알려져 있었다. 자기 자신도 통제하지 못하는 마당에 공연은 언감생심인 상황이었다. 이 시점에서 연예계가 잔인한 비즈니스의 세계이며 관객은 자신이 지불한 돈값을 기대한다는 얘기를 또 꺼낼 필요는 없다. 그러나 이 이야기를 통해 우리는 구분이 중요하다는 것을 알게 된다. 바로 취약한 상태(위기)와 취약성 보여주기(행위)의 차이를 아는 것이다. 전자는 엉망이고 보기 흉한 데다 고통스러운 상태인 반면, 후자는 인스타그램에서 잘하는 종류의 행동이다.

보여주는 취약성이 아니라 진짜 취약성에 대해 논하려면, 취약성이 존재할 뿐 아니라 인간 삶의 일부라는 사실 그리고 인간은 위기에 처하고 무너지고 장애를 겪기 쉽다는 사실을 받아들이려면, 취약한 상태와 취약성을 보여주는 행위를 더더욱 구분할 수 있어야 한다. 이것이 에이미 와인하우스의 비극적인 삶에서 우리가 얻을 수 있는 교훈이다.

진정한 취약성은, 바꾸어 말하면 정말 도움이 필요할 때를 말한다. 솔직히 말해, 대부분 보기 좋은 모습은 아니다.

✳ ✳ ✳

그럼에도 취약성이라는 말은 현대의 정신건강 용어로 우리 일상에 자리 잡은 것 같다. 2010년 미국의 심리학자 브레네 브라운이 '취약성의 힘The Power of Vulnerability'이라는 제목으로 〈테드TED〉 강연을 했을 때 그 말은 사회적인 화젯거리가 됐다(당시 강연을 유튜브에서 볼 수 있다). 강연에서 브라운은 우리가 수치심과 고통을 겉모습 뒤에 숨기다가 결국 그 안에 갇히게 되는 과정에 대해 이야기했다. 이런 문제에 대한 그녀의 해법은 마음을 열고 남들에게 보여주라는 것이다.

"속마음도 보여주고, 취약성도 보여주세요."

브라운은 이렇게 말하면서 취약성이 더욱 충만하고 솔직하게 살아가는 방식이라고 주장했다. 그녀의 〈테드〉 강연은 수천만 조회 수를 기록했는데, 이는 그 강연이 사람들의 강력하고 보편적인 욕망을 분명히 보여주면서 아주 민감한 부분을 건드렸다는 것을 시사한다.

그때부터 취약성은 개인의 성장 및 발전과 관련된 어휘가 됐다. 그런 어휘에는 우리 모두 현재 뭔가에, 일테면 플라스틱을 줄여 바다를 구하는 일 같은 것에 완전히 미칠 정도로 열중해야 한다는 개념인 '열정'도 포함된다. 또한 우리 모두 당연히 온전한 자기 자신이어야 한다는 믿음과 관련된 '진정성'도 가리킨다(심리학적 관점에서 보자면 그런 진정성은 매우 복잡한 개념인데, 뒤에서 구체적으로 살펴볼 것이다).

이 단어들과 더불어 취약성은 감정을 보여주는 간단하고 신속한 방편이자 사랑받는 새로운 사회심리적 자산인 듯 보인다. 그리고 이런 현상은 오늘날 정신건강과 정신질환에 대해 점점 뜨거워지는 관심을 또렷하게 보여준다. 당연히 두려움과 절망은 자백하는 것이 좋다. 그리고 어쩌면 우울증이나 불안장애를 진단받았다거나, 약을 먹고 있다거나, 정상적인 생활이 힘들다거나, 일을 쉬어야 한다거나, 사회 활동에 어려움이 있다는 사실도 시인하는 게 좋을 것이다. 한 예로 자신 있고 활기 넘쳤던 그라임 Grime(2000년대 초 영국에서 생겨난 일렉트로닉 댄스 음악 장르 – 옮긴이) 가수이자 MC 스톰지가 우울증을 앓고 있다는 사실을 시인했을 때, 그의 고백은 실제 내용보다는 '#취약성보여주기'라고 해시태그를 달 만한 일로 보이기도 했다. 이를테면 자신의 겸허하거나 약한 모습을 드러내는 감탄할 만한 선언이 된 것이다.

표면적으로는 이렇게 취약성을 보여주는 추세에 칭찬이 쏟아지는 것 같다. 그러나 문제는 취약성에 사회적 인정이 더해지면, 수천만이 넘는 브레네 브라운의 강연 동영상 조회 수에서 알 수 있듯, 속이기가 쉬워진다는 것이다(물론 이 말은 스톰지가 대중을 속였다는 얘기가 아니다. 오히려 그 반대다). 게다가 훨씬 더 큰 문제는 취약성에 대한 새로운 집착이 '충분히 취약하지 않다'는 것에 대한 불안감이나 수치심마저 유발할 수 있다는 점이다. 말하자면 솔직한 공개가 상품이 되는 셈이다.

그런데 취약성에는 한 가지 뜻만 있는 게 아니라 더 많은 뜻이 담겨 있다. 일테면 취약성은 극빈의 위험 상태를 의미하기도 한다. 그 예로 영국에서는 2009년부터 2017년 사이에 노숙인의 숫자가 1,768명에서 4,751명으로 169퍼센트 증가했다. 이 노숙인들은 오늘날 사람들이 취약성에 집착하는 모습을 보면서 매우 다른 느낌을 받을 것이다.

내 말이 아는 체하는 것처럼 들린다면, 나는 우리가 취약성에 대해 신중할 필요가 있다는 말로 반박하겠다. 왜냐하면 취약성을 잘못 사용하거나 잘못 이해하면 결과적으로 그 취지가 모호해지기 때문이다. 에이미 와인하우스의 사례로 돌아가, 취약성을 보여주는 행위와 실제로 취약한 상태의 차이를 생각해보자. 이 경우 취약성을 보여주라는 요구는 에이미에게 진정으로 필요한 것을 가리고 말았다. 에이미는 갇힌 것이다.

이 모든 이유로 나는 요즘 설명할 필요가 적은 다른 말을 선호한다. 바로 솔직함이다. 솔직히 도움이 필요하니까 도움을 청하고, 자신의 느낌을 솔직히 설명하고, 다른 사람들과 솔직하게 소통하는 것이다. 이 모든 일은 완곡한 어법과 감상적인 태도를 신속히 쳐낸다. 직접적이고 솔직한 언어는 살균 작용을 한다. 그래서 가식과 자기기만이라는 더러운 먼지는 물론, 농담과 희롱과 추정이라는 찌든 때도 제거해 그 사람을 반짝반짝 빛나게 한다. 예를 들어 누군가에게 이렇게 말한다면 매우 솔직한 것이다.

—지금 힘든 일이 있는데, 조언 좀 해주세요.
—이 상황이 감당이 안 되는데, 왜 그런지 모르겠어요.
—잠깐 얘기할 시간 있으세요? 커피 한잔이나 산책도 좋고요. 상의하고 싶은 게 좀 있어서요.
—지금 많이 힘드네요. 뭔가 방법을 찾을 수 있게 도와주세요.

아니면 가장 간단하고 솔직하게, 이렇게 말하자.

—도움이 필요해요.

'도움이 필요해요'라는 말은 그날 내가 길바닥에서 페이스북에 올린 메시지다. 당시 절박한 위기 속에서 나는 언어 사용에 한계가 있었고 그것 말고는 아무 문장도 떠오르지 않았다. 나중에 그 순간을 되돌아볼 만큼 상태가 괜찮아지긴 했지만, 내가 올린 경보를 생각하니 무척 당황스러웠다.

그 뒤로 최대한 솔직해지려고 노력했다. 남들에게도 나에게도. 나 자신을 속이는 신호들에 촉각을 세웠다. 그리고 혹시 내가 중요한 말은 하지 않고 하찮거나 부당한 말을 하면서 다른 사람들을 조종하고 관계를 좀먹고 있지는 않은지, 그런 위험도 감지하려고 애썼다.

그렇게 하니 우선 삶이 훨씬 더 단순해졌다. 게다가 내 목숨도 구했다. 결정적 순간에는 도움을 청하자는 생각을 하게 됐으니 말이다. 나중에 다른 장에서 도움 청하기를 자신의 윤리적 토대로 만든 한 무리의 사람들을 소개할 것이다. 여기서는 우선 그들의 말 한마디를 전하겠다.

"체면을 차리지 말고 자신을 구제하라."

지금까지 내가 한 모든 이야기를 한 문장으로 요약한 셈이다. 가끔은 만약 내가 조금 더 일찍 체면을 차리지 않고 나 자신을 구제했더라면 어떤 일이 벌어졌을지 궁금하기도 하다. 이제 남성성의 모습과 의미로 다시 돌아가 내막을 살펴보면, 내가 왜 그러지 못했는지 당신도 알게 될 것이다.

'남자다움'이라는
_____ 감옥에 대하여

페미니스트 작가 나오미 울프는 1990년에 펴낸 저서 《무엇이 아름다움을 강요하는가》에서 여성의 삶이 아름다움을 강요당함으로써 교묘하게 지배받고 있다는 설득력 있는 주장을 폈다. 여성의 가치가 사회 지배적인 미의 규범에 맞는 외모냐 아니냐에 완전히 좌우되는 듯 보인다는 말이다. 아름다움이 남성들의 관리 아래 통용될 때 그것은 여성을 억압하고 통제하는 도구가 된다. 더군다나 여성들이 미의 신화를 내재화하여 자기도 모르게 공모하는 지경이 되면 특히 그렇다.

그로부터 30년이 지난 지금, 우리가 곧 이야기할 주제인 힘과 남성의 관계에도 똑같은 논리가 적용될 수 있을 것이다. 힘은 남녀가 짝을 찾는 성性 시장에서 남성의 능력을 보여주는 징표다. 직장에서도 남성의 힘은 그의 가치를 대변하며, 인지경제성cognitive economy(뇌가 생물학적 한계 때문에 최소 자원으로 최선의 결과를 얻으려는 성향-옮긴이) 측면에서도 힘은 곧 지위다. 하지만 무엇보다 위험한 것은 힘이 남성과 자아 간의 관계를 보여준다는 점이다. 이른바 '힘의 신화the strength myth'가 통치하는 세상에서 사는 남성은 자신을 육체적·지적·정서적으로 약한 존재라고 느끼면서 자연스럽게 수치심을 물려받는다. 그리고 대개는 그 수치심을 너무 참지 못하기에 할 수 있는 일이 하나밖에 없다. 바로, 감추는 것이다.

얼마 전 겨울 아침, 친구 몇 명과 등산을 갔을 때였다. 몹시 추운 날이었다. 시간이 좀 지나자 한 친구가 손이 시리다고 투덜댔다. 깜빡하고 장갑을 가져오지 않았던 것이다. 마침 내가 여분으로 챙겨 온 장갑이 있어서 친구에게 건넸다. 그런데 친구는 "아, 고마워. 그런데 괜찮아"라고 재빨리 대답하고는 양손을 호주머니에 쑤셔 넣고 앞서 터벅터벅 걸어갔다. 이상한 느낌이 들었지만 왜냐고 묻지는 않았다. 비장한 표정을 지으며 장갑을 거절한 친구를 가볍게 한번 놀려볼까 하는 생각도 아주 잠깐 스쳤지만, 친구를 당황하게 하고 싶지 않았다.

그러던 중 비슷한 상황에서 나도 늘 친구와 똑같은 말이나 행동을 했던 게 떠올랐다. 내 욕구와 진심을 숨겼다. 침착한 얼굴을 하거나 아무렇지도 않은 듯 짐짓 무관심한 표정을 지으면서 그 가면 뒤의 진짜 기분은 드러내지 않았다. 수십 년 동안 그렇게 해오다 보니 솔직함이 이토록 절실해진 처지가 되고 말 았다.

그렇다고 해서 내 친구가 전형적인 모습의 과묵하고 센 남자나 우락부락한 사내, 그러니까 '마초남'이라는 말은 아니다. 오히려 따뜻하고 친절하고 사려 깊은 사람이다. 그 친구의 행동이 '수치심과 도움을 청하고 받아들이기'라는 미시적 문제라면, 거시적 문제도 함께 살펴봐야 한다. 즉 남성들은 어떠해야 한다는 방식, 더 학구적으로 말하면 서구 사회에 남성성이 '구축된' 방식을 보는 것이다.

고백하자면, 대중매체에서 일한 나도 그런 남성성을 구축하는 일에 동참한 셈이다. 20대 시절 대부분을 다양한 음악 잡지와 패션 잡지에서 기자와 편집자로 일하면서 보냈으니까. 그런 잡지들의 기사 제목은 종종 어느 특정한 시기의 '멋진 것'과 관련되어 있다. 물론 '멋지다'는 가치를 평가하는 말이자 일련의 규칙이어서 정의하기가 쉽지는 않지만, 사람들을 '멋있는' 사람과 '멋없는' 사람으로 분리한다. 나는 10대와 20대 시절에 많은 시간을 들여 멋있는 사람이 되려고 애썼다. 그래서 멋진 파티에 가고, 멋진 음악 밴드를 인터뷰하고, 멋진 옷을 입었으며 멋진 클럽에서 디제잉도 했다. 아마 실제로 '멋있다고 인식된' 적도 몇 번은 있었을 것이다.

그리고 30대에는 음악 밴드와 청바지에 관한 기사를 쓰는 일에서 벗어나 주요 남성지의 기고가가 되어 남성성을 과하게 추구하는 환경에서 세월을 좀 보냈다. 이런 기사들의 행간에는 '제임스 본드처럼 되라'라는 메시지가 종종 숨어 있다. 이를테면 스포츠카를 몰고, 경쟁자를 물리치고, 슈퍼모델과 자라는 메시지다. 더 간단히 말하면 돈과 권력, 섹스를 무엇보다 중시하라는 것이다. 그리고 그런 기사들에는 강한 사람이 되게 해달라는 기원이 내포되어 있다. 문제의 그 힘은 상징이나 겉치레에 불과할 뿐인데도 말이다.

프리랜서이자 독신 세입자였던 30대 중반에는 집으로 돌아오면 제임스 본드와는 사뭇 다른 느낌이 들었다. 의심이 들고, 남성성을 추구하는 가치들과 부딪히고, 매우 격식을 차리지만 교묘하게 경쟁적인 환경에서 어떻게 처신해야 할지 알 수 없었다. 이런 환경에서 도움을 청한다는 건 용납되는 행위가 아니었다. 내 목숨을 구하는 일이 아니라 오히려 사회적 자살에 가까웠다. 이것이 바로 '힘의 신화'가 작동하는 방식이다. 적어도 내 삶에서는 그랬다.

* * *

그럼에도 지난 20년 동안 어쨌든 술집뿐 아니라 매체와 학계에서도 남성의 의미가 무엇인지에 대한 재검토는 계속 진행됐다. 최근에 '유해한 남성성toxic masculinity' 같은 용어가 등장하고, '미투#MeToo' 운동으로 남성들의 추악한 행태가 폭로되고, 가

부장적인 것들에 대한 비판이 증가하면서 그 논의는 점점 활발해지고 있다. 이런 논의와 더불어 남성의 의미에 대해 새롭고 더 폭넓은 사고방식을 찾는 대항 담론도 등장해 남성이 느끼는 부담스러운 수치심을 허물고 있다. 덜 난폭하고 덜 잔인하며, 더 열린 자세로 공감하고, 지각 있으며 전통 규범에 더 비판적이고, 성 정체성과 성적 지향에도 훨씬 유동적인 남성상을 찾으려는 작업이 한창 진행 중이다.

이제 때가 됐다. 오늘날 전 세계의 권력자들, 현재 그 명백한 사례인 도널드 트럼프만 봐도 남성성이 무엇인지 너무 쉽게 떠오르기 때문이다. 이기적이고 자아도취에 빠져 있으며 여성을 혐오하는 등의 모습 말이다. 그러나 내가 아는 대부분의 남성, 줄잡아도 수백 명에 달하는 그들은 밤이 되면 야단법석을 떠는 건달들처럼 굴지만 밤이 끝날 무렵에는 친절하고 너그러우며 공감할 줄 아는 인간들처럼 행동한다.

내가 그동안 보고 아는 바로는, 남성들 역시 갈팡질팡하는 존재다. 견고한 건물처럼 보이는 이 엄격한 남성성은 허약할 뿐아니라 압력을 받으면 부서지기 쉽다. 나는 열일곱 살 때 디스코 클럽에 처음 갔는데 뭘 어떻게 해야 할지 모르겠다는 느낌이 들어 혼란스러웠다. 그런데 그 느낌이 마흔둘에 다시 찾아왔다. 당시 나는 스트레스가 많은 업무를 계속 붙들고 선열을 앓으면서 삶, 사랑, 정체성과 관련된 문제들과 씨름하며 밑바닥을향해 미끄러지고 있었다.

뭘 어떻게 해야 할지 알 수가 없었다. 어떻게 해야 나다울 수 있는지도 알 수 없었다.

'난 강하고 유능해야 해.
하지만 난 약하고 길을 잃은 것 같아.
그런데 그걸 인정하면 난 훨씬 더 약해 보일 거야.
그러니 묵묵히 계속 버텨야지.
그러면….'

'뭘 해야 할지 안다는 것'도 힘의 표현이다. 힘은 좋든 나쁘든 남성성의 기본 속성이며, 무언의 사회문화적 규범에 따르면 남성으로서 갖춰야 하는 자질이다. 추측하건대, 우울이 남성을 괴롭히는 방식은 특히 더 악랄한 것 같다. 남성의 약한 부분을 정확하게 싸안고는 힘과 능력의 기본 뼈대를 부식시켜 마침내 산산조각을 내버리기 때문이다.

이 가운데 가장 심각해 보이는 문제는 무엇보다 남성성의 허약함이 정신질환의 상처를 만나는 영역에서 발생한다는 것이다. 음양 관계에서 뒤엉킨 힘은 남성을 말없이 고통받게 하고 도움을 청하지 못하게 하는데, 그러면 그 자체로 치명적일 수 있다. 근래 몇 년간 남성의 자살 문제에 많은 관심이 쏠리고 있는데, 최근 수치를 보면 다행히도 2018년부터는 남성 전체 자살률이 떨어지는 추세다.

우울이 특히 남성이라는 의미의 정곡을 찌르는 것처럼 보여도 정신질환을 오로지 남성의 문제로만 지나치게 강조하는 것은 잘못이다. 비록 여성보다 남성이 자기 생각과 감정을 따라 더 격렬하게 최종 목적지의 가장 어두운 지점까지 가는 경향이 있다고는 해도, 우울과 불안은 인간의 질병이다.

이제는 내가 제임스 본드도 아니고 알파남도, 플레이보이도 아니라는 걸 잘 알고 있다. 심지어 추상적인 사회학적 개념 외에 '남성성'이란 것이 과연 존재하는지도 확실치 않다. 어쩌면 세상에는 수많은 '남성' 개개인이 교집합을 이루는 특이성과 정체성을 지닌 채 돌아다니는 것일 뿐인지도 모르겠다. 나도 그들 중 하나이지만, 이제 나는 도움이 필요할 때 도움을 요청할 줄 안다.

✳ ✳ ✳

이 장을 쓰는 데 시간이 제법 걸렸다. 마음이 초조했다. 솔직히 말하면 이 글을 쓰면서 도움을 청해야 했다. 몇 친구 덕분에 불안을 다스릴 수 있었다. 내 이야기가 '맞고' 그럴듯한지, 읽을 가치가 있는지, 충분히 시류에 맞게 쓰였는지 궁금했다. 긴장해서 어깨도 아팠다. 펜을 들어 글씨를 쓰거나 손가락으로 자판을 치기가 두려웠다. 심지어 도움 청하기에 대한 내 생각과 함께 우리가 도움을 청하지 않은 이유와 청해야 하는 이유를 요약하는 단계로 넘어온 지금도, 앞에서 쓴 내용이 충분히 괜찮은지 여전히 걱정이 된다.

이런 특정 불안을 설명하는 한 방식이 바로 '가면 증후군impostor syndrome'이다. 자신이 어떤 일이나 역할을 할 자격 또는 준비가 충분하지 않다고 걱정하는 것을 말하는데, 이는 보편적이고 흔한 경험이다. 내가 아는 성공한 사람들 가운데 많은 이들이 우울한 자기성찰을 할 때 이런 기분이 자주 든다고 시인했다. 단지 시간문제일 뿐 언젠가는 누군가가, 아마도 정체불명의 어떤 권위자가 나타나 어깨를 톡톡 치며 "이봐, 게임은 끝났어. 이제 그만 가보시지"라는 말을 던질 것 같다는 것이었다.

수치심을 조금 더 분석해보면 그 안에 다른 그림자들도 보인다. 바로 자기의심이나 낮은 자존감이다. 도움을 청하지 않는 데는 여러 이유가 있겠지만 수치심과 정신질환 증세를 같이 느낄 때, 남성성과 여성성의 취약성이 나타날 때, 자신이 구차해 보일까 봐 차라리 말없이 고통받는 편이 낫다고 믿기 때문이다. 하지만 그것이야말로 진짜 정신 나간 짓이다. 그러니 지금 어려움을 겪고 있다면 자신의 느낌을 가장 잘 설명할 수 있는 말을 찾아 목소리를 내어 도움을 청하자.

정신과 상담을 주저하는
사람들을 위한 조언

• 스테이시 톰슨(심리상담가) •

스테이시 톰슨은 정신 전문 간호사이자 심리상담가로 일하며 자살 충동을 느끼고 도움을 구하는 사람들을 만난다. 그녀의 설명을 들으면서, 도움이 필요한 사람이 위기 서비스 기관에 연락하거나 병원 응급센터에 가면 어떤 일들이 진행되는지 알아보자.

나는 몇 년 전부터 국민건강서비스의 위기개입팀과 정신과협진·평가팀에서 일하고 있다. 여기서 주로 하는 일은 위기에 처한 사람들이 지금 당장 겪고 있는 일을 털어놓을 수 있게 도우면서 그들과 관계를 맺는 것이다. 또한 그들의 이야기에 귀를 기울이고 질문을 하는 것이 평가 과정의 한 부분이다. 어떤 질문들은 내가 현재 당사자에게 일어나고 있는 일을 판단하는 것은 물론, 전에도 이런 적이 있었는지를 포함해 그 사람의 배경을 파악하게 하는 데 목적이 있다. 그 사람의 가족, 교육 수준, 경력, 인간관계 등의 배경을 알면 그가 어떤 사람인지와 더불어 현재 직면한 잠재적 어려움을 그려보는 데 정말 도움이 된다.

이곳에서는 속상하거나 힘든 것에 대해 이야기해야 한다. 우선 자신이 상담하러 온 이유를 말해야 한다. 사람들은 곧잘 이렇게 말한다.

"더는 감당이 안 돼요. 다 무리예요. 대체 뭘 해야 할지 모르겠어요."

현대 사회에서 우리는 삶의 냉혹한 현실로부터 과잉보호를 받을 때가 많다. 그래서 뭔가 잘못되고 있다고 느낄 때는 실망과 불편함을 참고 받아들이는 데 필요한 기술을 찾아 적용하려고 애쓴다. 그러다 보면 통제가 안 된다는 느낌이 들 수 있는데, 대부분 사람은 불확실성을 점점 참지 못하게 된다. 그런 상황이 발생하면 중추신경계가 작동하면서 위협 반응이 유발되고, 잠을 자지 못하고 생각에 계속 빠져 있는 등 별의별 신체 증상이 나타나기 시작한다.

자살 충동에 대해 이런저런 질문을 하는 것이 중요하다

그 질문에는 당사자가 자해를 생각하고 있는지, 만약 그렇다면 언제부터 그런 생각을 했는지, 과거에 그런 시도를 한 적이 있었는지 아니면 이번이 처음인지 등이 포함된다. 그러나 증상학 측면에서 살피다 보면, 실제로 그런 생각과 느낌을 처음으로 일으킨 근본적 문제를 간과할 수 있다. 그런 근본적 문제는 대개 오랫동안 이어져 온 뿌리 깊은 신념 체계인데, 비이성적이고 경직되어 있으며 도움이 되지 않을 때가 많다.

대부분 사람이 결국 위기를 맞는 이유는 상황을 악화하는 일이 벌어져서다. 그리고 대체 뭘 해야 할지 몰라서 도움을 청하는 것이다. 바로 그런 이유로 나는 자각이 핵심이라고 믿는다. 그래서 자기 자신에 대해 실제로 어떻게 생각하는지, 타인을 어떻게 인식하고 자신에 대한 남들의 판단을 어떻게 보는지, 그리고 그런 생각과 인식이 자기 삶에서 어떻게 작용하는지와 같은 근본적인 질문들을 던져야 한다.

평가할 때 항상 하는 질문은 "잠은 잘 주무세요?"다

잠을 못 자 정말 고생하는 단계에서는 뇌가 생각을 너무 많이, 깊게 해서 스위치를 끌 수 없는 상황으로 이어지기 쉽다. 잠을 제대로 자지 못하는 사람은 심한 피로감을 느낀다. 신체 기능이 떨어지고, 집중이 안 된다는 사실을 깨닫기도 한다. 도움을 주려면 가장 먼저 잠을 좀 자게 해야 한다. 가끔은 그 정도만으로도 그 사람의 기분이 나아진다. 그래서 단기적으로 수면을 돕는 처방을 내릴 수도 있다.

사람들이 자신의 어려움을 깨닫지 못하는 경우를 자주 본다

자각 능력이 매우 제한되어 있어서 우울이나 불안이 계속 진행되게 놔뒀기 때문이다. 그렇게 계속 방치된 우울이나 불안은 악순환을 일으켜 자존감과 자신감을 떨어뜨리는 지경으로 치달을 수 있고, 그러면 자기파괴가 반복된다. 하나의 경험만을 주목하면서 '지금 이게 내 유일한 정체성이야'라고 생각하는 지경에 이를 수도 있다.

맨 처음 만나야 하는 사람은 지역 보건의다

온라인에도 자구책이나 심리학적 방법이 숱하게 나와 있지만, 많은 사람이 그쯤에서 그냥 포기하고 만다. 사실 도움이나 지도를 받지 않고 자신을 변화시키는 것은 매우 어려운 일이다. 이상적인 시나리오는 아주 어렸을 때부터 사람들에게 마음 교육을 하는 것이다. 즉 성장하는 과정에서 자기 생각과 느낌, 행동을 알아차리고 이해할 수 있게 하는 것이다.

내가 보기에 정말 많은 내담자가 행동이나 감정이 조절되지 않는 문제를 안고 있는데, 이런 문제는 종종 정신장애로 나타난다. 만일 그들의 행동과 그에 대한 느낌에 영향을 주는 문제들을 알아낼 수 있다면, 우리는 그들이 더 건강하게 문제에 대처하고 자신을 받아들일 방법을 개발할 수 있다.

또 한편, 정신장애는 한층 심각하고 오래가는 질환이다. 당사자는 앞으로 평생 노력해야겠지만 그래도 회복이 가능하다. 사고 과정과 행동을 바꾸려면 많은 노력이 필요하다. 그런데 오늘날에는 사람들이 약물치료를 받는 경향이 있다. 그런 치료가 대체로 개인의 회복에 분명히 도움이 되기도 한다. 약을 먹으면 기분이 조금씩 나아지고 더 정상적이라는 느낌이 들며 계속 앞으로 나아가면서 살 수 있게 되니까 말이다. 그러나 애초에 왜 그런 상황에 이르렀느냐 하는 문제의 핵심에는 절대 다가가지 못할 수도 있다.

완벽주의를 경계하라

나는 완벽주의에 관한 논문을 썼는데, 그때 참고한 폴 휴잇과 고든 플렛의 '다차원적 완벽주의 척도multidimensional perfectionism scale'는 세 차원의 완벽주의를 이야기한다. 즉 자기 지향적 완벽주의self-oriented perfectionism(자신에 대한 기대), 타인 지향적 완벽주의other-oriented perfectionism(타인에 대한 기대), 사회 부과적 완벽주의socially prescribed perfectionism(사회나 환경, 부모, 동료 등의 기대에 부응해야 한다는 인식)다. 이런 완벽주의는 자살과 가장 크게 관련되어 있다. 우리는 어떤 식으로든 자신을 실망시키고, 다른 사람들의 기대를 충족시키지 못한다고 자연스레 생각한다. 또한 매일 매

순간 가짜 현실을 제공하는 소셜 미디어와 맞닥뜨린다. 세상은 점점 건강하지 않은 상태가 되어가고 있다. 소비지상주의는 우리가 원하기만 하면 무엇이든, 언제든, 어떻게든 가질 수 있다고 말한다. 우리는 "이렇게 행동해줘", "넌 나와 사귀고 날 사랑해야 해", "난 승진을 기대해"라고 말하면서 돌아다닌다. 참으로 비현실적인 상황이다.

형편이 된다면 심리치료사, 상담 전문가를 찾으라

우리에게는 코치처럼 조금 더 앞을 바라보며 끌어주는 사람이 필요할 수도 있다. 아니면 상담사처럼 그냥 앉아서 우리 이야기를 들어주고 도와주는 사람이 필요할 수도 있다. 기본적으로 자신을 이끌어줄 다른 인간과 연결되어야 한다는 얘기다.

한 가지 문제는 우리가 정신건강 영역에서 하나로 다 풀리는 만능 시나리오를 찾으려 한다는 점이다. 하지만 우리는 모두 저마다 다른 경험·생각·느낌을 지닌 개인이며, 그렇기에 정신건강은 자신을 이해하는 것에 관한 문제다. 우리는 자신을 이해하는 법을 알고, 타인의 상황을 인정하며, 자신의 상황이 악화되기 시작하면 스스로 더욱 연민을 느껴야 한다.

3장

몸을 움직이는 습관

쉬운 일을 꾸준히 하라.
몸을 움직이면 마음도 바뀐다.

걷기에서 발견한
_____ 교훈

다시 시작해야 한다고 깨달은 것은 어느 일요일 저녁이었다. 정확히 말하면 2014년 11월 2일 일요일이었다. 그날 친구 그레그와 함께 베를린에서 출발하여 1,331킬로미터를 운전해 고향에 도착했다. 그레그의 밴에는 내 침대와 자전거를 비롯해 독일의 수도에서 타향살이를 하는 동안 늘어난 짐들이 되는 대로 실려 있었다. 나의 현실을 실감한 것은 지하 창고에 서 있을 때였다. 슈롭셔에 있는 노인 전용 주택 건물의 춥고 비좁은 지하실이었다. 내 물건들을 보관할 곳이었는데 천장이 너무 낮아서 키가 168센티미터밖에 안 되는 나도 몸을 구부려야 했다.

지독히도 가난해 더는 버티지 못해서, 아니면 완전히 쓰러져서 고향으로 돌아와야 하는 일이 생길까 봐 수년 동안 겁이 났었는데 마침내 그날이 오고야 말았다. 내 삶이 몰락했기에, 지하실에 서 있는 그 상황은 어쩐지 나랑 잘 어울리는 것 같았다.

어두침침한 가운데 한쪽 구석에 매트리스를 밀어놓고, 서랍장도 밀어서 그 옆에 붙여놓았다. 책이 든 상자 하나는 다른 짐 아래쪽에 넣어두고, 공간을 벌기 위해 소지품들을 구석구석 빈 곳에다 쑤셔 넣었다.

우리는 지하실 문을 잠갔다. 그레그가 차로 나를 부모님 댁에 데려다줬다. 나는 잠자리에 들었고 이튿날 눈을 뜨니 머릿속에서 이런 질문들이 떠올랐다.

—음, 이제 뭘 하지?
—이렇게 무너진 마당에 뭘 할 수 있겠어? 갑자기 이사하는 바람에 여기선 만날 친구도 없고, 갈 곳도 없고, 지난 몇 년간 그려왔던 삶의 좌표도 사라졌으니 말이야.
—그럼 이제 어떻게 되는 거지?
—모르겠어.

침대에 누운 채 잠시 벽을 물끄러미 바라보다가 느릿느릿 일어났다. 산책하러 가야겠다는 생각이 들었기 때문이다. 어쩌면 답이 떠오를지도 모른다. 커피를 마시면서 어머니와 잠시 이야기를 나눈 뒤에 외투를 걸치고 텅 빈 거리로 나와 골목을 걷기 시작했다. 모든 게 한없이 익숙하면서도 완전히 낯설었다.

그 후로 몇 달 동안 그런 산책을 많이 했다. 그사이에 겨울은 더 깊어가고, 추운 새해를 맞이하고, 이른 봄이 됐다. 하늘이 환해지기 시작했고 기온도 따라 올랐다. 도서관으로, 상점들로, 근처 들판으로, 기찻길 옆으로, 공원으로, 여기저기 쏘다니다가 다시 집으로 돌아왔다. 어떤 날 아침에는 걷는 게 지루해 뛰면서 정원을 스무 바퀴 돌기도 하고, 차고에서 톱을 꺼내 근처 작은 숲에서 모아 온 통나무들을 자르기도 했다. 요가에 흥미가 생겨 유튜브에서 본 몇 가지 자세를 따라 해보기도 했다.

그렇게 지내다 보니 답은 떠오르지 않았지만 다른 게 찾아왔다. 그것은 가장 단순한 일상에서 떠오른 너무나 어렴풋한 힌트였다. 그 힌트는 내 몸에서 나온 이런 말이었다.

'움직여. 일어나서 몸에 집중해봐. 그러면 너에게 단지 마음만 있는 게 아니라는 사실이 증명돼서 좋아. 몸을 움직여. 그러면 마음도 바뀌기 시작할 거야.'

그리고 아주 차츰차츰 그렇게 되어갔다. 걷기는 침울하던 기분을 조금 북돋아 주었고 통나무 자르기는 끝없는 반추의 노선을 슬며시 바꿔주었다. '이걸 습관으로 만들어야 해'라는 생각이 들었다. 그래서 날마다 몸을 쓰는 일을 하기로 했다. 통나무도 몇 개 더 자르고, 더 오래 더 천천히 걷고, 팔굽혀펴기도 한번 해보리라.

이것이 바로 위기의 반대편에서 내가 얻은 첫 번째 교훈이었다.

몸이 나에게 보내는
_____ 작은 신호들

　　　　　몸과 마음의 관계, 그리고 정신질환을 다스리는
것의 의미에 대해서는 당연히 다뤄야 할 내용이 더 많다. 그래
서 나중에 6장에서 다시 몸으로 돌아가 신체 회복 차원에서 그
문제를 더 자세히 들여다볼 것이다. 하지만 지금 말하려는 바
는, 몸을 움직이고 그것을 습관으로 만들자는 것이다. 거기에는
몇 가지 이유가 있다.

　　　　　첫째, 우울하거나 불안한 생각이 경험의 영역을 점령하면
자신에게 몸이 있다는 사실을 잊기 쉽다. 당시 나는 그 사실을
거의 이해하지 못했으나, 걷고 톱질하고 움직이는 습관이 나중
에 알게 된 것을 증명했다. 이때 알아두면 쓸모 있는 게 바로
세로토닌이다. 세로토닌은 기분과 밀접한 관계가 있는 호르몬

으로, 보통 아침에 막 일어났을 때는 최저치를 보이지만 몸을 움직이면 자극을 받는다. 우리는 종종 침대를 떠나고 싶지 않다는 유혹을 느끼는데, 그렇게 침대에서 뒹구는 것도 필요하긴 하다. 하지만 움직이고 있으면 마음뿐 아니라 몸도 느끼기에 오로지 생각에만 잠겨 있는 상태에서 벗어난다.

어쨌거나 우리는 지금 정신질환을 논하고 있으니 내가 발견한 다른 이유를 이야기하겠다. 바로, 우울과 불안이 몸에서 어떻게 나타나는지 알아차리는 게 초동 대처 비결 중 하나라는 사실이다. 이와 관련된 과학적 근거가 있는데, 그 논거는 아주 단순하다.

정신과 의사인 팀 캔토퍼 박사는 저서 《우울증: 강한 자가 받는 저주》에 딸린 소책자에서 우울증을 뇌의 변연계에 문제를 일으키는 신체질환으로 봐야 한다고 설파했다. 그 변연계의 기능 중 하나가 바로 감정 조절이다. 캔토퍼는 "다른 신체 조직과 마찬가지로 변연계에도 한계가 있어서 그 한계점을 넘어가는 스트레스를 받으면 손상된다"라고 썼다.

캔토퍼의 주장에 따르면, 우울증을 앓기 쉬운 유형인 사람은 스트레스를 극한으로 받으면 바로 포기하거나 굴복하지 않고 더 안간힘을 쓰면서 계속 밀어붙이는 반응을 보인다고 한다. 그는 이렇게 썼다.

양보하는 쪽은 변연계다. 13암페어 퓨즈에 18암페어 전류를 흘려보내면 나올 수 있는 결과는 하나밖에 없다. 스트레스성 우울증은 본질적으로 끊어진 퓨즈다.

그는 휴식의 중요성도 강조했다. "불필요한 도전을 피하고 오직 가능성이 있는 부문에서 쉬운 일을 하라"라고 역설하며 우울증 극복에 관한 현명한 조언을 건넨다.

일단 회복이 시작되면 상황이 복잡해진다. 조금씩 일을 늘려가야 하는데 그 양은 어느 정도여야 할까? 사실 나도 모른다. '그러나 당사자는 안다. 모든 단계에서 자기 몸이 알려줄 것이기 때문이다(이건 내가 추가한 문장이다).' (…) 회복이 진행되는 어느 시점에서든 신체의 물리적 한계를 느끼면 몸이 무겁고 나른해지기 시작한다. 정신 활동과 관련해서는 모든 것을 받아들이기에는 무리라는 것을 알게 된다. 사회생활 측면에서는 조리 있게 말하기가 어렵다는 것을 깨닫기 시작한다.[3]

중얼거리면서 횡설수설하고, 방금 들은 말을 잊어버리고, 심한 피로를 느끼는 등 이 온갖 증상은 아마도 지겹기 짝이 없는 파티에 참석한 것 같은 상황이 연상될 것이다. 그럼에도 그런 설명은 위기의 여파로 느끼는 심신의 혼란을 정확히 묘사한다. 내가 도움을 청하고 나서 몇 주, 몇 달 동안 그리고 그 후로도 꽤 오랫동안 내 삶이 어땠는지도 정확하게 보여준다. 적어도

1년 이상 그랬다.

　　그렇게 가볍게 산책하고 불안정하나마 요가 자세로 스트
레칭하는 습관은 나에게 도움이 됐다. 일테면 아침에 잠에서 깼
을 때 몸을 똑바로 일으킬 수 있는 경우에는 그랬다. 그러나 때
로는 그 일이 헤라클레스의 힘이 필요할 만큼 고역이었다. 베를
린에서 바닥에 엎어져 있던 후로 몇 달이 지났건만 왜 이렇게
피로가 오래가고 풀리지 않는지 의아했다. 감정을 표현할 수 있
을 정도로 딱히 초조하거나 침울하지 않은 날들도 있었지만, 보
통 때는 마치 뻘밭에서 한 발 한 발 내디디는 것처럼 힘겨웠다.

　　아울러 이 모든 혼란을 뒤로하고 삶을 이어가고픈 욕구를
느끼기도 했다. 잡지를 편집하고, 밤늦게까지 술을 마시면서 흥
청거리고, 장거리 달리기를 하는 예전의 세련된 나로 돌아가고
싶었다. 하지만 당연히 그렇게 될 리가 없었다. 캔토퍼가 아주
통렬하게 지적했듯이 내 몸, 곧 육체적 존재의 나는 가능한 것
과 불가능한 것을 강하고 단호하게 알려줬다. 내 몸은 내가 움
직이면 그에 대해 보상해주면서도 나더러 속도를 늦추고 여유
를 가지라고 말했다. 몸은 우리에게 무엇을 해야 할지 알려주는
그 나름의 방식을 가지고 있으며, 대개 최종 결정권을 가진다.

4장

마음 들여다보기

마음속 이야기를 솔직하게 하라.
감정을 정면으로 마주하지 않으면
우리는 그 감정의 노예가 되고 만다.

감정은
잘못이 없다

나는 매일 아침 성찰하려고 노력한다. 잠시 앉아 깊이 생각하면서 내 생각을 알아차린다. 보통은 침대 가장자리에 앉아 창밖을 바라본다. 창문 너머로 수풀이 우거진 정원이 보이고 저 멀리 런던 남동부의 건물들도 눈에 들어온다. 지평선을 따라 시선을 옮기다가 까치가 까마귀를 쫓아내는 광경을 보게 되기도 한다. 이 시간은 신선한 공기를 들이마시고 정신이 맑아지는 때다. 이렇게 하루를 시작하면 유익한 습관이 쌓인다.

이번 장에서는 상담치료, 약 복용과 같은 문제를 살펴보려고 한다. 이것은 상당히 복잡한 영역이다. 사람 사이에, 즉 고통을 겪는 사람과 도울 수 있는 사람(들) 간에 마음을 터놓기 시작하는 것에 관한 내용이기 때문이다.

이 문제에 대해 논의하려면 우선 윌 네이피어 박사와의 이야기를 꺼낼 필요가 있다. 걱정하는 얼굴로 몇 번이고 "혹시 제가 미쳐가고 있는 건가요?"를 묻던 내게 그는 이렇게 말했다.

"경험상으로 보면, 자신이 미칠까 봐 걱정하는 사람은 아마 미치지 않을 겁니다. 그런 걱정을 하는 게 바로 통찰력이 있다는 증거니까요."

* * *

윌 네이피어 박사는 임상심리학자로, 우울·불안 치료를 전문으로 하는 영국의 에셔그로브즈의원에서 일하고 있다. 그 의원의 설립자는 네이피어의 동료인 정신과 의사 이안 드리버 박사다. 나는 직장인들을 위한 정신건강 네트워크인 '마인즈앳워크Minds@Work'에서 주최한 모임에 참석했을 때 그를 알게 됐다(나는 마인즈앳워크 회원이다. 이 단체에 관해서는 9장에서 자세히 다룬다). 당시 드리버는 스마트폰 중독 문제에 관해 아주 인상적이고 공감 가는 강연을 했다.

네이피어와 드리버는 같이 일하기 전에 우울·불안·위기 치료의 최전선에서 오랫동안 경험을 쌓은 전문가들이다. 드리버는 국제적으로도 유명한 정신병원인 런던의 프라이어리병원에서 진료했으며, 네이피어는 런던 시내 개인병원 밀집 지역으로 유명한 할리 스트리트에서 환자들을 상담했다. 하지만 그렇다고 해서 기죽지 말기 바란다. 두 사람은 정신건강의 문제가 사람을 가리지 않고 누구에게나 찾아올 뿐 아니라, 부유하고 유명한 환자들 못지않게 우리 일반인들에게도 많이 발생한다는 것을 나만큼 잘 알고 있다.

나는 미리 연락하고 드리버와 네이피어를 만나러 갔다. 환자들을 상담하는 입장에서는 위기가 어떻게 보이는지 알고 싶어서 찾아갔는데, 그보다 훨씬 많은 것을 새로 알게 됐다. 특히 도움을 청해볼까 하는 생각을 처음 떠올리는 것조차 많은 이들에게 '엄청난 일'이라는 사실을 알고 무척 놀랐다. 네이피어는 이렇게 말했다.

"소개나 추천을 받은 사람들과의 첫 연락은 보통 무료 통화로 시작됩니다. 그때마다 제가 처음 꺼내는 말은 '전에도 이런 연락을 해본 적이 있으세요?'라는 질문입니다. 이런 대화를 하고 있다는 것만으로도, 그리고 이런 단계에 도달했다는 것만으로도 엄청난 일이거든요."

내가 사람들이 왜 더 일찍 도움을 청하지 않는지 궁금하다고 하자 드리버가 대답했다.

"인식의 문제예요. 사람들은 실제로 상황이 한참 진행된 다음에야 뒤늦게 무슨 일인지 깨닫습니다. 수면장애나 식욕 문제, 기억력 저하가 진행되면서 계기판에 여기저기 작동 불가 경고등이 깜빡거리고 나서야 뒤늦게 자기 몸이 보내는 경고 신호를 인지하거나 알아차리는 거죠. 몸은 우리에게 메시지를 보내는데, 그 내용을 인지하고 초기 단계에 적절히 대응하는 것이 중요합니다."

내가 직접 겪은 위기와 진단받은 내용을 줄줄 말하자 네이피어와 드리버는 말없이 고개만 끄덕였다. 그 모습을 보면서 두 사람은 그런 이야기들을 숱하게 들어왔겠구나 싶었다. 내 얘기가 끝나자 드리버는 이렇게 말했다.

"당신의 이야기는 정말 놀랄 만큼 전형적이에요. 당신을 여기까지 이끈 일들의 형성 과정만 봐도 그렇습니다. 우울하거나 불안한 사람이 자기 접시에 너무 많은 것을 옮겨놓고만 있는 영상을 보는 느낌이에요. 그런 일은 흔히 자신도 모르게 몇 달 또는 몇 년에 걸쳐 일어나 접시에 관계나 일, 재정 따위의 문제가 마구 쌓이게 됩니다. 아주 전형적인 퇴적 현상이죠."

네이피어와 드리버를 만나러 갈 때 진단, 치료 과정, 약물 치료를 결합한 심리요법에 대한 구체적 질문들을 준비했었다. 도움이 필요하다는 것을 솔직히 인정하는 '엄청난 일'이 일어난 후에 보통 따라오는 일들에 관한 질문이었다. 이 장에서는 두 전문가의 유익한 이야기 전반을 소개한다. 하나는 약물치료가 화학적으로 진정시키는 것과 비슷해서 환자가 문제를 일으키지 못하도록 아예 막아버린다는 것이고, 또 하나는 상담치료가 환자를 어린애처럼 취급하거나 심지어 착취하게 돼 효과적이지 않을 수 있다는 것이다. 이 문제에 대해 드리버는 이런 이야기를 들려주었다.

"의학적으로 좁게 보면, 치료는 기본적으로 약과 상담으로 귀결됩니다. 그러나 대부분의 경우 치료의 상당 부분은 심리에서 비롯됩니다. 실제로 제가 만난 환자들 가운데 세 명 중 두 명은 그랬던 것 같아요. 약물치료는 일부 환자에게는 유용한 보조 기능을 합니다. 그러나 중증 환자는 그냥 마음의 문을 꽉 닫고 있기 때문에 심리치료를 하기가 어려워요. 역설적인 것은 그런 중증 환자의 상태가 조금이라도 나아져야 비로소 심리치료를 최대한 활용할 수 있다는 점입니다."

네이피어는 보조 운동으로 하는 턱걸이에 비유해 약과 심리치료의 관계를 설명했다. 간단히 말하면 약은 사람들이 턱걸이를 할 수 있게 도와준다는 것이다. 사람들은 턱걸이를 시작하면 근육을 키울 수 있다. 네이피어는 이렇게 설명을 이어갔다.

"이는 약 없이 그럭저럭 지낼 수 있으면 그렇게 하라는 개념입니다. 그래서 정신과 의사나 지역 보건의는 당장 심리치료 효과를 볼 수 없는 환자가 효과를 볼 만큼 집중하거나 이야기를 할 수 있는 상태로 만들어줄 약을 처방하는 겁니다. 이상적인 방향은 점차 약 의존도를 낮추고 새로운 생활 습관의 의존도를 높이는 거예요. 상담치료란, 정확히 뭔가를 치료하는 게 아닙니다. 새로운 행동 레퍼토리를 코칭하는 거죠."

이런 견해는 상담치료 영역에서 우리가 일반적으로 이해하는 의미의(즉, 결국 끝나는 지점이 있다는 뜻의) 회복이 가능한지, 아니 심지어 관련은 있는지 더욱 궁금증을 일으켰다. 다시 한번 말하지만, 이 질문에 대한 답은 기존의 통념이 흔들리기 시작하는 곳에 있다. 이와 관련해 드리버의 설명을 들어보자.

"우리는 '회복'이라는 말을 언제나 신중히 사용하게 될 겁니다. 대개 회복은 관리의 문제이고 건강하게 만드는 것이지, 치료는 없어요. 일테면 '지금의 우울증 삽화가 해결되면 다 끝나고, 다시는 우울증에 걸리지 않는다'라고 보장할 수 없습니다. 절대 그렇게 말하지 못할 거예요."

이는 밑바닥에 있는 곤궁한 처지에서 보면 (그때는 아마도 의료인이냐 아니냐와 상관없이 돌봐주는 사람들이 있느냐 없느냐가 가장 중요할 텐데) 맥이 풀리는 얘기다. 그러나 또 다른 의미에서는 속이 후련한 얘기일 수도 있다. 특히 진단과 의학적 병명의 기능 측면에서 보면, 다시 말해 그것들이 우리에게 도움을 주는지 지장을 주는지를 따져보면 각각 다르게 느껴질 것이다.

"누군가에게 일단 어떤 병명을 붙여주고는 증세가 완화될 뿐 병은 치료되지 않는다고 말하면, 그런 병명은 아마 불필요한 의학 용어일 것입니다. 구조적 관점에서 보면 자살 충동을 일으키는 우울증은 당사자 주변에서 일어나는 모든 일의 결과입니다. 그런데 그런 상황을 바꿔놓는다면 이걸 회복이라고 해야 할까요, 아니면 단지 상황이 바뀌어서 당사자가 이제 더는 똑같은 증세에 시달리지 않는다고 해야 할까요?" 네이피어의 설명이다. "그 사람은 운이 없게도 그런 유전자를 물려받았을 수도 있고, 아니면 물리적 환경 요인이 있을 수도 있는데 말이죠. 우울증이

나 불안장애 같은 문제가 있는데 인간관계 양상에서 근본적으로 정말 문제가 없는 사람은 상담해본 적이 없는 것 같네요."

우리는 드라이버의 진료실에서 한 시간 정도 대화했다. 나 자신이 심리치료를 받으러 다녀봐서 그런 공간은 꽤 익숙했다. 네이피어는 심리치료를 "어둠의 세력을 다루는 방법, 그것도 장기적으로 더 지속 가능한 방법을 발견하는 과정"이라고 표현했다. 액면 그대로 이해하면, 그들이 정작 자신들을 실업자로 만드는 일을 한다는 얘기가 된다. 그러나 사실 네이피어의 말은 심리학계와 의학계에서 한동안 계속됐던 주장과 일치한다. 예를 들면 1960년대에 시작된 반정신의학 운동anti-psychiatry movement이나 정신분석 작가인 애덤 필립스가 내놓은 일부 견해와 일맥상통한다. 또한 우리가 이미 논한, 정신질환 어휘의 편협성과도 맥을 같이한다. 사실 우울에는 많은 음영이 있다.

"이런 의학적 인식 체계와 정신의학에는 합당한 역할이 있습니다. 분명, 상당히 보기 드문 상황에서도 밝혀낼 수 있는 사항들이 있거든요. 그래서 실제로 믿음이 가고 이해가 되는 정신질환 진단을 내릴 수 있죠. 하지만 저는 추상적으로 무엇이 사실인지 아닌지 따지기보다는 유용한지 아닌지 판단하는 데 관심이 더 많습니다."

이런 네이피어의 이야기는 의학 개념이나 병리학과 연결되는 의미로서 '우울'과 '불안'이라는 말이 유용하기는 하나, 궁극적으로는 의학적 병명이 붙은 개인의 자율성을 빼앗는 결과를 가져올 수도 있음을 시사한다. 다시 말해, 의사의 진단명에 환자를 가둠으로써 환자가 그것에 대해 아무것도 할 수 없다고 느끼게 할 수 있다는 것이다.

"저는 삶에서 실제로 진행되는 일에 대해 당사자들과 대화하면서 많은 시간을 보냅니다. 그러면 그들이 우울한 데에는 다 이유가 있다는 걸 알게 되죠. 어찌 보면 과잉 반응 따위는 존재하지 않습니다. 우리는 스스로 인식하는 정도에 비례해 정확히 반응하기 때문입니다. 제 임상 경험에 비추어 보면, 보통 사람들은 우울증 환자들이 실제 상황보다 과하게 반응한다고 여기더군요. 예를 들면 '미치거나' 비이성적으로 나온다는 거예요. 하지만 우리도 막상 정말 위태로운 상황에 처해보면 그들의 처지를 이해할 수 있습니다. 저는 자살극을 벌이는 사람들을 상담합니다. 그들은 스스로 목숨을 끊을지 말지 숙고합니다. 대개 정말 어려운 것 중 하나는 그들의 자살 충동 이유가 가족 역학에서 시작되어 평생 확립된 패턴이라는 거예요." 네이피어가 설명을 이어갔다. "우리가 이렇게 대화하는 이유는 실제로 고통을 겪는 사람들을 돕는 일에 관심이 있어서입니다. 하지만 때로는 정신질환 언어를 채택하는 문제에서 의도치 않은 결과가 나오기도 하죠."

알고 보면 진단, 의학적 병명, 개념에 대한 이런 비판적 평가에는 좋은 면도 있다. 드리버와 네이피어는 여러 치료 기법 중에서도 수용-전념 치료Acceptance and Commitment Therapy, ACT 방식을 사용한다. 인지행동 치료Cognitive Behavioural Therapy, CBT의 한 부분인 수용-전념 치료는 대중적으로 인기 있는 마음챙김 수련처럼 골치 아픈 생각들과 거리를 두거나 그것들을 '분리'해서 볼 수 있게 해준다.

그러고 나면 약과 심리치료의 영향을 받은 변화 과정에서 심지어 슬픔도 평가할 수 있기에 슬픔이 짐처럼 느껴지지 않고 '적응 우위adaptive advantage(적응력에서 우위를 갖추는 것-옮긴이)'나 다름없이 여겨진다고 네이피어는 설명한다.

"우리가 실제로 우울한 느낌이 든다고 할 때까지 우울은 자기 목숨을 걸고 달아나는 일종의 도망자예요. 하지만 그런 감정은 상당히 유용합니다. '감정emotion'이라는 말에는 '움직임motion'이 포함되어 있고, 감정은 움직임을 자극하죠. 이런 상황이 아니라면 하지 않았을 일을 하도록 특별한 매력을 선사하는 겁니다. 따라서 그런 슬픔의 특별한 매력 덕에 문제에서 손을 떼고, 적당히 애달파하고, 상황에 적응하게 되죠. 그렇게 하는 데 바로 적응의 이점이 있는 겁니다. 만약 슬퍼하고 비통해하고 애도하는 능력이나 어떤 지위 싸움에서 방금 졌다는 사실에 익숙해지는 능력이 없다면, 죽을 때까지 싸우게 될 거예요. 그러면 누구한테도 좋지 않겠죠."

　　　　　　　　　＊＊＊

　　진단 언어의 투박함에 대한 드리버와 네이피어의 이야기
는 나의 심리치료 경험과 일치한다. 이른바 우울과 불안이라는
감정이 어떻게 정신적 기능 장애를 훨씬 넘어서는 문제가 되는
지에 대한 그들의 견해도 마찬가지다. 정신질환은 개인을 압도
하고 자살 충동의 위기로 끌어들이는 폭풍의 한 요인이지만, 그
런 과정에는 다른 여러 요인도 같이 작용한다. 예를 들면 그 사
람의 생활환경, 몸 상태, 가정사나 세상사에 대한 반응 등이다.
게다가 삶의 의미를 찾는 문제와 그 복잡성도 있다.
　　어쩌면 드리버와 네이피어가 이런 문제들을 너무나 쉽게
객관적으로 대한다고 여겨질 수도 있을 것이다. 하지만 주관적
경험은 아주 사적인 유형의 연옥이다. 즉, 너나없이 한없는 우
울과 불안에 빠진 채로 살아가야 하는 체험이다. 드리버와 네이
피어는 돕고 싶은 마음이 동기가 되어 고통을 겪는 사람들에게
정말 관심을 쏟는다는 사실을 거듭 강조하고 싶다. 또한 그들의
관심이 단지 직업적인 것만은 아니라는 점도 밝히고 싶다. 바로
그 지점에서 심리치료가 진가를 발휘해 모든 것에 개인 고유의
의미를 부여하는 작업이 되는 것이다. 그 작업은 고통받는 사람
이 모든 것에 일관성을 느끼게 하는 이야기를 쓰는 일이며, 그
이야기는 마음의 다락방에서 혼자 쓰는 게 아니라 다른 사람과
함께 써야 한다.

심리치료의 도움으로
───── 가면을 벗다

　　요즘에는 일주일에 한 번 심리치료사와 만나서
대화를 나눈다. 그는 자크 라캉의 정신분석 이론을 따르는 정
신분석가여서 언어가 치료 과정의 중심이라고 믿는다. 처음 만
나던 날 그의 접근법에 대한 설명을 듣자마자 나는 집으로 달
려가 구글 검색창에 '라캉 정신치료'라고 입력하고는 그게 무엇
인지 알아봤다. 그런데 그 내용을 이해하느니 차라리 상형문자
를 해독하는 게 낫겠다 싶어 그냥 심리치료사를 믿기로 마음을
정했다. 내가 힘들게 번 돈을 건넸으니 최대한 충실하게 치료
를 받아야겠다고 생각하면서 말이다. 치료 과정에서 마음을 숨
기는 것은 제일 먼저 하게 되는 자기 방해 공작인데, 이는 돈을
그냥 버리는 것이다.

그래도 간단히 한번 정리해보면, 자크 라캉은 프랑스의 급진적인 정신분석가이고 그의 이론은 지크문트 프로이트의 이론을 토대로 확립됐다. 프로이트가 정립한 '정신역동적psychodynamic' 접근법의 핵심은 우리의 정신이 의식만큼, 아니 아마 그보다 훨씬 더 무의식의 지배를 받는다는 것과 신경증(정신질환)은 그런 무의식에 뿌리를 두고 있다는 것이다. 이런 무의식에 접근하는 하나의 방법이 언어를 통하는 것이다. 이 방법에는 꿈, 몽상, 그리고 말실수도 포함된다. 예컨대 심리치료사를 '엄마'나 '아빠'라고 부르는 것은 무의식에 숨겨둔 속마음이 불쑥 튀어나오는 이른바 '프로이트의 말실수Freudian slip'의 대표적 사례다.

무의식이라는 개념에는 큰 시사점이 있다. 거대한 빙산에 비유할 때 정신 대부분이 물에 잠겨 있는 부분과 비슷하다는 관점인데, 그렇기에 우리가 자신을 완전히 알려고 안간힘을 쓰게 되고 그러다가 갑자기 자기 운명을 마음대로 통제하지 못하게 된다는 것이다(다른 유형의 치료법은 다음 장에서 더 살펴볼 것이다).

나는 10년 넘게 한 심리치료사와 '작업'하고 있다. 맞다, 심리치료는 종종 일처럼 느껴진다. 일테면 말하기 싫거나 할 말이 전혀 생각나지 않을 때 그렇다. 반면, 종종 대화가 무척 활발해지면 기준 '분석 시간'인 50분보다 더 오래 상담했으면 좋겠다는 아쉬움이 남는다. 때때로 '그 작업'은 내가 의식의 잔물결,

이를테면 미묘한 느낌, 생각의 파편들, 아침에 눈을 떴을 때 어렴풋이 떠오른 꿈의 몇 장면을 언급하면서 시작된다. 심리치료사는 내 얘기에 귀를 기울일 뿐 절대 뭘 하라고 말하지 않는다. 알려진 대로 '지향성'은 정신치료 업계에서 지양해야 하며, 치료의 목적 중 하나가 내담자의 자율성을 키우는 것이기 때문이다.

심리치료사와 내가 함께 작업했던 초기의 몇 가지 사례가 기억난다. 2007년경 런던 남부의 클래펌에 있는 그 진료실의 문턱을 처음 넘었을 때, 나는 심리치료를 받는 것에 대한 죄책감을 느끼고 있었다. 내가 그런 치료를 받을 만한 사람인가? 심리치료사가 나의 복잡다단한 감정과 지론을 이해할 수 있을까? 그에게 내가 너무 벅찬 대상이 아닐지 걱정됐으며, 사실 누구라도 나를 그렇게 생각할까 봐 걱정했다. 그와 나는 그 문제를 다룬 지 석 달쯤 지나서야 비로소 그것을 제쳐놓을 수 있었다.

그런 죄책감을 의식하게 된 후로는 '누군가의 얼굴을 보면서' 내 느낌을 솔직히 말할 때 내 겉모습이나 페르소나persona가 서서히 벗겨지는 바람에 노골적인 두려움도 들었다. 여기서 '페르소나'는 카를 융이 우리가 삶을 타개해나가려고 쓰는 가면들이라는 뜻으로 사용한 말이다. 이 가면들은 생존의 도구일 수 있다. 그래서 내가 자기주장이 강하고 A형 성격A-type(성격과 질병의 관계 가설에서 나오는 성격 유형으로, 성마르고 경쟁적이며 성취욕이 강한 특성을 보이고 심장 질환에 걸릴 가능성이 큼. 그 반대는 B형 성격B-type임 – 옮긴이)의 멋쟁이 도시남이 되려고 하는 시도도 그런 페르소나일 수 있다. 하지만 이런 가면들은 그 사람의 얼굴을 갉아 먹고 실제 정체성까지 먹어 치우면서 그 자리를 차지하게 된다. 나의 심리치료사는 내가 그런 가면들을 일부 내려놓을 수 있도록 온화하고 세심하게 도와주었다.

　그런 두려움은 사실상 공포에 더 가까웠다. 어쩌면 내가 반쯤 누워 있는 긴 의자 맞은편의 편안한 의자에 진득이 앉아 있는 이 남자와 나 사이에 싹트는 정서적 친밀감에 대한 공포였는지도 모른다. 가끔은 그런 관계가 솔직히 무서웠다. 치료를 받으려면 대개 직접 그곳에 있어야만 해서 더더욱 그랬다. 그것은 실제로 누군가와 함께 있어야 하고, 일테면 속이 울렁거리거나 가슴이 떨리듯 몸이 깨달음으로써 의미를 직감해야 한다는 뜻이다. 결국 혼자 있는 게 세상에서 가장 쉬운 일이다. 얽히고 설켜서 아웅다웅하는 인간관계를 거부하고, 실제로 외부와 완전히 차단해 세상의 침입을 제한하면서 말이다. 그런데 그러면 알다시피 당연히 외롭고 사랑받지 못한다는 느낌이 든다.

　우리 둘은 직접 만나서만이 아니라 스카이프 화상 통화로도 작업했다. 내가 베를린에 살던 때, 특히 위기로 치닫던 시기에도 스카이프가 유용했다. 함께 작업하지 않은 기간들도 있었고, 작업하는 기간에도 주기는 그때그때 달랐다. 우리가 한 일 중 많은 부분은 시간을 거슬러 올라가는 것이었다. 일단 내 기억력을 총동원해 청소년기와 유년기를 되돌아보자, 얼마나 많은 슬픔과 상처가 숨겨진 기억 속에 영구 동토층으로 자리 잡고 있었는지 그저 놀라울 따름이었다. 그것들을 전부 얘기하다 보면 상처가 되는 요인과 내가 반복하는 양상이 뚜렷이 드러났다.

예컨대 우리는 매주 매시간 딜레마에 대해 지루한 토론을 벌이기도 하고, 꿈 분석에 들어가기도 하며, 지난주나 작년 또는 10년 전에 했던 상담을 되짚어보기도 한다. 앞으로 10년이 지나도 나는 '고정'되지 않는다. 심리치료를 받으면서 내가 한 가지 알게 된 점은 '고정'되리라는 기대가 신기루일 뿐 아니라 위험한 생각이라는 것이다. 또한 내가 봐도 심리치료는 본래 사람들을 고정관념·가면·사고방식·행동양식의 사슬에서 풀어주고, 2장에서 스테이시 톰슨이 언급한 불확실성 속에서도 위안을 찾도록 도와주는 역할을 하는 것 같다. 뭔가에 붙들리지 않고 살아갈 수 있게 해주는 것이다. 하지만 그러면 몹시 불안해질 수 있다. 적어도 작업 초기에는 그렇다.

시간이 지나면서 내 안에 변화가 일어났고, 혼란과 확신을 동시에 느꼈다. 이게 바로 변화하는 느낌 또는 정신적으로 움직이는 느낌이다. 그러다가도 가끔 제자리를 도는 듯한 느낌이 들 때가 있다. 일테면 어린 시절의 나쁜 기억이 있는 그 해변을 걷거나 똑같은 수치심과 분노로 자꾸만 돌아가는 것이다. 그럴 때면 나는 심리치료사가 예전에 해줬던 말을 떠올린다.

"심리치료는 코일 같답니다. 제자리를 도는 것 같지만 앞으로 나아가고 있어요."

＊＊＊

　　내 심리치료사가 우울증 환자들에게 신의 선물 같은 존재라는 인상을 주려고 하는 말이 아니다. 비록 나에게는 그가 여러모로 그렇긴 하지만. 오래전부터 지금까지 그에게 계속 도움을 받고 있다. 감정의 기복을 겪을 때도 그랬고, 바닥에 쿵 하고 부딪힐 때도 그랬으며, 삶의 방향을 틀면서 큰 변화를 거칠 때도 그랬다. 그 과정에서 몇몇 직장에 들어갔다가 나오고, 여자를 사귀었다가 차이고, 성취의 순간들도 있었지만 꿈들은 사라지고, 시간이 지남에 따라 변화하고 알 수 없는 '나'를 이끌고 여기까지 왔다.

　　심리치료사와 50분간 상담을 하면서 '치료를 받고 있다'고 의식하는 동안에는 우울하다거나 불안에 시달린다는 것을 덜 의식하게 된다. 부분적인 이유는 내가 그의 안내에 따라 무미건조한 전문 용어에서 벗어나 일상어를 쓸 수 있기 때문이다. 예컨대 '우울' 대신에 (누구나 그 뜻을 아는) '절망'이라는 말을 사용해도 된다. 또 다른 이유는 심리치료에서 쓰는 용어들이 다시 근본적으로 고정되지 않는 성격을 띠기 시작해서다. '행복', '힘', '수치심', '남자', '욕망'처럼 그 개념을 명확히 고정해야 할지도 모르는 다양한 말들처럼 말이다. 규범은 도전받고 해체되어 새롭고 유용한 의미로 재탄생하기 마련이다.

　　아울러 내가 말하려는 바는 나의 심리치료사가 하는 말에 프로이트 심리학에서 보는 어떤 깊은 의미가 있을 수도 있다는 점이다. 때때로 그 영향은 굉장히 직접적이다.

"말보다는 글이 더 편하시군요."

내가 한참 옆으로 새는 이야기를 중얼거리면서 가끔 혀가 마비된 것 같은 느낌이 들고 가장 깊은 고민은 자판을 다다다 두드리며 워드 문서에 쓰는 편이 훨씬 쉬운 것 같다고 머뭇머뭇 설명하자 심리치료사가 한 말이었다. 나의 심리치료사는 가르치는 듯한 말을 하는 법이 거의 없는데, 이 말만큼은 내 입을 다물게 했다. 나는 평소 누가 진실을 말하면 말문이 막혀버리는데 이때가 바로 그런 순간이었다.

거울을 깨뜨리면 재수가 없다는 미신과 관련한 심리치료사의 말도 나에게 강력한 영향을 미쳤다. 하루는 아침에 내가 손거울을 떨어뜨려 거울이 산산조각 났었는데, 곧바로 이것 때문에 7년 동안 재수가 없겠다는 확신이 들었다. 그런데 사실 그렇게 되면 이미 7년간 운이 없었는데 또다시 7년간 불운이 이어지는 상황이 된다. 내가 이 얘기를 하자 심리치료사는 "글쎄요. 어떤 사람들은 그렇게 여기던데 자신의 불운을 어떻게 7년으로 '한정'할 수 있는지, 참 흥미롭습니다"라고 바로 대꾸했다. 그러자 내 걱정이 순식간에 날아갔다. 살다 보면 당연히 실망도 하고 어려움도 있기 마련이다. 그러니 그 사실을 받아들이자. 그러면 삶이 더 편해진다.

마지막으로 일화를 하나 더 얘기하면, 그때 심리치료사와 나는 대체 몇 번째인지도 모르겠지만 어떤 오래된 불안을 파고 들고 있었다. 그 무렵 가끔 불안감이 너무 심해져서 편집증으로 바뀌었다. 아니, 어쩌면 정신병으로까지 발전했을지도 모른다. 나의 정교한 공상 속의 음모와 협박을 믿었기 때문이다. 그때 심리치료사가 해준 이 말이 내 마음에 엄청난 평화를 가져다주었다.

"이제 다 파묻어버렸군요."

그 말과 함께 불안이 무덤 속에 갇혀 다시 돌아올 수 없게 됐고 나를 할퀴던 걱정이나 반추도 사라졌다.

심리치료사와 대화하다 보면 내가 그렇게 생각한다고 여기는 것과 실제로 생각하는 것의 차이가 보인다. 또한 그 문제들을 다루는 더 좋은 방법도 보인다. 우리 둘은 모든 것을 말로 표현한다. 그러면 숨어 있던 것이 드러나면서 곧바로 정화 작용이 일어난다. 곤경에 처했을 때는 뭔가에 붙잡혀 있는 듯한 느낌이 드는데(눈물이 나고 무서우면서 화가 난 적도 있다), 이 모든 것의 결과는 기본적으로 내면의 변화다. 어쩌면 말로는 표현할 수 없기에 뭐라고 설명해보려고 안간힘을 쓰는 것일 수도 있다.

그래도 간단히 말해보면, 나는 더 잘 연결되어서 기분이 더 좋다. 심리치료사와도 연결되고, 나 자신과도 연결되고, 다른 사람들과도 연결되고. 심리치료사와 내가 관계의 언어를 만들어낸 것이다.

약물치료는
────── 꼭 필요할까?

    내가 심리치료를 아주 좋아하는 것처럼 보인다면, 정말 그렇기 때문이다. 누구나 그러리라고 보장할 수는 없지만, 내 경험은 좋았다. 그래서 감사하다. 나는 심리치료가 중요한 훈련일 뿐 아니라 상호 주관적 훈련이라는 것을 알게 됐다. 그 시작은 절망에서 벗어날 방법을 찾으려던 것일 수도 있지만, 이후로는 결코 행복 추구의 문제가 아니라는 점에서 어딘가 반문화적이다. 심리치료에서는 오히려 행복이라는 '어마어마한 의무'를 맨 먼저 비판하고, 삶은 가장 힘든 순간에 가장 실재한다는 것을 인정한다.

    그런데 이 장에서 약물치료에 대해서는 별로 이야기하지 않았다. 그 이유는 단지 그것이 실제로 개인과 담당 의사 간에 논의되어야 할 문제여서다(만약 약물치료를 염두에 두고 있다면 곧바로 주치의나 의사를 만나보길 바란다). 물론, 긍정적이든 부정적이든 가리지 않고 개인 경험담들을 들어보기는 했다. 최근에 나온 SSRI^{Selective Serotonin Reuptake Inhibitor}(선택적 세로토닌 재흡수 억제제) 계통 항우울제부터 사환계^{tetracyclics} 항우울제까지, 그리고 훨씬 앞서 나온 삼환계^{tricyclics} 항우울제를 비롯해 다양한 약물에 대해서 말이다. 또한 약물치료를 반대하는 주장도 들었다. 그런 논쟁 역시 숱하게 이뤄지고 있다.

내가 직접 경험한 바로는, 약을 먹으면 견디기 힘든 절망의 심연에서 멀리 떨어질 수 있었다. 아주 쉽게 말하면, 약 덕분에 기능이 더 좋아졌다.

만일 약을 먹지 않는다면 나는 어떻게 될까? 이 질문과 같은 선상에서, 나는 영원히 약에 의존하게 될까? 솔직히 내가 할 수 있는 대답은 잘 모르겠다는 것뿐이다. 그런 고민을 하느니 차라리 하루에 두 번 하는 양치질을 귀찮아하지 않는 게 낫겠다. 다만 나의 경우는 그러는 게 최대한 잘 살아보려는 도박에서의 타협점들 중 하나인 것 같다. 게다가 다른 사람들도 약의 도움을 받는다. 비유하자면, 양치질을 안 해서 끔찍한 치아 상태로 모든 사람을 괴롭히지 않는 쪽이 낫다는 말이다.

결국 이렇게 다 따져보니 또 다른 의문이 생길 수도 있다. 이렇게 심리치료도 받고 약도 먹었는데, 어째서 위기로 치닫는 상황과 '주요 우울증 삽화'를 막지 못했을까? 내가 겪었던 위기나 번아웃, 붕괴 말이다. 이 질문에도 나는 역시 대답할 수가 없다. 다만 자살 충동은 어찌 보면 나를 살게 해주는 새로운 방안들을 찾게 되는 일 이전에 꼭 필요했었다는 의미에서 최종 붕괴였다고만 말할 수 있다. 자크 라캉은 심리치료가 이 세상에서 행복하거나 즐기지 않아도 안심이 되는 유일한 곳이라고 말했다. 그러니 기분이 언짢아도 괜찮다. 또한 심리치료사와 내담자, 즉 정신분석가와 그 대상자가 주고받은 말은 둘만 간직하는 게 낫다는 말도 있다. 그 대화가 좋은 기삿거리가 될 일은 거의 없기 때문이다. 꿈은 당사자에게는 흥미진진하고 심리치료에서도 매우 유용할 수 있지만, 다른 사람들에게는 지루하게 들릴 뿐이다.

　지금까지 심리치료에 대해 논하고 왜 그렇게 진행되는지, '이유'를 살펴봤으니 이제 우리가 할 수 있는 일, 즉 '행동'으로 넘어가려고 한다. 내가 또 하나 깨달은 바는, 단지 생각만 해서는 정신질환에서 벗어날 수 없다는 것이다. 실행도 필요하다. 말 그대로 '실제로 행동'해야 한다. 2부에서 다룰 주제가 바로 그것이다.

우울증을 암시하는
증상들

· 이안 드리버(정신과 의사) ·

우울은 단순히 기분을 훨씬 넘어선 문제다. 다양한 특성으로
이루어진 집합체에서 기분은 한 측면에 불과하다. 기분은 주연을
맡는다. 하지만 정도의 차이가 있을 뿐 우울장애가 있음을 암시하
는 여러 경고등이 있다. '우울증 계기판'에는 어떤 불이 깜빡거릴
까? 이안 드리버 박사에게서 몇 가지 정의와 설명을 들어보자.

우리가 사용하는 ICD-10(WHO의 국제 질병 분류)에서는
우울증을 가벼운 우울증, 중간 정도의 우울증, 심한 우울증으로
구분한다. 미국에서 사용하는 DSM-5(정신질환 진단 및 통계 편
람)에서는 경증과 중증 둘로 구분하는데, 중증은 심한 우울증에
해당한다.

우울 증상

—삶의 즐거움 부족(무쾌감증 anhedonia)

—수면장애

—식욕 부진

—성욕 감퇴

—기운 없음

—조급해지고 발끈한다(곧잘 흥분하고 '버럭 화내는' 것을 스
스로도 느낄 수 있다).

—기억력 저하

—집중력 저하(때로는 기억력과 인지 능력이 너무 떨어져서 실
제로 알츠하이머병에 걸린 게 아닌지 걱정되기도 한다. 그만
큼 기억력이 심하게 나빠진다)

—많이 운다(그런데 그 이유는 정확히 알지 못한다).

우울과 불안

우울과 불안은 종종 동전의 앞뒷면과 같다. 우울한 사람은
거의 항상 불안하며, 그 반대도 마찬가지다. 일반적으로 둘 중
하나가 우세하다. 일테면 우울이 주연을 맡으면 불안은 조연이
된다. 아니면 불안이 주연을 맡고 우울이 조연을 한다. 순전히
우울만 있고 불안은 없는 경우나, 순전히 불안만 있고 우울은
없는 경우는 극히 드물다. 불안장애와 우울장애가 혼재해서 대

략 반반이 되기도 한다.

범불안장애

범불안장애GAD의 대표적 특성은 이른바 '부동성 또는 부유불안free-floating anxiety'이다. 이런 불안은 언제라도 닥칠 수 있으며, 사회생활에서 생기는 사회 불안social anxiety이나 혼잡한 상황에서 발생하는 광장공포증agoraphobia 같은 유형들과는 정반대의 양상을 보인다. 완전히 교과서적인 병을 앓는 사람은 거의 없다. 거의 언제나 정도를 넘고 경계가 모호하기 때문이다.

공황장애

불안이 10점 만점에 10점으로 나타날 때 공황 상태가 된다. 홍수처럼 밀려오는 엄청난 불안은 마음뿐 아니라 몸도 덮쳐서 심리적·육체적 경험이 되며, 완전히 재앙이 일어난 것만 같은 느낌이 든다. 그런 상태가 너무 심하면 곧 죽을 것 같고 종종 아드레날린이 엄청나게 솟구치기도 한다. 그러면 심장이 쿵쾅거리고, 가슴이 두근두근하며, 온몸이 떨리면서 땀이 나고, 심지어 쓰러질 수도 있다. 그런 모습을 보는 사람들은 무척 두렵고 걱정하게 된다. '저 사람이 심장마비가 와서 죽겠구나' 싶을 것이다. 결국에는 구급차를 불러서 그 사람을 병원에 실어 보내는 경우가 많다. 그럴 때 실려 가는 당사자는 '심장마비가 왔다'고 생각하지만 실제로는 불안장애가 발현된 것이다.

자살 생각과 의도

자살 생각이란 말 그대로 자살을 상상하며 심각하게 고려하는 것이다. 사실 아마도 대부분 사람은 인생의 어느 순간에 '아, 이렇게 살 가치가 있나?' 생각하면서 자살을 떠올릴 것이다. 그런데 그런 생각들이 너무 강해져서 의도와 계획으로까지 나아가면 참으로 걱정스러운 상황이 된다. 바로 그때가 위험한 순간으로, 즉시 비상벨을 울려 정신과 의사나 정신분석가의 도움을 받아야 한다. 생각이 의도로 바뀌고 그다음에 행동으로 나아가는 단계는 아주 급속히 진행될 수도 있고, 몇 주 또는 몇 달에 걸쳐 진화해갈 수도 있다.

2부

나도 어쩌지 못하는
감정이 밀려올 때

5장

배우고 듣는 것

다른 사람이 해주는 말에 귀를 기울이고
새로운 삶의 방식을 배워라.

회복이란
_____ 듣고 배우는 과정이다

토요일 이른 오후, 나는 런던 동부에 있는 한 카페에 다우드 구스타브와 함께 앉아 있었다. 다우드는 내게 친구이자 멘토이며 종종 이 두 역할을 동시에 하는 특별한 사람이다.

우리는 몇 시간 전에 이즐링턴에서 만나 운하를 따라 걷다가 거리를 지나 남쪽으로 향했다. 도중에 잠깐씩 멈춰 건축물을 구경하기도 하고 서로 주고받은 이야기의 요점을 곰곰이 생각해보기도 했다. 평소 다우드는 지성이 필요해 보이는 책을 한두 권 들고 나온다. 우리 산책에 종점은 없다. 어느 특정한 장소에 가려고 걷는 게 아니기 때문이다. 오히려 발길 닿는 대로 걷다가 어느 순간 길을 잃으면 생각과 기분이 전환된다. 우리는 이런 산책을 '플라뇌링^{flâneur-ing}'이라고 부른다. '플라뇌^{flâneur}(한가롭게 거니는 사람)'라는 프랑스어를 빌려와 아무 목적 없이 거닌 다는 뜻으로 지어낸 말이다. 우리는 그냥 같이 돌아다니는 중이 다. 둘 다 불안한 사람들이다 보니 그런 식으로 옮겨 다니는 걸 서로 잘 이해한다.

50대 초반인 다우드는 런던 남부 지역에서 아일랜드 사람 인 어머니와 자메이카 사람인 아버지 사이에서 태어나 자랐다. 그는 열여섯 살 때 학교를 떠나 아무도 못 말리는 청춘을 보냈 는데, 30대 초에 뜻밖의 사건이 일어났다. 바로, 옥스퍼드대학 교에 합격한 것이다. 그렇게 들어간 대학에서 현대사를 전공하 고 졸업한 다우드는 법조계에서 일할 기회를 얻었다. 하지만 그 의 말마따나 '기득권'의 일원이 되기보다는 자신이 배운 것을 런던 남부 지역사회에 돌려주는 길을 택했다. 수년간 도시 빈민 가 아이들을 후원하는 자선단체인 키즈컴퍼니Kids Company에서 멘 토로 일하면서 어린 친구들이 불평등, 사회적 소외, 인종차별, 마약, 조직폭력으로 얼룩진 음울한 일상의 현실을 헤쳐나갈 수 있도록 도왔다.

다우드가 어떤 사람인지 설명하자면, 지도자이자 청소년 의 옹호자이며 정치적인 인물로 '영국의 버락 오바마'라고 할 만하다. 실제로 그런 비교가 무색하지 않을 만큼 카리스마가 있 는 사람이다. 현재 대학 친구 몇 명과 컨설팅 업체를 운영하고 있는 그는 의식 있는 사업가와 거리의 신비주의자, 사회적 선각 자를 합쳐놓은 인물임과 동시에 양극단에 자리 잡은 교육 체제의 산물이다. 무슨 말이냐면, 명문대에서 고전적 자유주의를 추구하는 엘리트 교육도 받고, 고난과 역경으로 가득한 인생 대학의 길거리 캠퍼스에서도 배운 인물이라는 뜻이다. 내 생각에 다우드는 언제나 교육의 힘이 작용한다는 것을 보여주는 본보기이자, 배움이 사회적·지적·정신적 유동성의 동력임을 보여주는 인물인 것 같다. 그런 그의 눈에 나 역시 극적인 변화를 거치고 있는 사람으로 비쳤다.

우리가 처음 만난 것은 2007년, 내가 철인 3종 경기에 한창 열중해서 맹훈련을 하고 시합에 나가던 시절이었다. 당시 나는 런던의 10대들이 저지르는 살인 급증 현상에 관해 잡지 기사를 쓰고 있었는데 다우드가 예전에 폭력조직의 일원이었던 청년 몇 명을 소개해주었다. 런던의 브릭스턴에 있는 키즈컴퍼니 본부를 찾아갔을 때 내가 놀랐던 점은 청소년들 삶의 좋은 모습, 나쁜 모습, 추한 모습을 다 접하는 가운데서도 참으로 긍정적인 다우드의 존재감이었다. 내 머릿속에는 어떤 그림 하나가 각인되어 있다. 다우드가 배움의 상징인 책을 들고 그 지역을 '한발 앞서' 걸어가고 있고 청소년들이 그 모습을 보고 매우 충격을 받는 장면이다. 그가 그곳에 있다는 사실만으로도 청소년들은 범죄 행위와 박탈감으로 점철된 삶에서 벗어날 가능성을 갖게 된다.

우리가 다시 연락하게 된 것은 2015년 초에 내가 슈롭셔에서 부모님과 함께 지내며 정서적·심리적 안정을 되찾으려고 애쓰던 때였다. 아이러니하게도, 당시 마흔셋이던 나는 불만과 갈등이 가득한 10대로 다시 돌아간 느낌이었다. 친구들과 지인들을 보러 런던에 갔을 때 다우드는 나에게 그가 시작한 새 사업에 참여해보라고 권하면서 일을 제안했다. 그의 존재와 나에 대한 관심은 강력한 효과를 발휘했다. 나는 환영받는 기분이 들었을뿐더러 심지어 '호감'을 샀다고 느꼈다. 우울에 내재한 강박적 자기비판이라는 우박을 동반한 폭풍의 한가운데 있던 내게 그런 느낌은 아주 중요했다.

"내가 2007년부터 알고 지내온 케빈은 철인 3종 경기를 하는 사람이면서도, 그런 대단한 사람이라는 오만함을 버리고 이곳 흑인 청소년들과 함께 있을 수 있는 사람이었어요." 올드 스트리트를 같이 걷던 다우드가 내게 말했다. "그때 당신이 나를 바라보던 눈빛과 나와 아이들을 절대 피해자로 여기지 않던 모습이 떠오르는군요. 하지만 2015년에 다시 만났을 땐 시선이 아래를 향하고 있었어요. 무척 경계하고 무표정한 얼굴이었죠. 난 '이 친구가 분명 아프구나' 생각했고 어떤 종류의 고통인지 감지했답니다."

손상됐다는 표현이 정확할 듯싶다. 사실 그때를 돌이켜보면 나는 내가 안다고 생각했던 것, 내가 생각했던 나 자신을 철저히 재평가하고 있었다. 베를린에서 돌아오기 전까지만 해도 당연하게 여기던 많은 것이 마치 체스판의 말들처럼 하나둘 사라지고 있었다. 어떻게 살아야 하는지, 이렇게 우울하고 불안한 나를 어떻게 다스려야 하는지, 답을 찾고 싶은 마음이 간절했다. 그러다 보니 도움을 받고 싶어 하는 사람들을 이해하게 됐다. 알고 보니 나는 이해심이 꽤 있었다. 그래서 그런 사람들이 꺼내는 이야기를 경청하기 시작했다. 중요한 것은 내가 논쟁과 불평을 멈추고 남의 이야기를 듣기 시작했다는 점이다. 이런 나의 변화에 대해서는 다우드가 충분히 증언해줄 수 있다.

내가 그동안 쭉 알아온 다우드는 늘 무언가를 배우고 모범이 되면서 끊임없이 지식과 사상을 흡수하고 전하느라 바쁜 사람이다. 그의 삶에서는 배움이 정말 중요한 요소인 듯하기에 나는 그가 생각하는 배움의 의미가 무엇인지 물었다. 그는 이렇게 답했다.

"배움은 호흡과 같은 거예요. 내가 자유롭다는 말이죠. 남들도 나를 그렇게 정의하고, 내가 봐도 그래요. 배우지 않는 나는 나라고 할 수 없어요. 글을 배우는 것만이 아니라 실제로 배우는 거죠. 난 문화, 음악, 음식 등의 차이에서 오는 충격을 받으면서 생존 모드로 성장했어요. 그래서 배움이 필수였죠. 학문만이 배움은 아니에요. 배움은 생존에 필요한 도구랍니다." 다우드가 대답을 이어갔다. "중요한 건 내가 사람들에게 조언하는 걸 좋아하고, 나 역시 내 성장을 도와줄 사람들을 찾는다는 거예요. 내가 자랄 때는 백인 노동자층 지역에 사는 사람들이 다른 이들을 위해 그렇게 했어요. 백인 노동자층 사람들이 나를 돌봐줬죠. 권력의 문제나 사람들을 통제하려는 시도가 아니라,

기운을 북돋아 주고 싶은 마음에서 그랬던 거죠. 그리고 난 트라우마를 겪고 있는 사람들에게 마음이 가는 것 같아요. 그런 고통의 순환을 겪으면서도 다시 맞설 수 있다면 그 과정에서 많은 힘을 얻게 되거든요."

이 이야기는 다우드에게 이른바 정신건강 문제가 있다는 말이 아니다. 오히려 다우드는 페컴의 길거리에서 옥스퍼드의 첨탑까지 가면서 충분한 굴곡을 겪었기에 인생이 순풍에 돛단 듯 흘러가지 않는다는 것을 안다. 자기 이력에 대해 솔직한 사람이어서 과거에 자신이 범죄 소굴에 쉽게 빠져들어 파국을 맞을 수 있었다는 것도 안다. 그는 이렇게 말했다.

"일고여덟 살쯤 됐을 땐 가끔 스스로 비용-편익 분석을 했어요. 나쁜 사람이 될 것인가, 아니면 세상에 나가서 계속 배울 것인가를 놓고 말이죠."

다우드는 자신의 '과잉각성'에 대한 이야기도 들려주었는데, 오랫동안 연구하고 성찰해보니 "실제 나라는 사람"과 "과거에 막 나갔던 나라는 사람"의 차이를 알 수 있었다고 한다. 그래서 인간의 감성을 예리하게 감지하는 레이더를 내면에 장착하게 됐다고도 했다.

2015년으로 거슬러 올라가, 당시 내가 또 놀랐던 점 하나는 진화하는 특성을 보여주는 우리의 우정이었다. 그 우정의 바탕에는 공감이 있었다. 남자들끼리의 관계에서는 보통 경쟁과 위계질서라는 특성이 나타나며 지위, 나이, 경험 따위의 규칙들이 소리 없이 지배한다. 남자들은 대체로 다른 남자의 조언을 받아들이는 것은 물론, 돌봄과 보호를 받는 것에 저항감을 느낀다. 그래서 나 역시 한동안 다우드의 도움과 보호를 받는 게 다소 어색했다. 마치 키즈컴퍼니가 돌보는, 트라우마가 있는 '청소년' 중 하나가 된 것 같았다.

달리 말하면, 내 자존심이 큰 타격을 입었다. 어쨌거나 나는 마흔세 살의 성인 남자로, 어떻게 할지 알고 있어야 하는 사람 아닌가. 하지만 어느 정도 겸손해야 한다는 것을 금방 깨달았다.

사실, 내가 모른다는 사실을 깨닫고 항복하니 무척 안심이 됐다. 우리는 '권한을 받는 것'이 본질적으로 좋다는 말을 자주 듣지만, 때로는 우리가 가진 힘이 실제로 얼마 되지 않는다는 사실을 인정하고 항복하는 것이 더 현명하다.

젊은이들과 예술가들이 많이 모이는 브릭 레인 부근 어디쯤에서 다우드와 나는 작별 인사를 나누고 헤어졌다. 그 순간에도 우리는 곧 다시 만나 아무 목적 없이 산책하리라는 걸 알고 있었다. 우리는 서로에게 배우는 법을 배웠고, 그래서 이렇게 함께하는 산책이 참 만족스럽다.

고전이 내게
_____ 가르쳐준 것들

지원망이 있다는 것이 얼마나 중요한지는 말할 필요도 없다. 이를테면 내 안에서 가장 깊은 절망을 느낄 때 마음을 터놓을 수 있는 무리, 그리고 나보다 나를 더 잘 알아서 내가 큰 변화를 겪고 있을 때 예전에 보다 안정됐던 모습의 나를 소환해줄 수 있는 사람들 말이다. 나는 나이와 상관없이 인생의 멘토, 길잡이, 롤모델이 있는 게 중요하다는 사실도 발견했다. 그런 사람들은 우리보다 먼저 경험한 이야기를 들려줄 수 있는 선배들이다.

2015년에 다우드와 함께 일한 경험이 어느 정도 그런 양상을 보여줬다. 그리고 시간이 지나면서 내가 전해 받을 만한 것이나 귀를 기울일 만한 것이 있는 사람들을 종종 무작위로 계속 만났다. 일테면 나에게 일어난 일을 들려줬을 때 이렇게 말하는 사람들이다.

"지금 어떤 상태인지 알겠어. 그러니 이렇게 한번 해봐. 그러면 도움이 될 거야. 그리고 내 연락처를 알려줄 테니 얘기 나누고 싶을 때 연락해."

한 사람은 길고 느린 산책을 해보라고 조언했고, 어떤 사람은 명상을 권했다. 또 어떤 사람은 딱 하루씩 살아보라고 제안했다. 나는 이 방안들을 모조리 적어두고 실제로 해보기 시작했다.

내가 수용력이 있는 사람이라면 그것은 결심보다는 상황에 떠밀려서 더 그랬다고 본다. 잘 듣고 관심을 기울이는 것, 잘 보고 다시 배우기 시작하는 것 말고는 다른 도리가 없었다. 마흔한 살이었을 때의 나는 내가 어떻게든 완성됐고, 최종적으로 사람이 된 상태에 도달했다는, 뭐 그런 느낌이 곧잘 들었다. 그런데 알고 보니 몽땅 허영심이었다. 내 머릿속 기존 운영체제의 상당 부분이 베를린에서 겪은 정신적 동란 속에서 폐물이 되었다. 내가 아는 것은 기준에 미치지 못했고 극적인 업그레이드가 필요했다.

그래서 잘 듣고, 질문하고 나서 좀 더 들었다. 친구들의 말, 심리치료사의 말, 버스·기차·가게·카페에서 만나는 사람들의 말을 경청했다. 부모님이 내 상황을 생각해서 하시는 말씀에도 귀를 기울였다. 심리학자 파울 바츨라비크는 "성숙이란 심지어 부모님이 권하는 일도 하는 능력이다"라고 쓰기도 했다.

겸손은 지식욕을 낳았다. 어느 날 저녁, 매주 참석하기 시작한 회복 단체 모임에 갔다. 여기서 나는 도움이 되는 또 다른 사람들을 무작위로 만난다. 그런데 그중 어떤 사람이 내 손에 책을 한 권 쥐여주며 말했다.

"이걸 읽어봐요."

그는 줄담배를 피워대고 신랄한 기지가 번뜩이는 목수 데이브였다. 그가 준 책은 예수회 신부이자 심리치료사 존 포웰이 쓴 《왜 나를 말하기를 두려워하는가》였다. 그날 밤 책을 다 읽었다. 그 책의 교훈은 제목만 봐도 알 수 있다. 우리는 왜 자신에 대해 말하기를 두려워할까? 역설적이게도 우리에게 수치심과 두려움, 외로움을 일으키는 것은 우리가 구축하는 겉모습과 우리가 채택하는 페르소나일 때가 많다. 그 책은 관계의 중요성과 더불어, 쉽거나 편하지는 않겠지만 무심결에 타인에게 마음을 솔직히 터놓을 때 찾아오는 카타르시스 효과를 강조한다. 그 내용은 이런 구절로 시작한다.

사람들이 서로 돕는 법을 알게 되면 얼마나 아름답고 위대하며 자유로워지는 경험인지. 남들이 내 말을 들어주고, 진지하게 받아들이고, 이해해주는 것이 얼마나 필요한지는 아무리 강조해도 지나치지 않다.

그 책의 다른 부분에서는 '진정한 자아true self'의 신기루에 대해 이야기하면서 우리가 마침내 진정한 자아를 찾으면 영원히 행복할 거라는 약속의 문제를 논한다. 그 내용은 이렇게 전개된다.

우리 내면에는 고정되고 참되며 진정한 사람이 존재하지 않는다. 정확히 왜냐하면 사람이라는 존재는 사람이 되어간다는 의미, 과정에 있다는 의미를 반드시 내포하고 있기 때문이다. 만약 내가 사람이라고 한다면 나는

생각하고

느끼고

판단하고

평가하고

존중하고

존경하고

사랑하고

미워하고

두려워하고

바라고

희망하고

믿고

헌신하는 존재다.*

(* 위에 나열된 의미는 하나하나 시간을 들여 생각해볼 만한 가치가 있다. 아마 그렇게 해보면 당신의 이야기에 뭔가를 추가할 수 있을 것이다.)

나는 수십 년 전에 쓰인 이 책을 읽고 나 혼자만 고생하는 게 아님을 깨달으며 깊은 위로를 받았다.

지혜로운 말, 의미 있는 책, 중요한 교훈 등은 마침 좋은 때 찾아오는 경향이 있다. 그러니 어쩌면 우리는 필요한 것을 최고로 필요한 순간에만 얻는지도 모른다. 그때는 기본적으로 마음이 열려 있다. 이 책처럼 지인이 추천해준 책들은 내게 큰 감동을 주었는데 그 이유는 책 속의 이야기에서 나를 발견할 수 있어서였다.

이런 이야기들은 인터넷 검색으로 나오는, 개인과 관계없는 무미건조한 결과와 비교해보면 특별히 유익하게 다가온다. 답이 간절했던 나는 구글 검색을 수없이 했지만, '극도의 자신감을 발휘하고 만성적인 불안과 두려움을 물리치는 법' 같은 제목의 블로그 게시물이나 '지금 당장 우울증을 극복하는 열 가지 방법!'과 같은 목록을 제시하는 기사들을 살펴볼 때는 오히려 무기력이 더해졌다. 그런 정보는 죄다 너무 간단해서 사실 같지 않았다.

반면 인간의 욕구는 많이 변하지 않기 때문에 인간 존재에 내재한 갈등에 관한 서사와 더불어 붕괴와 구원, 상실, 두려움, 죄의식, 수치심의 고통을 보여주는 전형적인 이야기들은(몽땅 정말 재미난 주제다) 복제를 거듭하며 무한정 유포되는 '격려성' 페이스북 게시물이나 행복, 건강, 근육 만들기, 날씬해지기, 부자 되기, 섹스 따위를 곧바로 실현하는 방법을 제시하며 초점을 흐리는 자기 계발서보다 더 솔직해 보였다. 어떤 답을 찾고자 애쓰면서 과거를 돌아보며 책을 읽다 보니, 혼란과 붕괴를 보여주는 나의 최근 이야기가 전혀 새롭지 않을뿐더러 별로 독자적이지도 않다는 사실을 알게 됐다. 그래서 안심이 됐다.

✳ ✳ ✳

이것저것 잔뜩 읽고 찾다 보니 어느덧 2015년 봄이 됐다. 어느 날 반가운 소식이 날아들었다. 친구 존이 전화해서는 내게 브리스틀에 있는 자기 집의 방 하나를 내주겠다고 한 것이다. 존은 20년쯤 전 대학 시절에 같이 살게 되면서 알고 지내온 친구다. 3월 하순, 지하 감옥 같은 창고에서 내 이케아 침대를 빼내고 잡동사니 짐들을 또 한차례 힘들게 정리해 밴을 빌려 고속도로를 달렸다. 한 친구가 베푼 친절 덕에 자율성을 복구할 기회가 온 것이다. 그 덕에 한없는 인내심을 발휘해야 했던 부모님도 휴가를 얻으셨다.

그 뒤로 몇 달 동안은 책을 하도 읽어서 손때 묻은 책이 점점 쌓여갔다. 그중 도움이 되고 같이 나눌 만한 책을 몇 권 소개하겠다.

첫 번째는 빅터 E. 프랭클이 쓴 《빅터 프랭클의 죽음의 수용소에서》다. 이 책에는 삶의 의미를 찾는 것, 그리고 실제로 일어날 수 있는 최악의 상황, 예를 들면 독일 나치의 죽음의 수용소에서 삶을 대하는 방식이 기술되어 있다. 프랭클은 아우슈비츠 수용소의 생존자이며 이 책은 훗날 이른바 실존주의 심리치료existential psychotherapy의 기반이 됐다. 혹시 온라인에서 봤을지도 모르지만 이 책에 나오는 그 유명한 인용문은 니체의 말인 바로 이 문장이다.

살아야 할 '이유'가 있는 사람은 어떤 '고난'도 견딜 수 있다.

이 책은 내가 10대 시절 실존주의에 품었던 애정을 되살려주었다. 하지만 이번에는 거드름을 피우며 추상적인 이야기를 하는 살롱 문화를 답습하는 게 아니라 이런 사상을 현실 세계에 적용하는 데 관심이 갔다. 기본적인 교훈은 '자유가 불안을 일으킨다'라는 것이다. 자유란 텅 빈 무의미에 둘러싸여 선택하고 그 결과에 책임을 지는 것을 의미하기 때문이다. 삶에 어떤 본질적 의미도 존재하지 않을 때 우리에겐 선택의 자유가 있다. 오늘날 인기 있는 또 다른 개념인 '진정성'은 그 선택에 충실하다는 것을 의미한다. 이 책을 읽고 나서 한동안은 학생이 되어 도움이 될 만한 것을 찾는 데 전념하겠다고 마음먹었다. 그건 내게 꼭 필요한 일이었다.

두 번째는 로버트 블라이의 《무쇠 한스 이야기: 남자의 책》이다. 1990년에 처음 출간됐는데, 마흔셋이 아니라 스무 살에 읽었더라면 좋았으리라는 생각이 들었다. 왜냐하면 '남성이 된다는 것의 의미'를 놓고 진행되는 논의를 보여주고, 소년에서 남성이 되어가는 변화 속에 도사린 함정과 위험을 섬세하게 설명해주기 때문이다. 과거에 나도 모르고 겪었던 어려움이 자세히 제시돼 있었다. 이 책의 명쾌한 점은 무엇보다 남성과 우울의 문제는 물론 남성성과 수치심, 슬픔 간의 연결고리를 보여준다는 것이다. 그러면서 상처 입고 예민한 동시에 공격적이고 자의적인 남성상을 신화와 시, 심리학을 활용해 설득력 있게 그려낸다. 알고 보니 내 세대 남성들 이전에 이미 남성의 의미를 궁금하게 여긴 이들이 있었다. 알고 보면 인간은 오랫동안 삶의 의미와 더불어 혼란스러운 삶에 대처하는 법을 궁금해했다. 아주 먼 옛날 사람이 쓴 책들도 모호하고 방향을 상실한 시대의 삶을 이해하는 데 도움을 주지 않던가. 이 책은 남성 내면의 지형에 대한 로드맵도 제공한다.

세 번째는 마르쿠스 아우렐리우스의 《명상록》이다. 마르쿠스 아우렐리우스는 161년부터 180년까지 재위한 로마의 황제였으며 그가 쓴 《명상록》은 삶의 난제와 기술에 관한 단상을 모아놓은 책이다. 꼭 로마인이 아니어도 이 책에서 도움이 될 만한 것을 찾을 수 있다.

종합하면, 스토아철학이 중심이 되는 이 명상록은 피할 수 없는 상황을 받아들이고 자신을 성찰하고 현명하게 행동하라는 주장을 담고 있다. 나를 비롯해 아주 흔한 신경증 환자들에게 도움이 되는 내용이다. 우리보다 2,000년쯤 앞선 시대에 살았던 세네카와 에픽테토스의 글들 역시 의심과 두려움, 불확실성에서 빠져나오는 데 지혜로운 길잡이가 되어준다.

우울하고 불안한 사람들에게 도움이 되는 몇 가지 내용을 소개하겠다.

| 미래에 대한 불안을 덜어내려면

"미래가 그대를 방해하지 못하게 하라. 어차피 마주쳐야 할 것은 마주치게 되어 있다. 그때도 지금 현재에 맞서 그대를 무장시키는 이성이라는 무기를 똑같이 쓰게 될 것이다."

| 머릿속 생각들로 압도당할 것 같을 때

"신의 완전성을 떠올리며 그것의 지극히 미미한 부분이 그대의 것임을 기억하라. 시간을 떠올리며 지극히 짧은 순간이 그대의 몫임을 기억하라. 운명을 떠올리며 지극히 연약한 부분이 그대임을 기억하라."

| 우울과 불안에 무한정 갇혀버렸을 때

"시간은 강물과 같아서, 세상 만물은 그 흐름에 저항할 수 없다. 어떤 것은 눈에 띄자마자 급히 지나가 버리고, 또 어떤 것은 따라간다 해도 그저 휩쓸려간다."

| 실패하고 있다는 느낌이 들 때

"실천이 계율에 미치지 못해도 고민하지 말고, 낙담하거나 절망에 빠져 포기하지 말라."[4]

나는 인간의 불완전성을 깊이 연구했다. 스토아철학, 실존주의, 긍정심리학에 관한 책들을 읽었고, 동양의 선이나 도와 관련된 난해한 글들과 종교 경전에 나오는 훌륭한 이야기들도 깊이 검토했다. 덴마크의 철학자 쇠렌 키르케고르가 '공포와 전율'을 연구하면서 말하고자 했던 바가 더욱 직관적으로 이해되기 시작했고, 독창적이고 유명한 사상가인 앨런 와츠(선불교·도교·인도철학 등의 동양 사상을 서구 사회에 대중화하고, 1950년대 비트 문화와 1960년대 반문화운동에 큰 영향을 미친 사상가-옮긴이)의 책들을 탐독하면서 수염을 기른 이 멋진 남자가 캘리포니아의 히피 구역에서 명상과 초월적 비전을 통해 무언가를 깨달았다고 생각했다.

'아… 이 모든 게 '정상'이구나. 인간이라는 존재는 아프구나.'

문득 그런 생각이 들었다. 해가 바뀌고 세기가 바뀔 때마다 이른바 우울과 불안의 서사와 묘사를 담은 문학, 미술, 음악이 후세에 전해진다.

그런데 이런 나의 학구열이 또 다른 결과를 초래했다. 그동안 나는 너무 오래 친구네 집의 작은 방에 틀어박혀 내 머릿속의 팽창하는 우주에서 표류하고 있었던 것이다. 그러자 또 다른 귀중한 조언이 찾아왔다.

하루는 내가 친구 존을 급하게 붙들어서 키르케고르 철학의 어떤 점에 대해 이야기를 길게 늘어놓고 있었는데, 존이 내 어깨에 손을 얹더니 이렇게 차분히 평가했다.

"이봐, 케빈. 원칙적으로는 전부 아주 좋은 얘기야. 하지만 중요한 건 그게 실제로 일어나게 하고 저기 바깥세상에 참여하는 일이지." 존은 손가락으로 현관문을 가리키며 말했다. "자원봉사 활동을 좀 해보면 어때? 아니면, 수업을 듣거나 모임에 참여해보지 그래? 일단 다른 사람들을 사귀면 네 머릿속에 있는 고민이 줄어들 거야."

이 또한 귀담아둘 만한 조언이었다. 나도 뭔가 해보는 게 좋을 것 같아 자원봉사 일을 시작했다. 내가 읽은 또 다른 책에서도 존의 조언과 정확히 맥을 같이하는 내용이 있다. 바로 칼 로저스의 《진정한 사람되기》다.

로저스의 논문과 강연을 모아 엮은 《진정한 사람되기》는 개인의 변화 역학에 대한 그의 견해를 담은 책이다. 제2차 세계대전 이후 로저스는 '인간중심 치료person-centred therapy'를 창시했다. 이 접근법은 그가 명명한 '자아실현self-actualizing' 경향이 개개인의 내면에 있다고 강조한다. 간단히 말하면, 인간은 가장 참되고 정확하며 바람직한 모습의 자아로 성장하길 간절히 바라고 치료자와의 관계가 그런 염원을 촉진하는 기능을 한다는 것이다. 이는 지크문트 프로이트가 정립한 정신분석 이론과는 다른 견해다. 프로이트는 내담자의 무의식에서 고통의 원인이 되는 갈등을 밝혀내는 것을 목표로 한 반면, 칼 로저스의 시선으로 보면 우리가 진정한 자아가 되지 않을 때 문제가 생긴다. 존 포웰도 말했듯이 '진정한 자아'가 움직이는 표적 같은 것일지라도 중요한 것은 이상을 향한 움직임이다. '사람 되기^{becoming a person}'에서 '되어가는^{becoming}' 부분을 가리킨다.

그런 움직임을 촉진하기 위해 로저스는 치료자가 내담자와의 관계에서 세 가지 핵심 기법을 동원할 수 있다고 제안한다.

| 무조건적이고 긍정적인 존중 unconditional positive regard

내담자가 누구든, 어떤 사람이든 상관없이 판단하지 않고 완전히 받아들인다.

| 일치성 congruence

내담자가 자기 생각이나 느낌을 부정하거나, 숨기거나, 억제하지 않도록 치료자가 정신적·정서적으로, 심지어 신체적으로도 내담자에게 맞춘다.

| 공감적 이해 empathic understanding

공감의 정의는 '상대의 마음을 느끼는 것'인데, 여기서는 로저스가 일컫는 내담자의 '주관적 세계'에 참여한다는 의미다. 최대한 내담자처럼 보고 느낄수록 내담자를 더 잘 이해할 수 있다.

우리 모두 어떻게든 사랑받고 존중받아야 한다는 인식을 비롯해 로저스의 '인본주의' 치료 이론에는 당연히 훨씬 더 많은 내용이 있다. 《진정한 사람되기》의 부제가 '칼 로저스 상담의 원리와 실제'이긴 하지만 정신과 의사나 심리치료사가 되려고 준비하는 사람이 아니어도, 심지어 직접 심리치료를 받는 사람이 아니어도 이 책을 읽으면 도움이 된다. 본질적으로 로저스의 모든 이론에 사람들의 변화와 성장, 즉 '되어가는' 과정이라는 인식이 깔려 있음을 보여주는 책이기 때문이다.

브리스틀을 이리저리 돌아다니며 태극권 수업을 듣고, 일도 좀 하고, 사람들과도 교류하다 보니 나도 현재 그런 과정에 놓여 있다는 것을 깨달았다. 그때 나는 구름 사이의 하늘을 보고 있었는데, 파멸할 것 같고 한없이 흐리기만 하던 느낌이 조금씩 사라지면서 낙관적이고 희망적인 기분이 들었다. 한마디로, 내면에서 일어나는 어떤 변화가 어렴풋이 느껴지기 시작했다.

이런 내 경험이 로저스의 책에는 이렇게 표현되어 있다. 그는 치료를 받는 내담자들에 대해 이렇게 써놓았다.

> 내담자들은 자신이 날마다 똑같지 않고, 일정한 경험이나 사람에 대해 늘 똑같은 감정을 품지는 않으며, 항상 일관적이지는 않다는 것을 아는 데 지장이 없다. 그들은 유동적이며 이렇게 계속 흘러가는 데 더 만족하는 듯 보인다. 결론을 내고 최종 상태에 이르려는 노력은 줄어드는 것 같다.[5]

감정과 생각이 이리저리 튀는 가운데 내 기분이 시시각각 어떻게 바뀔지 전혀 모르는 상태에서는 이런 유동성이 무서울 수도 있다. 하지만 그런 유동성은 종종 뜻밖의 놀라움을 선사하기에 즐거울 수도 있다. 저녁이 되면 나는 페렛 공원 너머로 해가 지는 광경을 물끄러미 바라보면서 장엄한 하늘에 곧잘 압도되곤 했다.

＊＊＊

　　칼 로저스의 이론에는 중요한 특징이 또 하나 있다. 내 친구 존이 말한 듣기 및 관계 맺기와 관련이 있는데 그 핵심은 이렇다. 감정적으로 괴로울 때는 당연히 도움과 돌봄, 관심이 필요하다. 하지만 너무 심하게 괴로우면 오히려 자신만의 혼란과 고통의 지대에 갇혀버릴 위험도 있다. 반면, 타인의 삶에 관심을 보이면(가장 간단한 방법은 그들의 말에 귀를 기울이는 것이다) 관심의 화살이 나 자신에서 객관적 세계, 즉 나 자신을 넘어 외부 상황으로 옮겨간다. 그러면 마치 찬물로 샤워하는 것처럼 겁이 나거나 귀찮을 순 있어도, 단순히 다른 사람을 생각하는 것만으로도 내면의 시끄러운 생각이 일시적으로 줄어드는 효과를 볼 수 있다.

　　달라이 라마는 "타인을 생각할 때 의식이 확장된다"라고 말하기도 했다. 시작은 꽤 간단할 수 있다. 다른 사람에게 질문하고 나서 그의 이야기를 듣되, 해결책은 절대 제시하지 않고 동정도 베풀지 않는 것이다. 그냥 그와 한동안 같이 있어주면 되고, 그렇게 '같이 있는 것'이 중요하다. 어쨌거나 그 자리에 있지 않으면 공감도 있을 수 없으니 말이다.

그런 관점에서 생각해보면 우리가 실제로 다른 사람들의 말을 정말 주의 깊게, 연민을 느끼면서 사심 없이 듣지는 않는다는 것을 깨닫게 된다. 적어도 나는 그랬다. 그동안 내가 얼마나 자주 상대방의 말을 자르거나 중간에 불쑥 끼어들어 내 이야기를 하고 내 의견을 주장하고 싶어 했는지 알게 됐다. 상대의 말에 귀를 닫는 정도까지는 아니었지만 그의 말에 담긴 욕구는 보지 못했다. 그래서 조금 더 자주 입을 다물고 뭔가를 대답하기 전에 잠시 멈추는 습관을 들였다.

그랬더니 이 모든 것이 내가 위기를 겪는 동안 수많은 사람이 나를 위해 해준 행동이었음을 알게 됐다. 그래서 나도 버스 정류소와 슈퍼마켓 계산대에서 만난 사람들과 대화를 시작하고, 친구들에게 전화를 걸어 안부를 묻고, 관계 맺기를 연습하면서 그렇게 실천하기 시작했다. 그러자 불안의 손아귀 힘이 미묘하게 약해지고, 절망의 두께도 한층 줄어들었다.

당신도 한번 그렇게 해보길 바란다. 더불어, 듣기를 실천하는 방법도 몇 가지 알려주겠다.

┃ 상대와 연결되려는 듣기

대화의 '끈'을 찾으려고 할 때의 듣기다. 그럴 때는 일테면 이렇게 반응하게 된다. "음, 그렇게 말씀해주시니 기쁘네요. 왜냐하면 제가 생각하기론⋯."

┃ 목적이 있는 듣기

대화에서 자신의 기존 생각을 확인하려고 귀를 기울이는 상태다.

┃ 적극적인 듣기

상대방의 말을 진정으로 받아들이는 상태로, 끈기 있는 태도로 그의 말에 몸도 마음도 온전히 주의를 기울이는 것이다. 마음을 비우고 차분하게 천천히 숨을 쉰다(그러면 1분에 8회 정도 호흡하게 된다). 어깨의 힘을 빼고 편안한 자세로 말하는 사람의 눈을 바라본다. 이것은 심리치료사·상담사·코치 등이 배우는 듣기 방법이며, 칼 로저스가 말한 '일치성'을 의미한다.

┃ 틱낫한 스님이 말하는 깊이 듣기

"깊이 듣기란 간단히 말하면 연민을 느끼며 듣는 것이다. 대화 상대가 잘못된 인식과 차별, 비난, 평가, 비판으로 점철된 사람일지라도 우리는 그의 말을 가로막지도 않고 반응하지도 않으면서 계속 가만히 앉아서 들을 수 있다. 알다시피 그렇게 들으면 상대방도 무척 안심이 될 것이기 때문이다. 오직 하나의 목적을 염두에 두고 듣고 있다는 점을 기억하라. 그 목적은 상대방에게 자기 생각을 말할 기회를 주는 것이다. 그때까지 아무도 시간을 내어 그의 말을 들어주지 않았기 때문이다."[6]

| 마음챙김과 듣기

마음챙김 명상의 한 부분은 그 자리에서 어떤 소리가 들려도 곧바로 그 소리와 그에 대한 자신의 반응을 알아차리고 다시 호흡에 집중하는 것이다. 이는 듣기 기술을 연마할 수 있는 유용한 방법이다.

홀로 있을 수 있는 곳을 찾아서 편안히 앉아 눈을 감고 주변의 소리에 주의가 쏠리는 과정을 관찰한다. 그리고 다시 호흡으로 돌아온다. 한 번에 5분이나 10분씩 꾸준히 하고, 잘 되면 명상 시간을 15분이나 20분, 30분으로 늘린다.

혼자서는 무너져도
_____ 함께하면 치유한다

    칼 로저스와 그의 인간중심 치료의 인본주의적 접근은 배울 점이 많다. 내 이야기를 들려줘야 하는 입장이든, 남의 이야기를 듣고 싶은 입장이든, 또는 둘 다든 말이다. 앞서 언급한 몇몇 사상가들, 특히 존 포웰과 로버트 블라이도 우리 인간을 의심과 절망에 잘 빠지고 연약하며 갈팡질팡하는 피조물이자 지도와 도움이 필요한 존재라고 보면서 인간에 대해 친절하고 너그러운 견해를 피력했다.

    인간에 대한 그런 시각은 유익하면서도 살갑다. 2015년 봄에서 여름으로 넘어갈 무렵, 나는 '되어가는' 흥분에 휩싸여 마냥 즐거웠다. 듣고 배우고, 태극권을 하고, 마트 계산대에서 만난 사람들과 잡담을 하다 보니 균열이 생겼던 자아감이 다시 온전해지는 듯했다. 그런 변화에 힘입어 인간의 본질적인 아름다움에 대한 나의 기본 신념을 재확인할 수 있었다. 그 덕에 그때 나온 신약도 복용하기 시작했다. 그 약은 불안이 격렬하게 분출되지 않도록 진정시키는 가벼운 항정신제였다.

하늘에는 태양이 빛나고 있었고, 나는 한결 '느긋한' 기분이 들었다. 심지어 나 자신을 조금 좋아하게 되기도 했다.

하지만 이것이 치료의 전부는 아닐뿐더러, 불안과 우울의 기치 아래 모인 존재의 문제에 대처하는 유일한 본보기도 아니다. 그리고 내 지도교수님이 정신역동적 치료를 설명하면서 그냥 우스개로 말했을 수도 있지만, 그 치료를 '어두운 면'이라고 표현한 것은 일리가 있었다. 당시 나는 연결, 돕기, 존재와 관련된 마법 같은 대인관계 기술에 대해 한층 더 알고 싶다는 열망으로, 20년 전에 졸업한 골드스미스대학교에서 인본주의·정신역동적 상담Humanistic and Psychodynamic Counselling 대학원 과정에 등록했었다. '정신역동적 치료', '정신분석 치료', '게슈탈트 치료gestalt therapy', '통합 치료integrative therapy' 등과 같은 용어들 때문에 어리둥절하다면 내가 배운 내용을 토대로 설명해보겠다.

내 지도교수님의 논점은 지크문트 프로이트가 인간을 놀랍도록 완전한 자아를 실현하려고 열심히 노력하는 성인聖人이 아니라 공격성, 성욕, 죄의식, 두려움 같은 본능적 충동의 지배를 받는 피조물로 보았다는 것이다. 그런 본능적 충동들은 저녁 파티 같은 자리에서는 별로 환영받을 만한 화제가 아니다. 그것들은 전부 인간 정신의 무의식 부분에 숨겨져 있거나 억압되어 있으며, 20세기에 들어와서야 비로소 제대로 주목받고 이론으로 정립되기 시작했다.

프로이트 이론의 기본 주제는 '이드Id가 있던 곳에 에고Ego가 있어야 한다'로 요약될 수 있다. 이드는 내면에 존재하는 야생동물 같은 충동이며, 에고와 화해해야 하는 임무가 있다. 반면 에고는 우리가 외부 세계에 드러내는 자아이며, 외부 세계란 우리가 갓 다림질한 셔츠를 입고 반짝반짝 광을 낸 구두를 신고 다니는 이 세상을 뜻한다. 예를 들면, 내가 마트 계산대에서 "안녕하세요. 저는 케빈이에요"라고 말할 때 보여주는 '나'가 에고다.

프로이트는 무의식을 체계화했을 뿐 아니라 실제로 정신분석을 했다. 이때 정신분석가와 그 대상자(내담자)는 '신경증'을 초래하는 무의식적 갈등을 찾아내기 위해 깊은 기억 속으로 여행을 떠난다. 안나 프로이트, 멜라니 클라인, 존 볼비, 윌프레드 비온 같은 후대 정신분석가들은 프로이트의 정신역동 이론을 발판으로 삼았다. 반면 다른 연구자들은 그 이론을 비판했고, 거기서 더 나아가 단호히 거부한 연구자들도 있었다. 하지만 프로이트의 무의식의 '발견'은 광범위한 함의를 지닌 심리치료의 초석으로 남아 있다.

어떤 사람이 진료실의 긴 의자에 누워 눈을 감은 채 심리치료사에게 투덜투덜 자기 어머니 이야기를 들려주는 장면은 진부한 광경일 수도 있지만, 오늘날 실제로 행하는 정신분석은 아주 어렸을 때의 경험과 함께, 투사projection(일테면 나 자신에게 화가 났는데 그 감정을 다른 이에게 투영하는 행위)나 전이transference(내담자와 치료자의 관계가 예컨대 자식과 부모의 관계로 바뀌어 나타나는 현상) 등의 역학을 살펴보는 상담치료의 형태로 남아 있다.

이론 수업 시간에 우리는 미국의 심리치료사 어빈 D. 얄롬이 개념화한 '실존주의 치료existential therapy'도 살펴봤다. 실존주의 심리치료사나 상담사에게 치료받는 것은 언뜻 그다지 재미가 없어 보인다. 이 치료법은 얄롬이 말한 존재의 '네 가지 사실'에서 출발하여 진행되기 때문이다. 그 내용은 다음과 같다.

—우리는 죽음을 피할 수 없다.
—우리는 삶을 자기 의지대로 살아갈 자유가 있다.
—우리는 궁극적으로 고립되어 있다.

그리고 하나 더.

—삶에는 어떤 분명한 의미도 없다.

이 사실을 듣고 병적일 정도로 낙심하는 사람이 있다고 할 때, 그런 내담자가 어쨌거나 사실인 그 상황을 맞닥뜨리고 헤쳐나갈 수 있게 돕는 일이 치료의 역할이다. 실존주의 심리치료는 그전에 나온 실존주의 사상의 연장선에 있기에 아마도 철학적 기질이 있는 사람에게는 잘 맞을 것이다.

'나 홀로 개인은 무너지지만 함께하면 서로 치유한다.'

이것이 바로 내가 얻은 깨달음이다. 그 깨달음은 베를린에서 위기를 맞았을 때부터 영국으로 돌아와 부모님 집에서 지내던 시기를 지나 브리스틀의 친구 집에 머무는 동안에 걸쳐 서서히 찾아왔다. 무엇보다도 회복은 배우는 과정이고, 배움은 듣기에서 시작된다.

그 점은 대학원을 다니는 와중에도 확인됐다. 대학원 과정은 딱딱한 이론 공부만큼이나 일대일 관계 맺기 연습이 많았다. 목요일 저녁에 지도교수님과 이론 수업을 하고 나면 학생들은 서로 실습 대상이 되어 치료 기법들을 연습했고, 결과적으로 일종의 '분위기 치료ambient therapy' 효과도 봤다. 그러니까 내가 단순히 실습을 하고 애나와 존 같은 학우들과 서로 치료 행위를 해본 것만으로도 기분이 더 좋아졌다는 뜻이다. 열렬한 실존주의자인 애나는 가까운 이와 사별한 사람들을 위한 상담사가 되겠다는 포부를 지닌 여성이고, 온화하고 학구적인 존은 낮에는 회사에서 일하고 밤에는 데스메탈death metal(헤비메탈의 가장 극단적인 하위 장르 – 옮긴이) 밴드에서 활동하는 친구다.

내가 보기에 어려움을 겪고 있는 사람을 나쁜 상태에서 좋은 상태로, 활동이 불가능한 상태에서 가능한 상태로, 분열된 상태에서 통합된 상태로 나아갈 수 있게 영향을 주고 변화를 일으키는 요인은 뭐니 뭐니 해도 상담자와 내담자의 '치료동맹' 인 것 같았다. 논쟁 대상인 치료 방식과 상관없이 말이다. 다시 말해, 사람과의 접촉이 고립이라는 유리 상자를 깨부수는 것이 다. 회복은 개인적 과정일 뿐 아니라 사회적 과정이어서, 내면 에서 만드는 의미만큼이나 외부에서 형성하는 관계에 많이 좌 우된다.

이런 사실을 잘 보여주는 이야기를 하나 들려주고 싶다.

어느 금요일 저녁, 나는 런던 패딩턴역에서 브리스틀로 돌 아가는 기차를 탔다. 교통이 혼잡한 시간대에 런던에서 다른 곳 으로 이동하는 일은 대부분 유쾌한 경험이 아니지만, 그날 저녁 에는 특히 짜증이 났다. 그래도 용케 기차에 올라타서 안으로 비집고 들어가 심지어 자리까지 잡았는데, 객실 안이 불행한 기 운으로 꽉 차 있다는 것을 감지했다. 사람들의 표정을 보니 피 곤하고 자포자기인 데다 화도 난 듯했다. 사실 충분히 그럴 만 했다. 나는 이 기차의 승객들 가운데 내가 안고 있는 것과 같은 힘든 문제를 자신의 삶에서 인지하는 이들이 얼마나 있을지 생 각해봤다. 그 문제를 우울이나 불안으로 정확히 인식하든, 아 니면 그저 매일 반복되는 지루한 일상에 완전히 진절머리가 난 상태든 간에 말이다.

내 옆에는 한 여성이 앉아 있었는데, 나보다 나이가 조금 더 든 것 같았다. 우리는 처음에 멋쩍게 대화를 시작했다가 이 내 수수께끼 풀듯이 서로 그럴 것으로 추측하는 이야기를 조심스럽게 나눴다.

"글쎄요, 제가 좀… 아파요." 내가 완곡하게 말했다.

"저도 그래요." 그 여자는 그렇게 대답하고는 내게 물었다. "저, 그런데 혹시… 어디가 아픈지 물어봐도 될까요?"

우리 둘 사이에 있는 수치심이라는 장벽을 넘으려면 어느 정도 가만가만 다가가야 했다. 이런 주제에 대해 이야기하는 일이 어렵긴 하지만, 어려워해서는 안 된다. 일단 물꼬를 트니 대화가 무척 허심탄회하고 긍정적으로 이어졌다. 그 여자는 런던에서 열리는, 자기가 도움을 받는 모임에 다녀오는 길이라면서 자신의 정신질환 증세와 자살 시도에 대해 자세히 얘기했다. 잠시 후 그 여자는 기차에서 내리기 전에 나에게 A4를 반으로 접은 크기의 소책자를 한 부 건넸다. 그 책자에는 '나의 이야기'라는 짧은 제목이 달려 있었다. 그 이야기는 가슴 아픈 사연이었을 뿐 아니라 지금껏 읽어본(내 인생에서 20년은 작가와 편집자로 일했기 때문에 글을 제법 읽은 편이다) 것 중 가장 용감하고 솔직한 편에 속하는 글이었다.

우리는 친구가 됐고 계속 연락하기로 했다. 그리고 나는 조금 더 자주 입을 열어 대화를 시작하고, 계속 말하고, 듣기로 마음먹었다.

모임에 들어가기

• 로즈 스캔런-존스(회복 단체 매니저) •

오늘날에는 정신건강과 정신질환을 둘러싼 사회적 논의가 공공연히 이루어져 우울과 불안 같은 문제들을 다른 사람들과 함께 논할 수 있는 공간이 점점 더 많이 생겨나고 있다. 앤디스맨클럽 Andy's Man Club(www.andysmanclub.co.uk)은 영국 전역에 걸쳐 남성들이 모여 이야기를 나눌 수 있는 만남의 자리를 제공한다. 특히 남성과 그의 머리칼을 잘라주는 이발사의 관계가 친밀하다는 점에 착안한 톰 채프먼은 남성 전용 미용실들을 남성들이 서로 마음을 터놓을 수 있는 공간(www.thelionsbarbercollective.com)으로 활용함으로써 자살 예방에 기여할 수 있는 캠페인을 이끌었다. 한편, 작가 루비 왁스의 프래즐드카페Frazzled Cafe(www.frazzledcafe.org)도 '여러 가지로 지친 사람들이 정기적으로 만나, 익명이 보장되고 서

157

로 평가하지 않는 안전한 분위기에서 개인의 이야기를 나눌 수 있는' 비슷한 공간 연계망을 제공한다. 런던 동부의 쇼디치에 본사를 둔 신생기업 상투스Sanctus(sanctus.io) 역시 정신건강 모임을 주최하는데, 여기서는 세 명의 주요 연사가 이야기를 나누고 청중도 함께 참여하며, 이야기 나눔이 끝나면 따뜻하고 공감하는 분위기에서 서로 연결되고 어울리는 시간을 갖는다.

이런 단체들은 모두 공개적인 말하기와 듣기의 중요성을 강조한다. 상투스에서 때때로 진행하는 스토리즈 라이브Stories Live 행사가 어떻게 진행되는지, 그 회사의 커뮤니티 매니저인 로즈 스캔런-존스의 이야기를 들어보자.

상투스의 사명은 정신건강에 대한 인식을 바꾸는 것으로, 상투스 스토리즈 라이브는 그 연장선에 있다. 그럼, 정신건강에 대한 인식을 어떻게 바꿀 수 있을까? 바로 사람들이 정신건강과 관련된 자신의 경험을 공개적으로 안전하게 이야기하고, 결정적으로 다른 사람들의 경험을 들을 수 있는 공공장소를 만듦으로써 가능하다. 그 목적은 정신건강 이야기를 둘러싼 신비와 수치심을 제거하는 것이다.

행사 자체는 세 명의 연사가 정신건강이나 정신질환과 관련된 자신의 경험담을 들려주는 구조로 되어 있다. 예를 들면 직장에서의 스트레스, 심각한 식이장애, 회복의 여정 등을 이야기하는 것이다. 청중은 누구나 듣기에 참여해 연사가 말을 마치면 그 이야기를 되짚어볼 기회를 얻는다. 그 이후에는 청중이 자기 이야기를 나눌 수 있는 시간이 마련된다. 앞서 연사들이 했던 것과 마찬가지로 자리에서 일어나 잠깐 이야기한다. 본인만 괜찮으면, 정신건강과 관련된 개인적 경험을 나눠도 된다.

이 저녁 행사는 내가 사회를 보고, 이런 행사에 숙련된 수석 코치가 진행을 돕는다. 행사장은 안전할 뿐 아니라 비밀도 유지되어야 하는데, 이 점이 가장 중요하다. 정직과 신뢰가 대단히 중요하다.

우리는 청중에게 서로 알아가는 기회를 제공한다. 우리 인간은 예로부터 정신건강에 대해 이야기하는 것을 무척 두려워하기 때문이다. 우리는 경계를 확실히 설정한 상태에서, '방 안의 코끼리'처럼 누구나 그 존재를 알지만 언급하지 않는 정신건강 문제를 다룬다. 누가 긴장하는지, 누가 신이 났는지, 그리고 우리가 왜 이곳에 모였는지 등 누구나 속으로 느끼는 것들을 계속 이야기한다.

그냥 입을 열고 말하는 것이 아주 쉬울 때도 있고, 이른바 '수치심 후유증'이 생길 때도 있다. '내가 방금 뭘 한 거지?! 이상한 기분이 들었는데 지금 내가 안전한지 모르겠군' 하는 생각이다. 그래서 청중은 발언한 사람에게 이런 말들을 해준다.

"그래요. 당신은 안전해요. 이야기해줘서 정말 감사해요. 당신의 이야기에서 힘, 회복탄력성, 솔직함, 열정 등이 느껴져요."

나는 정신건강을 이야기하기 위해 말하기가 얼마나 중요한지 잘 알고 있다. 말하기는 인간 존재의 가장 중요한 부분이다. 나는 내 정신건강에 대해 이야기하지 않으면 어떻게 되는지, 다시 말해 그 문제를 다루지 않고 심지어 인정하지 않으면 어떻게 되는지 단기적으로도 장기적으로도 확실히 느꼈다. 그래서 지금은 내게 일어나는 일들을 술술 말하게 된다. 감정마다 거기에 딱 맞는 말들이 있는데, 일테면 불안은 어떤 느낌일까? 만약 내가 감정들에 대해 이야기하지 않으면 나는 그것들을 절대 이해하지 못할 테고 그냥 그렇게 돌고 도는 삶을 계속 살게 된다.

사람들이 자신의 정신건강에 대해 이야기하길 꺼리는 이유는 단지 어디서부터 이야기를 시작해야 할지, 어떤 내용이 적절한지 알지 못해서다. 우리는 세상 곳곳에서 일어나는 비극적인 사건들을 접하며 충격을 받는다. 그럴 때 당연히 이런 생각이 든다.

'사실 내 문제들은 다른 사람들만큼 나쁘지 않아. 그냥 혼자 힘으로 계속 버텨야 해.'

아마도 자신의 정신건강에 대해 이야기하지 않는 하나의 이유는 주변 동료들이 그런 이야기를 하지 않아서일 것이다. 그렇지만 누구 한 사람이 먼저 이야기를 꺼내면 그것을 나눌 수 있는 친구가 생긴다. 그 후에 그 친구가 누군가에게 먼저 이야기를 꺼내고 그 이야기를 나눈 동료가 또 그렇게 하면 파급 효과가 일어난다.

듣기는 사회에서 중시되는 기술이 아니므로 듣는 법을 다시 배워야 한다. 학교에서 듣기를 배우기는 하지만 사람들의 감정을 듣는 법, 아무 의도나 편견 없이 진정으로 듣는 법은 배우지 않는다. 상투스 스토리즈 라이브 같은 곳에 들어오려면 자신의 에고가 눈에 띄지 않는 뒷자리에 앉아 있다는 사실을 인정해야 한다. 다른 사람들의 이야기를 들으려고, 배움을 얻으려고 이곳에 오는 것이다. 여기는 나누는 곳이지, 상담하는 곳이 아니다. 심리치료에서는 에고의 자리가 무척 클 수 있다. 왜냐하면 상담 시간 내내 내담자가 모든 상황을 이야기하고 의자에 앉은 심리치료사가 내담자의 이야기를 들어주면서 함께 작업하기 때문이다. 반면, 스토리즈 라이브는 연민을 느끼는 곳에 더 가까우며 한 무리로서 듣기를 더 잘할 수 있는 곳이다.

정신건강을 위한 노력이 과도할 수도 있을까? 헬스클럽에서 너무 열심히 몸을 만드는 것과 유사하게, 당연히 그럴 수 있다. 내가 예전에 그랬던 것 같다. 심리치료도 받고, 코칭도 받고, 정신건강에 대해 이야기하는 회사에서 일하고, 친구들과의 대화 주제도 정신건강이고…. 게다가 가족 치료도 받고, 일지도 쓰고, 수천 명의 이용자가 있는 커뮤니티에서 매일 이런 문의도 받는다. '저는 이러저러한 일을 겪고 있어요. 어떻게 하면 좋을

지 좀 알려주세요.' 나는 나 자신에게도 남들에게도 힘이 되고 싶다. 그렇다 해도 내가 그 선을 그어야 하는 지점이 있다. 그러지 않으면 미쳐버릴 것이기 때문이다. 나의 치료법은 전화기를 남겨두고 자연으로 들어가는 것이다.

현대의 삶은 매우 개인적이기 때문에 정신건강과 정신질환에 공동체가 굉장히 중요하다. 아마도 현대인들은 인스타그램도 하고, 부업도 하고, 대도시에 살지만 상당히 고립되어 있을 수 있다. 그러나 공동체 안에서 살면 주변에 사람들이 많다. 내가 기댈 수 있는 사람과 내가 위기에 처했을 때 전화를 걸면 도와줄 지인이 다섯 명은 있다는 것, 이 점이 정말 중요하다. 그것은 의사나 간호사, 심리치료사를 넘어선 지원 체제라 할 수 있다.

이런 필요를 만들어내는 결핍 요소는 큰 것 하나라기보다는 작은 많은 것들이다. 전통적인 가족, 우정, 일의 개념이 무너진 상태에서 우리에게는 '이제 어떡하지?'라는 질문만 남아 있다. 따라서 교회든 친구 모임이든 독서 모임이든 영적 장소든 어디든 간에, 나와 가치가 비슷하고 그 가치를 존중해주며 오로지 내가 잘되기만을 바라는 사람들을 만나면서 성장할 수 있는 곳이 중요하다.

6장

운동 시작하기

살을 빼거나 몸을 바꾸겠다는
집착은 버려라.
그저 아이들이 뛰노는 것처럼 운동하라.

명상이 가져다준
——— 놀라운 효과

화요일 저녁은 태극권을 하는 시간이다.

나는 몇 년 전부터 태극권 수업을 듣고 있다. 기초반에서는 이 중국 무술의 네 부문을 배운다. 현재 지도 사범은 메이콴 아마이아라는 여성으로, 그녀는 최고의 선생님들이 모두 그렇듯 엄격하면서도 끌리게끔 훈련시킨다. 우리 수강생들은 자세를 제대로 잡지 못하거나 동작을 너무 빠르게 해서 아마이아에게 질책을 받으면 기가 죽기 일쑤지만, 그가 우리에게 득이 되려고 강하게 대한다는 것을 안다. 배움에는 아픔이 따르는 법 아니겠는가.

수업은 기공, 24식, 추수(겨루기), 실용권법 등 네 가지로 진행된다. 각 수업에서는 특정 동작을 반복해서 연습하는데, 모든 동작은 발의 자세와 손동작이 호흡과 연결되면서 이루어진다. 그 명칭도 '백학량시白鶴亮翅(백학이 양 날개를 펼치는 형상)', '단편單鞭(채찍을 휘두르는 형상)', '옥녀천사玉女穿梭(고운 소녀가 비단을 짤 때 베틀의 북이 좌우로 왔다 갔다 하는 형상)' 등 상당히 서정적이다(나는 지금 옥녀천사 동작을 제대로 이해하려고 노력 중이다). 각 동작을 배우는 일은 마치 신체 종이접기를 하는 것처럼 몸을 접고 비틀면서 좌절감을 느끼는 체험이 될 수 있다.

초기에는 내가 하는 동작들이 죄다 둔해 빠져서 내 마음과 팔다리가 얼마나 따로 노는가를 새롭게 발견했다. 수련이 깊어진 후로는 동작을 생각하면서 괴로워하던 상태에서 벗어나 몸이 능숙해지는 상태로 응축되기 시작했다. 그러니까 동작을 하기 전에 생각해내지 않아도 되고 몸이 어느 정도 능란하게 표현할 수 있게 됐다는 뜻이다. 태극권에서는 일테면 가라테나 발레처럼 신체 어딘가가 파열되거나 부러질 일이 없으며, 오히려 움직임이 부드러울수록 정확해진다. 어떤 면에서 태극권은 수영과 가장 가깝다.

동작을 하고 나서는 쉰다. 대략 15분마다 아마이아가 우리에게 동작을 멈추고 서 있는 자세를 취하라고 지시한다. 그러면 우리는 마치 중국 황제 무덤 속의 점토 인형 용병들처럼 땅에 뿌리를 내린 듯 가만히 서 있는다. 그러고는 '기氣'를 모으기 위해 양손으로 컵 모양을 만들어 단전 앞에 놓고 횡격막에서부터 숨을 깊이 들이마시고 내쉬면서 명상을 한다. 여기서 막연한 개념인 '기'는 에너지, 곧 생명력을 의미한다. 태극권은 이른바 마음챙김 명상에서 출발하지는 않았지만 순간순간의 알아차림은 태극권이 만들어내는 가장 놀라운 효과 중 하나다. 나는 그렇게 명상할 때마다 그날 나를 계속 괴롭히던 생각들이 전부 멈췄다는 것을 깨닫는다.

태극권 수업은 사회적 경험이기도 하다. 나는 수강생이 30명쯤 되는 우리 반에서 중간 연령대에 속하는데, 우리는 화기애애한 대화를 많이 한다. 24식 동작을 연습하기 위해 바둑판 대열로 서서 움직이다 보니 양옆에 있는 사람들을 지엽적으로 알게 된다.

24식 동작을 적정한 속도로 완료하면 7분쯤 걸린다. 대개는 그날 일하면서 받은 테크노스트레스techno-stress(새 기술에 대응하지 못하여 생기는 정신적 부담 또는 새 기술에 따른 사회 변화로 겪는 마찰-옮긴이)나 골치 아픈 이메일, 카페인으로 비롯된 흥분 상태에서 씩씩하게 4~5분 만에 끝낸다.

도장 안의 낮은 연단 위, 수강생들이 잘 보이는 위치에 서있는 아마이아는 우리를 냉철하게 지켜보고는 처음부터 다시 시작하라고 지시한다.

"이번에는 더 천천히 하세요. 훨씬 더 천천히."

저녁 9시, 도장에서 전철역으로 걸어가면서 마침내 내 동작이 느려졌다는 것을 깨닫는다. 나는 더 천천히 움직이고 있다. 더 고요하고 느긋하고 편안한 기분이 들면서도 왠지 기운이 차오르는 것 같다. 두 발이 원래 속해 있던 땅으로 돌아와 한 번에 한 걸음씩 살피며 내디딘다.

마찬가지로 머릿속 생각들도 더 잠잠해진다. 지난 일을 과도하게 곱씹지 않는다. 이처럼 부드럽게 움직이는 가운데 정신적 긴장이 몸속에서 어느 정도 풀리면서 마음과 동작이 조화를 이룬다. 나 자신이 별도의 기계 장치에 따라 흔들리는 컴퓨터가 아니라 하나의 온전한 신체에 더 가까워진 것 같다고 느낀다.

내일은 아침에 일어나면 공원에 나가서 다시 연습해야겠다. 내 생각들이 또다시 과도하게 솟구쳐서 지구 바깥으로 날아다니기 전에 말이다. 아울러 달리기를 할 수도 있다. 달리기도 태극권과 똑같은 효과가 있다. 전혀 빨리 또는 급하게 뛸 필요가 없다. 그냥 25분 정도 바람에 몸을 맡기고 거리를 따라 달리면 된다.

이것 말고도 해가 뜨고 하루가 시작될 때 몸과 마음의 분열을 막아주는 자동 안전장치가 또 하나 있다. 침대에서 나와 창문의 블라인드를 걷어 올린 다음, 음악을 틀어놓고 그냥 춤추기 시작하는 것이다. 한 10분쯤 또는 음악이 세 곡 흐르는 동안 계속 춤을 춘다. 심박수를 올리고, 내 마음속에 있는 춤꾼을 소환한다. 그리고 그 유명한 시구대로 하면 된다. '춤추라, 아무도 바라보지 않는 것처럼.'

가볍게 시작해서
_____ 천천히 계속하기

        걷기, 요가와 마찬가지로 태극권, 달리기, 춤도 효과가 있다. 그것들은 저마다 몸과 마음을 다시 연결하는 의식적이고 효과 좋은 방법이긴 하지만, 당연히 유일한 방법은 아니다. 어떤 종류의 움직임이든 거의 다 동일한 효과가 있다. 몸차원의 회복에 주의를 기울여야 하는 이유가 여러 가지 있는데 그중에서도 가장 중요한 이유는, 우울과 불안이 일반적으로는 정신질환과 마음에 발생하는 병으로 분류되지만 거의 언제나 신체 부위에서도 나타나기 때문이다. 내가 아는 우울증은 분명히 때때로 정신적 고통뿐 아니라 육체적 고통도 수반한다. 비참하고 무섭다는 느낌이 힘줄과 장기에도 깊숙이 들어가 통증을 일으킨다.

그러므로 몸 자체를 회복 과정에 동원할 수 있다는 말은 이치에 맞다. 정신질환의 한 부분은 몸이 제 기능을 하지 못하는 것이니까. 정신이 건강하지 않으면 몸도 건강할 수 없다는 말이 요즘 자주 들리는데, 그와 마찬가지로 몸을 치료하지 않으면 정신도 회복되지 않을 것이다. 하지만 어디서부터 어떻게 시작해야 할까?

그 의문이 갑자기 풀린 것은 2015년 어느 날 새 운동화를 사려고 브리스틀 시내에 갔을 때였다. 가는 도중에, 거리를 누비는 새로운 일과가 생기면 심신의 기능이 향상될 거라는 생각이 들었다. 몸을 써서 노력하면 결국 행복감을 주는 엔도르핀이 생성되니까. 그런데 스포츠용품 가게의 쇼윈도에 최신 기능성 운동복을 화려하게 입혀놓은 마네킹들을 자세히 살펴보다가 문득 그 모습이 정말 터무니없다는 생각이 스쳤다. 마네킹들 몸이 땅에서 45도 각도를 이루며 역동적인 출발 준비 자세를 취하고 있었다. 그 밀랍 인형들은 출발선에 있는 우사인 볼트처럼 금방이라도 쏜살같이 달려 나갈 듯했다.

'하지만 실제로 이렇게 운동하는 사람은 아무도 없어.'

과거에 내가 철인 3종 경기에 도전했던 시절을 돌아보니 그토록 잔인할 정도로 모든 것을 걸고 죽기 살기로 했던 체력 단련 접근법이 과연 가장 현명한 길이었는지 의문이 들었다. 런던 철인 3종 경기에 나갔을 때나 베를린 마라톤 대회에서 상당히 좋은 기록(4시간 23분)을 세웠을 때는 내가 호리호리하고 강하며 집중력이 있는 것 같았다. 그러나 정확히 재미있지는 않았고, 급기야 여가 활동이라기보다 일 같다는 느낌이 훨씬 컸다. 게다가 외롭다는 기분도 들었다.

그래도 처음엔 좋았다. 훈련에 열을 내기 시작할 무렵에는 내가 30대 중반에 느꼈던, 마음 전반에 깔리고 억눌려 있던 고뇌와 비참함이 많이 사라졌다. 달리기는 걱정과 근심을 가장 빨리 날려버리는 지름길이었고, 수영은 내 청승맞은 기분을 받아주는 좋은 짝이었으며, 빨리 높이 멀리 가는 사이클은 내가 타고난 내향성을 펼치는 효과적인 방법이었다. 그러나 자기 태만에 빠질 수 있는 운동에서 정예 도전자가 되고 보니 이 모든 체력 단련과 집중이 곧잘 자책을 불러오는 또 다른 구실이 되고말았다. 간혹 몸이 아프거나 다쳐서 또는 다른 일정과 겹쳐서 훈련 계획표에 있는 어떤 운동을 완료하지 못하면 공황 상태가 됐다.

가만히 보니 이런 양상이 다른 일에서도 재현됐다. 어떤 수준의 체력 단련이나 성취도 '이 정도면 족해'라고 느낀 적이 한 번도 없었다. 그러다 보니 자신을 가차 없이 밀어붙이며 씩씩거리는 짓은 작작 하고, 어떤 일을 더 천천히 가볍게 시도하는 게 낫겠다는 생각이 들었다.

그러다가 태극권을 만나게 됐다. 어느 날 길모퉁이에 있는 편의점에서 태극권 수업 광고 전단을 본 것이다. 그때 이런 생각이 들었다.

'이거 괜찮아 보이네. 한번 해보지 뭐.'

나는 너무 흥분한 나머지 다리 아래쪽에 용무늬(태극권과 딱 어울려서 좋았다)를 수놓은 검정 배기바지를 샀고, 그 바지를 입고 천진난만하게 수요일 저녁 첫 수업에 갔다. 생초보로 새로운 활동을 시작하는 일이 마치 소개팅에 나가는 것처럼 극도로 긴장돼서인지 도장으로 걸어 들어갈 때는 불안의 전율이 따랐다. 아무래도 용무늬 배기바지가 너무 과했나? 뭐 어쨌든, 사범님은 나를 친절하게 반겨주었다.

첫 수업을 하고 나서 태극권 기초 자세를 익히느라 한 주를 보냈고, 지금은 아마이아 사범이 지도하는 수업을 받으며 계속 기초를 다지는 연습을 하고 있다. 그다음 주 수요일 두 번째 수업에서는 도장 안에 들어가 인사를 하고 사범님의 지시를 따르는 일이 조금 더 쉬웠다. 내가 참여할 수 있는 사회적이고 건전한 일을 찾은 것이다.

사실 용무늬가 있는 그 검정 배기바지가 도움이 됐다. 때로는 만반의 준비를 하고, 완전히 아무것도 모르는 게 좋다.

＊＊＊

이 주제와 더불어 내가 말하고자 하는 바는, 몸을 움직여 심박수를 조금 올리면서 가볍게 땀을 내는 것이 당장 정신에 직접적인 도움은 되지만 오늘날 피트니스 문화는 겁이라도 주려는 듯 한층 위협적으로 보인다는 것이다. 1980년대 이후로 (그전에는 단지 '운동'이나 '취미'로 알려져 있던) 개인 피트니스가 세계적으로 성행하면서 생긴 불행한 결과 중 하나는, 극한 운동에서 비롯된 변화를 보여주는 대서사가 헬스장이라는 공간에서 자기 계발, 자기 강화, 링크트-인Linked-In 방식의 경력 개발이 이루어지는 고립된 공간으로 옮겨갔다는 것이다. 여가 활동만이 아니라 일터에서도 '이 정도면 충분해'는 이제 더는 없는 듯하다. 언제나 그 이상으로 밀어붙이고, '최상의 자아'를 달성하고, 어떻게든 초인이 되어야 한다는 말을 듣는다. 더 열심히, 더 빨리, 더 높이, 더 오래 수행하라며 들려주는 이런 이야기는 또 얼마나 혹한가.

"이봐, 친구! 역기의 무게를 높여. 그리고 더 빨리 뛰어. 그러면 당신도 질질 끌려가듯 출근했다가 다시 퇴근하면서 갈등하는 평범한 자아에서 뛰쳐나올 수 있어."

어떤 경우에는 그런 약속이 틀림없이 실현된다. 하지만 조각 같은 복근을 드러내려고 바지 허리선을 내려 입는 헬스광들 또는 매력적인 헬스걸들이 인스타그램에 올린 셀카 사진들을 죽 보노라면 그런 모습에 반감이 들고, 심지어 불안감이 생기면서 몹시 피곤해진다.

그래서 이쯤에서 보다 그럴듯한 견해를 제시하겠다. 3장에서 이미 만났던 정신과 의사 팀 캔토퍼 박사가 책에 쓴 말이다.

회복을 열심히 밀어붙일수록 그 속도는 더 느려진다. (…) 회복 과정에서 운동은 기분이 나아지는 데 도움이 되겠지만, 처음에는 가볍게 시작해야 한다.

그럼, 몸에 대해 어떻게 주의를 기울일 수 있을까?

이것은 나의 오랜 친구인 브루스 버틀러와의 오래된 대화 주제이기도 하다. 자기 나름의 신체 철학이 있는 브루스는 코치이자 재활운동치료사이며, 현재 런던 서부에서 크로스핏 센터인 '모투스스트렝스'를 운영하고 있다. 키가 180센티미터를 훌쩍 넘는 브루스는 엄청난 근육질의 사나이지만 울룩불룩한 근육 이면에는 현명한 비판 의식이 있다. 20년 동안 체력 단련을 지도하고 재활운동치료를 하면서 인체와 아주 밀접한 관련이 있는 일을 한 사람이니 신체의 미묘한 느낌은 물론, 신체 각 부위의 예측하기 어려운 강함과 허약함을 잘 이해하고 있다.

나는 브루스의 크로스핏 센터를 찾아가 변화와 구현의 문제, 자아도취, 목적, 심신 건강의 공존 문제 등에 대해 두루 이야기를 나눴다. 운동은 정신건강에 틀림없이 효과가 있다고 생각한다며 브루스는 이렇게 말했다.

"운동의 전반적인 효과는 몸을 보살피거나 치유하기 위한 다른 방안들 못지않게 좋아. 하지만 내 관심사는 뭐가 정상이냐는 거야. 사람들은 '행복해야 한다'며 행복을 이상화하지. 뭔가 촉발되면 현대인들은 대부분 우울 증상이 나타났다고 말하겠지만, 그냥 정상 범위 안에 있을 수도 있어. 그들은 실제로 우울한 게 아냐. 롤러코스터를 탄 것처럼 기분이 오르락내리락하는 건 당연해. 나도 그런 경험을 하고 있고, 그게 정상적인 기복일 뿐이라는 것도 알지."

브루스네 센터 분위기는 여느 헬스클럽들처럼 지극히 몸과 관련된 곳이다. 여기 오는 이유가 몸을 움직이고 단련하는 것이니까. 하지만 이곳 분위기는 특히 엄격해서 거울이 없다. 기계체조용 링이 매달려 있는 철봉들, 나란히 줄지어 있는 케틀벨kettle bell(쇠로 만든 공에 손잡이가 있는 주전자 모양의 근육 운동 기구-옮긴이), 역기에 갈아 끼울 수 있는 중량판들, 실내 운동용 자전거들, 중량 조끼 따위만 눈에 띈다. 여기서 운동하면 주의가 산만해질 틈이 없다. 브루스가 말한 것처럼, 운동에서는 온전한 인간 유기체가 중심이 된다.

"나는 몸과 마음의 경계가 없다고 봐. 하나의 유기체인 거지. 그리고 헬스장에 가는 개인의 목적과 상관없이 체력 단련은 도움이 될 거야. 정신과 육체를 아울러 전체적인 건강에 이롭지. 구체적인 인과관계는 충분히 알 수 없지만, 그래도 대체로 효과가 있을 거라고 봐." 그러고는 이렇게 덧붙였다. "많이 하면 할수록 더 잘하게 돼. 정말 간단해."

모투스스트렝스에서는 다이어트나 영양 프로그램을 제공하지도 않고, 고객들의 체중을 재지도 않는다. 대신 여기서는 운동 자체를 배울 수 있다. 브루스는 고객들에게 운동하고 싶은 이유를 먼저 생각해보라고 권한다.

"대중은 거의 매체에 나오는 운동 산업의 영향을 받지. 그런데 매체가 저지르는 큰 잘못은 운동을 특정 목적을 위해 이용한다는 거야. 길을 가는 열 사람에게 왜 운동이 필요한지 한번 물어보면, 보통 체중 감량이나 체형 변화라고 답할 거야. 하지만 그런 이유들은 길게 보면 체력이나 정신건강에 도움이 안돼. 왜냐하면 그렇게 외부 보상이나 목적에 구속되는 운동은 결국 장기적인 건강을 저해하거나 운동의 즐거움을 망쳐버리거든." 브루스는 잠깐 쉬었다가 말을 이었다. "그런 경우를 여러 번 봤어. 일테면 너한테 식스팩이 생겼어. 멋져 보이지. 그럼 이제 너의 운동은 끝날 수 있어. 운동을 열심히 할 이유가 어디 있겠어? 사라지지. 그런 족쇄를 차고 있다면 너의 운동은 외모를 위한 도구일 뿐이야."

자기 외모에 과도하게 강박적으로 관심을 갖는 자아도취는 모투스스트렝스에서는 눈살이 찌푸려지는 행태다. 그래서 이곳에는 거울이 없다. 그러나 운동을 외부 보상(예를 들면 남들의 인정)에서 떼어내고야 말겠다던 브루스는 우리 모두 똑같이 넋을 잃고 있는 블랙 미러black mirror의 위력에 직면했다. 그 거울은 바로 스마트폰과 소셜 미디어, 특히 인스타그램이다(이 내용은 나중에 다른 장에서 더 다룰 것이다). 브루스는 그 문제에 대해 이렇게 말했다.

"확실히 스마트폰과 소셜 미디어는 문제를 악화시키고 있어. 사람들은 자신의 인스타그램 프로필을 의식하거든. 그런데 그게 피트니스에서는 더 심해져. 확고하고 안정적인 것 같은 사람들이 인정 욕구 때문에 신경이 과민한 괴짜로 변하지. 그러면 사람과 운동의 관계가 부정적으로 고착되고 말아. 허영심과 보상 심리 때문에 운동하게 되거든. 모든 게 어처구니없게 흘러가고 있어."

분명히 현재 그런 상황이고, 한동안 그랬다. 하지만 여기서 잠깐 정리하고 넘어가자. 브루스의 견해처럼 운동에 대한 현명한 자세를 갖추는 방책은 꽤 간단하다.

| 외부 목적의 관념을 무너뜨려라

"외모나 인스타그램에서의 반응, 몸을 바꾸는 것이 목적인 운동은 그만두고, 자신의 신체 건강 측면에서 몸을 단련하라."

| 사회 활동으로 만들어라

측정 가능한 결과로 다른 사람들과 경쟁할 수 있는 크로스핏이 그런 운동 중 하나다. "스스로 목표를 부여하는 환경을 만들어라. 그것이 바로 크로스핏이 주는 정말 큰 효과다. 크로스핏은 공동체를 형성하고 사람들에게 새롭고 다양한 운동을 많이 소개한다. 그래서 장기적으로 도움이 된다. 무엇보다 강력한 효과는 사람들을 많이 얻는다는 것이다."

| 헤드폰을 끼고 러닝머신을 걷는 개인 운동은 피하라

실제로 무슨 뜻이냐면 개인 트레이너를 고용할 필요가 없다는 것이다. "개인 지도는 개인화로 가는 하나의 길이다. 반면 서로 돕는 공동체에 속해서 욕구가 충족되고 행복해지면 체지방이 약간 늘었다고 해도 그렇게 불안하지는 않을 것이다. 만약 개인 트레이너가 나의 체지방을 측정하면서 '오, 현재 체지방이 13퍼센트네요. 8퍼센트로 떨어뜨려 봅시다'라고 말한다면 측정치가 8퍼센트를 넘는 한 늘 불안하다. 안타깝게도 피트니스 업계는 대개 사람들에게 신경증을 더 심어놓는다. 업계의 표준에 맞추려면 근육이 울룩불룩하고, 몸은 엄청나게 말라서 정맥이 다 보일 정도여야 한다. 그렇지만 그건 건강한 게 아니다."

| 운동을 하기 위해 운동하라

달리 말하면, 아이들이 하는 것처럼 하라는 뜻이다. "아이들이 이리저리 뛰어다니고, 위에서 아래로 뛰어내리고, 축구를 하는 모습을 가만히 보라. 아이들은 살을 빼거나 정신건강을 증진하거나 그 밖의 어떤 목적으로 그렇게 뛰어노는 게 아니다."

여전히 이해가 안 된다면 몸에 대해 어느 정도 이유 있는 사실을 몇 가지 더 참조하길 바란다.

운동 시작하기

| 심리를 바꾸는 가장 빠른 길은 생리를 바꾸는 것이다

따라서 몸을 움직이면 마음을 바꾸는 데 도움이 된다. 그것도 빠른 속도로 말이다. 그런데 이것은 내 생각이 아니다. 미국의 유명한 코치인 토니 로빈스의 말이다.

| 움직이면 긴장이 줄어든다

불안할 때는 자리에서 일어나 움직이고 산책을 나가라. 이는 전설적인 복싱 트레이너이자 마이크 타이슨을 세계적인 선수로 키운 커스 다마토가 한 말이다.

마음을 몸에 되돌려놓을 동적이고 새로운 일을 시도하고자 할 때 도움이 되는 다양한 형태의 운동을 소개한다.

| 달리기

(아주) 가볍게 시작하고 천천히 계속하라. 매일 달려라. 그래서 기분이 더 좋아지면 계속하라. 달리기가 싫어지면 그만둬라. 필요하면 혼자 달리고, 가능하면 다른 사람들과 같이 달려라.

| 사이클과 수영

위와 같다.

| 기타

철인 3종 경기, 철인 2종 경기, 철인 경기 / 축구, 럭비, 스쿼시, 탁구, 그 밖에 공과 라켓으로 하는 모든 운동 및 팀 경기 / 복싱, 킥복싱, 복서사이즈^{boxercise}(복싱 훈련을 기반으로 하는 고강도 운동-옮긴이) / 태극권, 가라테, 쿵후, 유도, 종합격투기, 유술, 합기도를 포함한 모든 무술 / 스피닝, 크로스핏, 맨몸운동, 유산소 운동, 에어로빅, 아크로바틱, 아크로요가, 필라테스, 등산 / 줌바, 발레, 폴댄스, 공원 산책을 포함한 단거리·장거리 걷기 등.

하지만 단 하나의 스포츠나 피트니스, 여가 활동으로 그렇게 된다는 보장은 없다.

게다가 그중 어느 활동을 하든지 우리가 참여하는 수준에서는 '올바른' 방법이란 것도 없다. 우리는 저마다 다양한 성향과 형태의 민첩성, 강함, 유연성, 참을성, 리듬, 적극성 등을 지닌 다른 존재다. 따라서 자신에게 효과가 있는 운동을 찾아 규칙적으로 운동하는 습관을 길러야 한다.

몸과 마음을 위한
요가 수련

• 나디아 길라니(요가 강사) •

앞서 언급한 모든 활동과는 조금 다른 요가에 대해 알아보자. 요가가 정신건강에 왜, 어떻게 좋은지에 대해서는 나와 그 이야기를 자주 나누는 친구 나디아 길라니의 설명을 들어보면 아주 잘 이해할 수 있다. 20년 동안 요가 수련을 해온 작가인 나디아 길라니는 현재 지도자 자격증이 있는 요가 강사다. 요가가 나디아에게 어떻게 도움이 됐는지, 일반적으로 어떤 도움을 줄 수 있는지 그녀의 이야기를 들어보자.

요즘은 어디서나 요가를 접할 수 있는 것 같다. 요가가 정신건강에 도움이 된다는 광고를 본 적은 없지만, 실제로 도움이 된다. 왜냐하면 다른 어떤 것보다 좋은 효과가 있기 때문이다. 요가는 우리 머릿속에서 끊임없이 뿌려지는 생각들과의 거리를 서서히 알아차리게 하고 우리를 재구성함으로써 기분이나 상태를 더 좋게 만드는, 시대를 초월한 방법이다. '정신건강'이 하나의 현상이 되기 전부터 오랫동안 정신건강 수련으로 자리매김해왔다.

사람들은 다양한 이유로 요가를 한다. 예를 들면 유연성을 키우려고, 탄력 있는 몸을 만들려고, 살을 빼려고, 또는 누가 권해서 등등. 하지만 결국에는 대개 똑같은 이유로 요가를 계속하게 된다. 열심히 수련하다 보면 어느새 점점 자아감이 강해지고 평온한 느낌이 들기 때문이다. 나는 우연히 요가를 알게 됐다. 감정 기복이 심했던 10대 때 딸을 걱정하는 엄마의 손에 이끌려 요가 수업을 듣게 된 것이다. 하지만 요가는 금세 내 취미가 됐고, 그때부터 전반적으로 건강하다는 느낌을 받았으며, 힘든 시기에는 내가 떨어져도 그 충격을 흡수해주는 쿠션 역할을 했다.

아이러니하게도 나는 요가 수련을 하는 동안 몇 년째 식이장애에 시달리고 알코올 중독으로 건강하지 않았음에도 정신건강을 증진하려고 요가를 하지는 않았다. 일이 잘못되기 전에도 요가는 이미 생활 속에 있었다. 때로는 강박적인 일상에서 나에게 벌을 주는 수단으로 요가를 이용하기도 했지만(아마도 스스로 제어가 안 된다는 느낌이 들 때 자기 통제 방법으로 썼던 것 같다), 지금은 더 건강하게 요가를 대한다.

요가는 인생을 바꾸는 수련이 될 수 있다

다른 모든 것과 마찬가지로 요가는 기적의 치료제도 아니고, 쉽지도 않다. 육체적으로 하나의 도전일 뿐 아니라 정서적·정신적으로도 힘들다. 요가를 하면 나 자신을, 내가 정확히 어떤 상태인지를 볼 수밖에 없기 때문이다. 우리 중에 마음 편하게 자신을 바라볼 수 있는 사람이 과연 얼마나 될까? 그래도 다행스러운 사실은 서두를 필요가 없다는 것이다. 인생사가 그렇다. 그러므로 우리는 여유를 가지고 적당한 때 자신에게 맞게 더 깊이 들어가면 된다.

요가는 우리가 내면으로 들어가게 도와준다

또한 머릿속 생각들에서 벗어나 호흡과 조화를 이루게 해준다. 요가는 본질적으로 자기 탐구self-enquiry의 방법이기도 하다. 그러려면 연습과 훈련이 필요하다. 요가가 발원한 고대 인도에서는 영적 수행을 위해 요가를 했지만, 내 소견으로는 영적 체험도 당사자가 받아들일 준비가 되어 있을 때 찾아오는 것 같다. 만약 그런 게 싫고 그냥 손이 발에 닿을 수 있는 것만으로 족하다면, 그것도 괜찮다.

요가로 자신의 몸을 깊이 탐험할 수 있다

나는 수강생들에게 요가 자세에서 얻는 것보다는 발견하는 것을 염두에 두고 자신들이 발견한 것을 깊이 생각해보라고 한다. 몸을 앞으로, 뒤로, 옆으로, 위로, 아래로, 요리조리 구부리는 자세를 연습하다 보면 말로 설명할 수 없는 '그것', 뭐가 됐든 바로 그것을 찾아내고 요가를 계속하게 된다. 그런 변화는 뭔가를 억지로 하는 행위보다는 호흡과 동작, 관찰을 통해 일어나기 시작한다.

요가는 '마음의 근육'을 강화하는 데 도움을 준다

20년 넘게 수련하고 있는 나 역시 어떤 요가 자세를 취하려면 애를 써야 하고, 일단 자세를 취했어도 숨을 헐떡이고, 성공하지 못하면 자책하기 일쑤였다. 하지만 시간이 지나면서 자신에 대해 더 알게 됐고, 내가 요가 수련을 다루는 방식이 내 삶의 다른 것들을 다루는 방식과 같다는 사실을 깨달았다. 충동적이고 조바심을 내며 연민 없이 행동하는 나를 보게 된 것이다. 우리는 자신의 상태를 받아들이는 연습을 하면 할수록 받아들이는 데 더욱 능숙해지고, 바라건대 시간이 지나면서 마음도 더욱 평온하고 만족스러울 것이다.

그래서 나는 요가가 정신건강을 위한 것이라고 믿는다. 우리 같은 사람들, 말하자면 머릿속에 생각이 너무 많고 끊이지 않는 사람들에게는 가만히 앉아 있는 일이 너무도 괴로울 수 있기 때문이다. 그러나 바로 그런 까닭에, 일단 신체를 움직이는 훈련을 하고 나면 수업이 끝나기 직전에 명상을 하고 누워서 긴장을 푸는 일이 모두 잘되고, 결국 마음이 평온해진다.

자신에게 맞는 방식과 강사, 분위기를 찾는 것이 중요하다

처음 시작하는 사람은 요가센터나 그 외에 요가 프로그램이 있는 곳에 한번 들러 수업이 어떤지 보길 바란다. 어떤 요가 방식은 요구하는 것이 상대적으로 더 많다는 느낌을 받을 수도 있다. 내가 가장 오래 수련하고 있는 요가 방식은 동작이 많고 역동적인 아쉬탕가ashtanga였지만 그보다 한결 정적인 인요가yin yoga도 하고 있고, 두 방식을 다 가르친다. 진짜 마법이 일어나기 시작하는 때는 우리가 뭔가에 떠밀려 내면으로 들어가서 그전에는 의식하지 못했던 우리 자신의 부분들을 탐험하는 순간이다. 몸을 비롯해 많은 면에서 자신을 새롭게 발견하면서 겸허해지고 더 활력을 얻게 된다.

누구나 저마다의 이유로 요가 수련을 한다. 어떤 이는 몸을 움직이는 수준에서 만족하고, 또 어떤 이는 나처럼 더 깊은 정서적 연결을 추구하며, 영적인 여행을 하고 싶어 하는 사람들도 많다. 최종 결론은 우리 모두 기분이 더 좋아지기 때문에 요가를 한다는 것이다. 요가를 시작해야 하는 단 하나의 이유다.

건강한 몸 상태를 유지하는
식습관

식이요법과 건강요법은 유행을 타기 쉬워서 나타났다가 곧 사라진다. 그래서 쉽게 접할 수 있는 반면, 상충하는 정보의 홍수 속에서 사실과 유행을 구분하기 어려울 때가 많다. 하지만 나에게 변화를 가져다준 간단한 방법 몇 가지를 소개하겠다.

먹기

2015년, 내 식생활을 점검해볼 필요가 있겠다 싶어 그때까지만 해도 완전히 부르주아적 사치라고 여기던 일에 돈을 들였다. 바로 영양사와 상담을 한 것이다. 결국에는 돈 쓰길 잘한 것으로 판명됐다. 영양·건강 전문가인 제이미 리처즈가 제시한 조언 중 다수가 실제로 내 심신의 기능을 향상시켰다.

"당신은 탄수화물 기계로군요."

내가 평소 먹는 음식을 대강 설명하자 리처즈가 내게 한 말이다. 나는 아침으로 시리얼, 점심으로 샌드위치, 저녁으로 스파게티, 간식으로 감자칩과 비스킷을 먹는다고 말했었다. 그러고 보니 식단이 탄수화물, 탄수화물, 더 많은 탄수화물, 탄수화물 추가였다. 리처즈는 탄수화물을 줄이고 지방과 단백질을 늘리는 식단으로 바꾸면 수시로 불안정해지는 기분 변화를 완화하는 데 도움이 될 거라고 말했다.

이 과정에는 과학적 설명이 들어가 있어서 논리적으로 이해하기 쉽다. 우선 빵과 파스타, 설탕 같은 가공된 탄수화물을 먹으면 혈당 수치가 치솟는다. 인체는 포도당이 과다해지는 상태를 싫어하기 때문에 췌장이 인슐린을 분비해 포도당을 진압하는 것으로 대응한다. 인슐린은 졸음을 부르고, 우리는 졸리면 기분이 가라앉는다.

그래서 리처즈와 나는 한동안 내 식단을 갈아엎어서 빵, 밀가루, 설탕이 들어간 모든 식단을 달걀, 생선, 지방, 기름, 견과류로 교체했다. 나는 양배추에 향신료를 살짝 뿌려 코코넛 오일에 볶고, 여러 버전의 오믈렛을 만들었으며 여기에 정어리와 샐러드를 추가해 점심으로 먹었다. 탄수화물이 없는 음식을 먹으니 처음에는 기운이 하나도 없었다. 그래서 초콜릿과 초콜릿을 입힌 아이스크림을 미친 듯이 먹기도 했다. 그렇지만 곧 새로운 식단에 익숙해졌고, 내가 눈에 띄게 좋아졌다는 것을 깨달았다. 신기하게도 에너지가 솟아나고, 심신이 더 가벼우면서 차분한 느낌이 들었다. 점심 식사 후에 확 밀려오던 우울감도 점점 사라졌다.

"우리가 찾는 식품은 그리 대단한 것들이 아니에요. 인슐린 분비를 촉진하는 특성이 없는 음식이면 됩니다. 예를 들어 샐러드와 생선, 양질의 가금류, 제한된 양의 질 좋은 붉은 고기, 채소, 올리브나 아보카도, 견과류에서 추출한 오일, 허브, 향신료, 달걀 등이죠."

리처즈의 설명이다.

한편, 최근 과학계의 소식에 따르면 우울과 염증 사이에 어떤 관계가 있다고 한다. 염증은 인체의 면역계가 위협과 스트레스에 반응하는 하나의 방식이다. 리처즈는 방금 열거한 식품들이 이 문제에도 도움이 된다고 본다.

유제품과 가공식품을 피하는 '클린 이팅clean eating', 여기에 곡물까지 뺀 구석기 식단이라는 의미의 '팔레오 다이어트Paleo diet', 모든 탄수화물을 엄격히 제한하는 '키토제닉 다이어트ketogenic diet'도 앞서 설명한 기본 혈당 역학과 비슷한 노선을 취한다고 볼 수 있다. 다만 이런 식단이 누구에게나 통하지는 않으며, 이 중 어느 것도 인체에 필요한 에너지를 공급하는 탄수화물을 악마로 여기지 않는다.

리처즈가 권장하는 중요한 사항이 또 하나 있다. 까다롭게 먹지 말라는 것이다. 즉, 음식을 먹을 때마다 걱정하면서 규제하거나 열량을 일일이 계산하지 말라는 얘기다.

마시기

몸에 수분이 부족하면 신체·인지 기능이 떨어져 모든 게 느려지고, 무기력해지며, 몸이 아파진다. 그런데 이 점을 기억하자. 우리의 목표는 최상의 성능이 아니라 단지 안정적인 기능이다. 그러니 생수병에 인쇄된 지침보다는 자신이 갈증을 느끼는 정도에 따라 물을 마시면 된다. 1980년대 언제부턴가 생수가 대량 판매되기 전에도 탈수증으로 죽는 사람들은 거의 없었다. 국민건강서비스는 사람들에게 물을 하루에 여섯 잔에서 여덟 잔 마시고, 앞서 설명한 인슐린과 관련된 이유로 설탕이 든 음료는 피하라고 권한다. 만일 카페인 때문에 신경과민증이나 불면증이 생겼다면 카페인 음료를 줄여야 한다.

잠자기

충분히 오래(아마 실제로 자는 것보다 더 많이) 자고, 양질의 수면을 취했다는 확신이 들게끔 노력하자. 형편이 되면 암막 블라인드를 설치하는 것도 좋다. 잠자리에 들기 적어도 한 시간 전에는 모든 기기와 화면을 끄고 다른 방에 갖다 놓는다. 그런

다음에 잠이 잘 오게 하는 허브차를 한 잔 마시자. 또는 불을 끄기 전에 느린 명상 호흡을 하는 것도 좋다. 아니면 그냥 일찍 잠자리에 드는 것도 도움이 된다. 밤늦게 또는 이른 새벽까지 깨어 있으면서 느끼는 외로움은 가장 암울한 유형의 외로움이다.

비타민B 복합체
기운도 나고, 기분도 좋아진다.

맑은 공기 많이 쐬기
시간이 날 때마다 틈틈이 실천한다.

초콜릿 먹기
가끔은 탐닉이 필요하다.

7장

중독에서 벗어나기

되도록 맨정신을 유지하라.
가짜 감정을 걷어내야 진짜 감정이 보인다.

삶이 힘겨운 사람들을 위한
_____ 회복 모임

금요일 낮 12시 58분, 런던 중심부.

병원 시설 입구를 지나 우회전하니 문이 나온다. 그 문으로 들어가 자리를 찾아서 앉는다.

나는 어느 방 안에 있다. 탁자를 톡톡 두드리는 소리가 모임의 시작을 알린다. 분위기가 조용해지고 모두 주목하는 가운데 어떤 사람이 말하기 시작한다. 엄격하게 한 번에 한 사람씩 발언한다. 오늘 여기 60명이 모여 있다. 정장을 입은 사람, 문신을 한 사람, 마치 미래에서 온 듯 놀라운 패션 감각을 선보이는 사람, 동성애자, 이성애자, 젊은이, 노인, 조용한 사람, 시끄러운 사람, 펜트하우스에 사는 사람, 보호 시설에 사는 사람 등 별의별 사람이 다 모여 있다.

이야기하는 사람에게서 감정들이 쏟아져 나오기 시작한다. 머뭇머뭇 말하다가 중간에 몇 번씩 멈추고 흐느끼던 젊은 여자는 오랫동안 매일 과음하던 술을 끊은 뒤로 최근에 자기 삶에서 깨끗이 사라진 파도 같은 고통을 설명하고 있다. 현재 가정에서 갈등이 있고 직장에서도 문제가 있지만 모든 것의 밑바탕에는 그 여자의 몸속으로 파고들어 장기들과 영혼에까지 휘몰아치는, 깊은 내면의 폭풍우가 있다. 강렬한 감정들이긴 하지만 여기서는 자유롭게 표출할 수 있어서 어떻게든 참석자들에게로 퍼진다. 아무도 판단하지 않는다. 결국 그들도 모두 이미 그렇게 느꼈고, 더 나쁜 상황을 겪었으며, 금단의 공포와 정서적 혼란을 알고 있었다. 두 달 전이든, 20년 전이든 간에 말이다.

"정말 지독하게 힘들어요."

여자가 정신을 똑바로 차리려고 애쓰면서 말한다. 그 순간, 스산한 정적이 흐른다.

여자는 오늘이 이정표가 되는 날이라고 덧붙인다. 술을 안 마신 지 30일째라며 기적 같은 기분이 든다고 한다. 그때 환호성이 터져 나온다. 여자에게 티슈를 건네고 어깨에 손을 얹으며 격려하자 여자는 조용히 감사를 표하고는 상기된 얼굴을 하고 자기 자리로 돌아와 앉으며 몸을 움츠린다. 이제 다른 사람이 또 자기 이야기를 나눌 차례다. 오늘 이 자리에서 듣는 이야기는 수치심, 두려움, 분노, 죄의식, 시기, 질투, 연약함, 방황, 외로움, 혼란, 비통함뿐 아니라 기쁨, 환희, 감사, 연민, 사랑, 다정

함, 그 밖에 이름을 붙일 수 있는 모든 것의 고백이다. 카타르시스를 불러일으키는 이 극장에는 온갖 격렬한 감정이 등장한다.

시간이 지나고 모임이 끝난다. 사람들은 자리에서 일어나 의자들을 벽 가까이에 밀어놓고는 양옆의 사람과 손을 잡고 원대형을 만들어 기도문을 제창한다. 그 유명한 '평온을 비는 기도serenity prayer'다.

기도문에 나오는 첫 단어가 '신God'이긴 하지만(첫 구절이 '신이여, 바꿀 수 없는 것을 받아들이는 평온을'이다) 반드시 십자가에 박힌 예수님이나 알라, 여호와처럼 높은 곳에 계시고 흰 수염이 있는 신 등을 불러야 하는 것은 아니다. 어떤 사람들은 자신만의 '신의 존재'를 그렇게 개념화하겠지만, 보통 각자 자신만의 관념이 있다. 어떤 이에게는 할머니일 수도 있고, 또 어떤 이에게는 소중히 여기는 반려견일 수도 있다. 그런 초월적인 힘은 사랑 자체일 수도 있기에 이 자리에 모인 사람들에게는 알코올이나 마약과 싸우게 하는 힘의 원천이 된다.

모임이 끝나면 다들 잠시 서성이며 서로 전화번호를 주고받기도 하고, 사용한 컵들을 씻기도 한다. 그러고 나서 사람들은 어떻게든 정화가 된 상태로 그 자리를 뜬다. 단순해지고, 서로 연결되며, 뭔가 어마어마한 것을 느낄 수도 있다. 어떤 기운을 얻는 것이다.

***

결론부터 말하면, 숙취는 우리의 여정에 도움이 되지 않는다. 물론, 술에 취해서 정신이 해롱해롱한 가운데 얻는 즐거움도 있다. 이를테면 시간을 초월한 듯한 기분, 격정을 일으키는 환상, 눈앞의 사람과 포옹하고 싶게 하는 공감 등이다(나만 그런 건 아니라고 믿는다). 술 한 잔에서 다섯 잔 정도는 적나라한 일상의 괴로움을 중화하는 확실한 방법이다. 단점은 다음 날 항상 그 대가를 치르게 된다는 것이다.

우리는 후유증의 범위가 와인을 마시고 나서 차를 한 잔 마시면 날아가는 가벼운 술기운부터 밤에 위스키를 마신 다음 날 찾아오는 무겁고 언짢은 숙취까지 다양하다는 것도 틀림없이 알고 있다. 더 나아가면, 필름이 끊기는 경우도 있다. 일테면 택시에서 내린 기억이 없고, 자기가 한 말이나 행동, 잃어버린 것을 기억해내려고 허둥대기도 한다. 메스꺼움과 두통에 꼼짝없이 시달리고 수치심에 사로잡히기도 한다. 그러다 보면 그 고통이 사라지기를 갈망하게 된다. 아무리 그래 봐야 달라지는 것 없이 그런 순환만 계속될 뿐인데 말이다. 매일매일 '쾌락의 쳇바퀴hedonic treadmill(더 큰 행복을 찾으려 하고 아무리 좋은 것을 얻는다고 해도 시간이 지나면 결국 제자리로 돌아오는 현상을 일컫는 사회심리학 용어-옮긴이)'를 굴리는 것과 다름없다.

이런 주제를 논하기가 쉽지 않다는 걸 안다. 음주나 마약

복용 문제를 꺼내면 사람들은 대체로 불편해하고, 나도 그런 사람들 가운데 하나다. 게다가 나 역시 마약과의 전쟁을 벌이는 전사도 아니고, 금주를 부르짖는 사람도 아니다. 모든 일에는 어떤 때와 의미가 있기 마련이니까. 나도 술과 마약이 줄 수 있는 폐해를 어느 정도 알고 있지만 이 장에서 죄책감이나 공포를 유발하거나 훈계를 늘어놓으면서 절제하라고 외치지는 않을 것이다. 내가 전하려는 말은 맨정신인 상태가 정신건강에 걸맞고 어떤 사람들에게는 회복을 의미하기도 한다는 것이다.

요즘 나는 절주를 실천하고 있다(때로는 정말 제대로 한다). 사실, 과거에도 그러려고 분투했었다. 휴식과 탈출을 모색하면서 우울하고 불안해한다고 알고 있는 나와 신나는 쾌락 추구가 자가 치료, 심지어 자기 남용으로까지 스며드는 또 다른 내가 같이 춤을 추었다. 그 춤은 때로는 왈츠였지만, 대개는 난투극이었다. '내 이름은 케빈이고, 나는 알코올 중독자이며, 내 음주 문제에 대해 뭔가를 해야 했다'라고 요약할 수 있다. 내가 한 말은 다 진심이다. 내 정체성에 알코올 중독자라는 딱지가 얼마나 딱 달라붙었는지 그 말을 들을 때마다 마음은 불편했지만 말이다. '우울', '불안'과 마찬가지로 그런 딱지는 그 상황에서 방향을 잡고 새로운 삶의 방식을 배울 수 있게 해줘 유용했지만, 대개는 완전한 답에 가까워지는 정도였다. 나는 지금도 그들 말대로 하루하루 실천해나간다.

이 장에서는 기분장애와 중독, 더 정확히 말하면 그런 문제가 없는 맨정신의 가치와 더불어 약물 오용이 어떻게 우울과 불안을 초래하고 때로는 그 원인이 되기도 하는지를 논하려고 한다. 또한 이 모든 문제에 대처하는 방안도 이야기할 것이다.

어쩌면 이런 질문도 던져야 할지 모른다. 나를 포함해 다른 사람들에게서 보일 뿐 아니라 전 세계 곳곳에서 보이는 중독성, 이를테면 술과 약물의 범위를 넘어 스마트폰과 쇼핑, 섹스, 일에 대한 충동의 이면에는 무엇이 있을까? 효과보다는 맛을 보려고 술을 마시는 감식가(그런 사람들도 분명 존재한다)가 아닌 우리 같은 사람들은 왜 감흥과 정신 작용에 탐닉하는 걸까? 글쎄, 현실을 있는 그대로 살아내기가 힘들어서 그런 게 아닐까.

지크문트 프로이트는 1930년에 출간한 저서 《문명 속의 불만》에서 우리가 어떻게 "'슬픔을 달램'으로써 언제라도 현실의 압박에서 벗어나 자신만의 세계에서 피난처를 발견해 자신의 감성을 충족하는 조건들을 더 잘 갖춰가는지"를 기술했다.[7] 프로이트는 정확히 그런 이유로 우리를 취하게 하는 물질은 위험하고 해롭다고 덧붙였다.

* * *

많은 사람이 술을 입에 대지 않고 계속 그렇게 지내다가 술을 마시고 싶은 기분이 들면 다시 마시는 '정상적인' 음주 생활을 한다. 그러나 기분장애가 있거나 우울 및 의존 복합 증상이 있는 사람들은 그러지 못한다. 짐작하겠지만, 나도 그런 이들 가운데 하나다.

하지만 왜 그런지 의아하다. 내 음주 역사는 또래들과 그렇게 달라 보이지 않는데 말이다. 대략 열일곱 살 때부터 맥줏집에 갔고, 20대에는 클럽과 바에 갔으며, 30대에는 저녁 파티를 즐기는 등의 음주 생활을 했다. 아마도 내가 영국 사람이니까 그랬을 것이다.

영국인들은 진탕 먹고 마시기를 좋아하는데, 내 생각에는 그게 어떤 수줍음이나 불안정한 감정 때문인 것 같다. 술이 몇 잔 들어가야만 감정이 풀어져 이야기를 좀 하게 되는 것이다. 영국인들은 자신의 감정을 이야기하는 데 매우 서툴다. 어쨌든 최소한 나 자신은 그걸 인식할 수 있다.

하지만 문화적 요인이 존재하는 반면, 생물학적 또는 유전적 요인이 있는지는 규정하지 못하겠다. 무슨 말이냐면 가족 중 누구에게도 음주 문제가 없기에 내 중독 문제는 가족에게서 기인한 게 아니라는 뜻이다.

그러나 내게는 음주 문제가 있는 게 분명한 사실이다. 술로 인한 내 수난사 중 몇 가지를 들춰보면 필름이 끊기는 일, 잃어버린 물건들, 화나게 했거나 실망시킨 사람들, 남들 앞에서 망신당한 순간들이 떠오른다. 더 깊이 들여다보면, 내가 집에서 혼자 비참하게 술을 마시고 있다. 영화 속 장면과는 거리가 먼,

완전히 암울한 현실이다. 게다가 어느 날은 하룻밤에 주류 판매점으로 세 번째 걸음을 하면서 나 자신에게서 광기를 엿본 기억도 있다. 자정이 한참 지난 야심한 시각이었고, 그런 내 행동은 정상이 아닐 거라는 의심이 들긴 했다. 분명히 재미있지도 않고 건강하지도 않은 경험이었다. 게다가 다음 날 숙취에 시달리다 보면 외로움을 없애보고자 가까이했던, 그렇게 내 환심을 샀던 물질에 배신감이 들었다.

그럼 왜 술을 마실까? 아니 더 정확하게 말하면, 왜 내가 술을 마실까? 고심해서 내린 결론은, 내가 늘 마음 깊이 느꼈던 근원적인 고독과 무의미함을 술이 어느 정도 해소해주지 않았을까 하는 것이다. 구체적으로 정신질환이라고 표현해본 적은 없지만 오히려 실존적 사실로 받아들였던, 내 삶에 대한 반응이었지 싶다. 우리는 모두 혼자이고, 나는 그 사실을 고통스럽게 의식했었다. 술은 나와 타인을, 그리고 나와 나 자신을 갈라놓은 막을 뚫는 데 도움을 주었다. 그리고 그 틈을 메우고 친구가 되어주었다. 바로 그런 까닭에 술이 배신했을 때 난 상처를 받았다.

수년 동안 술을 마셨다가 끊었다가 했다. 일요일 아침이 되면 '앞으로 일주일 동안은 술을 마시지 말아야지' 하고 굳게 맹세하지만, 그 맹세는 수요일을 못 넘기고 깨지기가 다반사였다. 그런 가운데 이 모든 일의 원인과 결과를 따져보려고 무던히도 애썼다. 구체적으로 말하면, 우울에서 의존을 분리하고,

병리학과 증상의 퍼지 논리 fuzzy logic(어떤 현상의 불확실한 상태를 표현하고 처리할 수 있는 비결정적 확률 논리 – 옮긴이)를 이해하려고 노력했다. 나는 우울해서 술을 그토록 많이 마셨던 걸까? 아니면, 술을 많이 마셔서 우울했던 걸까? 알코올 중독자란 무엇을 의미하는가? 좌우간에 술을 마시고 뻗어 공원 벤치에서 누워 자는 사람인가, 아니면 밤에 와인 한 병을 비우고 다른 와인 병에 또 슬그머니 손을 뻗는 사람인가? 나는 오랫동안 근본 원인을 찾아 헤맸다. 그 원인을 알아내 모든 궁금증의 빗장을 열기를, 닭이 먼저인지 달걀이 먼저인지를 구분하고 모든 것을 이해할 수 있기를 바랐다.

그러나 그것은 뜻대로 되지 않았고, 탐색은 지금도 계속되고 있다. 우리보다 이런 경험을 먼저 하고 그 문제에 대해 어떤 현명한 답들을 알아낸 사람들이 많이 있다. 앞서 말했듯이 이 장에서는 금주를 부르짖는 성경을 공격하는 게 아니라, 우울과 불안을 상대로 펼치는 체스 시합에서 기분이 더 좋아질 수 있는 일들이 있다는 점을 짚어보고자 한다. 우리를 취하게 하는 물질들을 근절하는 것이 바로 그런 하나의 조치이기에.

알코올 중독자라는
_____ 딱지

이 장의 처음에 나오는 이야기는 내가 지난주에 갔던 회복 단체 모임의 스케치다.

아마 당신도 들어봤을 테지만, 이런 단체들은 사람들이 술이나 마약을 끊고 그 상태를 계속 유지하도록 도와준다. 그리고 단체의 원칙들과 프로그램들은 중독된 사람이든 우울한 사람이든, 오늘날 '정상인'을 뭐라고 정의하든 간에 누구에게라도 도움이 된다. 이를테면 조금 외로운 사람에게도 효과가 있다.

내가 처음으로 참석했던 2013년의 모임을 돌이켜보니, 또 밤에 나가 놀다가 필름이 끊겨서는 아침에 잠에서 깼을 때 당혹스럽고 창피하던 기억이 먼저 떠오른다. 침실 창문의 블라인드 틈새로 비쳐드는 희미한 햇빛을 받으며 완전히 새로운 차원의 고통과 비참함을 경험했다. 나는 절망이라는 지하에서 쥐구멍을 찾았다. 마침내 기어이 어떤 조치를 취해야 한다는 생각이 들었다. 왜냐하면 그 문제가 오랫동안 나를 계속 괴롭혔기 때문이다. 사실 그때까지 몇 년 동안이나 그랬다.

노트북을 붙들고 인터넷을 검색해서는 주소를 하나 찾았다. 2013년 11월의 어느 일요일, 몹시 추웠던 그날 밤에 외투를 걸치고 나가서는 베를린 지하철을 타려고 중앙로까지 마지막 몇백 미터는 뛰어서 갔다. 저녁 7시에 시작하는 모임을 놓치고 싶지 않아서였다. 그곳에 도착해서 자리를 잡아 앉고는 진땀을 흘려가며 열심히 들었는데, 무슨 말인지 거의 이해할 수가 없었다. 이 집단은 무슨 방언을 하는 것 같았다. 주위를 둘러보니 둥글게 원을 만들어 앉아 있는 평온하고 건강해 보이는 사람들뿐이었다. 나중에 내가 어떤 상황인지 물으면서 나만의 갈증으로 무섭고 고립감이 들고 혼란스러웠다고 내 느낌을 말하자, 그들이 나에게 다가와 친절하게 책자를 건네며 전화번호를 알려줬다.

한 아이슬란드 남자가 말했다.

"이름이 어떻게 돼요? 이봐요, 잘했어요. 이제 막 첫발을 내디뎠으니 곧 괜찮아질 거예요."

그는 내게 《온전한 생활》이라는 제목의 책을 줬다. 그 책은 맨정신을 유지하려는 초심자를 위한 일종의 안내서로, 실질적인 제안들이 가득 실려 있었다. 지하철을 타고 집으로 돌아오는 길에 그것을 읽기 시작해서 다음 날 아침에는 책에 씌어 있는 대로 실행하기 시작했다. 첫 잔을 멀리하고 24시간 계획을 활용했다(주나 월 단위의 금주 계획은 잊어버리고 딱 하루씩 실천하는 것이다).

그 후로 몇 주가 지나고 몇 달이 흐르는 동안 그런 실천이 도움이 됐다. 모든 게 이해됐다. 두려움이 걷히고 예전에는 몰랐던 새로운 평온함이 그 자리를 채웠다. 나는 맥주를 피하고 레모네이드를 마셨으며, 《빅북》이라는 제목의 책도 읽었다. 그 책은 1939년에 처음 출간된 이래 회복 단체들의 교본이 됐다. 책의 어떤 부분은 지금 시대에 맞지 않았고, 또 어떤 부분은 신을 거론하면서 이상하게 들리는 영적 문제를 심하게 강조해서 당황스러웠다. 그래도 알코올 중독에서 비롯되는 행동의 문제를 설명하고 거기에 대처하는 방법을 제안하는 다른 내용은 매우 타당했다. 드디어 내게도 온전한 정신으로 살아가는 기적이 일어나기 시작했다.

그게 쉬웠다는 얘기는 아니다. 처음에는 사회생활을 하는 데 문제가 있었다. 나는 안절부절못하는 성격의 소유자로, 다른 사람들이 모두 본격적으로 술을 마시는 틈에 끼면 유별나게도 술을 마시고 싶어서 안달하고 애가 탄다는 것을 알게 됐다. 하지만 그런 박탈감은 오래가지 않았고, 맑은 정신으로 잠자리에 들었다가 역시 맑은 정신으로 일어나기를 고대하게 됐다.

친구들과 가족, 친지들에게 최근의 이런 행동 변화를 설명하기도 쉽지 않았다. 갑자기 레모네이드를 사랑하고 밤늦게까지 놀지 않는 행동을 정확히 어떻게 설명해야 할지 몰랐다. 내가 한 말은 "나 술 끊었어"였다. 다른 사람들에게는 앞서 언급한 내 심정을 더 솔직하게 말했다. 대부분 나를 지지해줬지만, 이전보다 재미가 없어진 내 모습을 어딘가 불편해한다는 것을 감지했다. 그리고 누구나 술을 마시는 것에 어느 정도 죄의식을 느끼고, 쾌락을 추구하는 대가로 후유증을 겪으리라고 짐작했다.

그러나 무엇보다도 내가 발견한 사실은 맨정신이 거의 마법처럼 아름다울 수 있다는 것이다. 나는 기분이 더 유쾌해지고 기운이 더 솟는 것 같았다. 시간이 지날수록 그 효과가 차곡차곡 쌓였다. 일단 내면에서 흉악한 술꾼이 사라지니 시야가 선명해지고 감정의 혼란이 가라앉으면서 내 양심의 소리가 훨씬 더 명확하게 이해됐다.

그 회복 단체 모임에서 자주 회자되는 상투적인 말이 하나 있다. 맨정신이어서 좋은 점은 자신의 감정을 되찾는 것이고, 나쁜 점도 자신의 감정을 되찾는다는 것이다. 바꿔 말하면, 맨정신에는 양면성이 있다. 모든 감정이 유쾌하지만은 않지만 그 감정들을 가장 분명하게 인정해야 진정하게 있는 그대로 다룰 수 있다. 술이나 약으로 변형시킨 인위적 감정이 아니라 진짜 감정 말이다. 우리는 실제로 화가 나니까 화난 감정을 느끼고, 실제로 즐거우니까 즐거운 감정을 느낀다. 2013년에 공포에 질려 그렇게 허둥지둥 회복 모임에 달려간 후로 술을 완전히 끊었다고 말할 수는 없지만, 그럼에도 오랫동안 계속 금주한 덕에 나의 내면 상태를 있는 그대로, 온전히 실제 모습으로 평가하게 됐다. 나는 그것만으로도 정서적 건강에 긍정적 효과가 있음을 깨달았다. 게다가 맨정신일 때도 사람들에게 바보 같은 말을 지껄이곤 하는데, 술에 취했을 때는 정도가 더 심해진다는 것도 알게 됐다. 맨정신은 자신에 대해 갖는 수치심이라는 불필요한 감정의 층을 제거하는 데 도움이 된다.

* * *

물론 고통 속에서 의식하는 노골적인 공포와 같은 두려움을 체험하려고 술을 마시거나 마약을 할 필요는 없다. 앞서 설명한 그 회복 모임에 왔던 사람들은 그런 경험을 한마디로 이렇게 표현한다. 바로, '절망이 주는 선물'이다. 선물이라고 하는 이유는 절망이 우리의 등을 밀어 뭔가를 하게 하고 변화를 일으켜서다. 그렇다면 정확히 어떤 변화가 어떻게 일어난다는 말인가?

그것을 설명하기 위해 또 다른 친구인 조를 소개하겠다. 예전에 베를린에서 살았던 조는 지금까지 거의 10년 동안 술과 마약을 전혀 하지 않고 있는 여성이다. 조와 나는 회복 모임에 함께 참여하고, 차를 마시고 산책을 하는 친구 사이다. 조는 내가 회복으로 가는 이 여정에서 오락가락하는 모습을 봐왔기에 우리가 대화를 하면 내 경험을 자신의 상황에 대입해서 볼 수 있다. 한번은 런던 서부에 있는 조의 아파트에 가서 함께 차를 끓여 마시며 이야기를 나눴다. 그녀의 말마따나 '영혼의 일광욕' 같은 시간이었다. 그날 조는 이렇게 말했다.

"내가 계속 마약을 하지 않게 해주는 요인은, 무엇보다도 신과의 연결, 그리고 가능한 한 자주 내 후원자에게 말하는 거예요. 그리고 회복 단체와 최대한 관계를 맺어서 다른 곳에서도 내 이야기를 하고 모임들에도 가려고 해요. 그런 노력의 큰 부분은 아무도 모르는 '무작위로 베푸는 친절'이라고 할 수 있죠. 난 그게 영혼의 일광욕이라고 생각해요."

그렇다면 술이나 마약 등은 어떻게 즐거움에서 걱정거리가 되어갈까? 예컨대 술을 마시고 싶지 않은데 마시거나, 술 또는 마약에 대한 선택권을 상실한 상황에서 그것을 하게 될 때 더는 즐거움이 아니게 된다. 그럴 때는 술을 멈출 수가 없고, 한 잔으로는 결코 성에 차지 않으며, 내면의 잔소리(건강하지 않은 현상)가 너무 심해서 도저히 모른 척할 수가 없다. 회복 단체들에서 하는 말에 따르면, 그 요인이 어떻게 정의되든 궁극적인 결과는 당사자를 이른바 '출발점'으로 데려다 놓는다고 한다. 결국 너무 괴로울 테니 술을 마실 수도 없고, 마찬가지 이유로 술을 안 마실 수도 없는 노릇이니까.

"누구에게 문제가 있다는 걸 어떻게 아느냐고요? 나는 그 사람이 죽을 때까지 나타나지 않는 걸 보고 알아요. 예전에는 중요했던 것들에 신경을 쓰지 않는다는 거죠. 그는 이미 남들은 물론 자기 자신도 점점 실망시키고 있어요. 어쩌면 밥도 먹지 않고 눈만 뜨면 자신에게서 벗어나려고 외부에 있는 것, 그러니까 술이나 마약을 찾을 생각만 하고 있는지도 몰라요. 그때가 바로 손을 들고 '사실 더는 어떻게 해야 할지 모르겠어요. 그러니 저 좀 도와주세요.'라고 말해야 하는 순간이죠." 조의 말이다.

그럼, 사람들이 도와달라고 말하지 못하도록 가로막는 요인은 무엇일까? 조는 이렇게 설명한다.

"나의 경우, 수년간 도움을 청하지 못하게 한 가장 큰 장벽은 자존심이었던 것 같아요. 하지만 계속 그런 상태로 지내는 고통이 변화하는 고통보다 무게가 더 나갈 때는 변화가 필요하다는 걸 깨닫죠. 그 계기는 사람마다 다르지만 뭔가 바뀌어야 한다는 인식이 바로 본질이에요."

내가 조에게 곧잘 하는 질문은 알코올 중독자를 포함해 중독자가 정말 무슨 뜻이냐는 것이다. 어쨌거나 나는 그 용어를 계속 사용해왔다. 회복 모임에 가면 자신을 그렇게 일컫는 것이 관례이기 때문이다. 즉, 모임에서는 이렇게 말하게 한다.

"제 이름은 ○○이고, 저는 ○○중독자입니다."

요즘에는 똑같은 의미를 전달하는 다른 어휘들, 예를 들면 알코올 중독자 대신 '알코올 중독증이 있는 사람'이나 '음주 문제가 있는 사람' 같은 표현을 쓰기도 한다. 미국의 DSM-5(정신질환 진단 및 통계 편람)를 보면 이미 표준 질환 목록에서 '알코올 중독^{alcoholism}'이 빠지고 대신 '알코올 사용 장애^{alcohol use disorder}'가 들어갔다는 사실도 참고하자.

"내게는 정체성 규명이 중요해요. 왜냐하면 실제로 내 정체성을 인정하고 스스로 책임을 진 게 난생처음이었거든요. 그래요. 난 인정했어요. 중독자, 이게 바로 나라고 말이죠. 어렸을 때부터 트라우마가 늘 있었는데 내 대응 방식은 음식, 사람, 장소, 아님 뭐가 됐든 막 나가는 행동이었고 나중에는 마약까지 했어요. 그런 행동은 트라우마가 원인이긴 했지만 내가 한 일에 책임을 지고 '자, 여기서 나와 함께 멈추는 거야'라고 말하자 바로 회복이 시작됐어요. 그러면 내가 모든 걸 이해하는 데 도움이 돼요." 조가 설명을 이어갔다. "자기 정체성을 인정하는 건 내가 막 나가지 않고 나 자신에게도 상처 주지 않을 방법들을 찾는 길이에요. 왜냐하면 내 중독의 핵심이 스스로 치료한답시고 결국 스스로 해치는 것이었거든요. 또한 자기 정체성 인정은 '저 자신을 이해해서 더 나은 삶을 살 수 있게 저를 좀 도와주세요'라고 말하는 문제이기도 해요."

조가 말한 '도움'은 정확히 말하면, 다른 사람들을 만나 함께 있으면서 그들이 나누는 이야기에 귀를 기울이고 내 이야기도 하는 것이다. 조는 이렇게 말한다. "그건 서로 도움이 되는 일이에요. 스스로 가장 놀랐던 점 중 하나는 내가 사람들의 이야기를 듣고 그들에게 공감하고 있다는 것이었어요. 난 내가 다른 사람들과 아주 다르다고 생각했거든요. 하지만 그곳에 들어가 난생처음으로 사람들에게서 '당신이 실제로 어떤 기분인지 알아요'라는 말을 들었어요. 내가 제대로 찾아왔구나 싶었죠."

또한 이런 회복 모임에서 자기 정체성 인정은 단계별 프로그램으로 작업하는 것을 의미한다. 이 프로그램은 보통 '후원자'라고 알려진 멘토가 되는 인물과 함께 진행한다. 처음에는 문제가 존재한다는 사실을 인정해야 하고, 그다음에는 자기 탐구로 넘어가서 적정선을 넘게 하는 자신의 성격, 일테면 분노 성향의 측면들, 그리고 그것에 대해 할 수 있는 일을 고찰한다. 여기에는 기도와 명상이 따르고, 나중에는 다른 사람들에게 그들도 어려움을 겪을 때 도움을 요청할 수 있다는 것을 알려주는 단계로 나아간다.

그중 9단계는 개심改心의 과정이다. 자신이 술이나 마약에 취해서 상처를 준 사람들을 찾아가 미안하다고 말해야 한다. 비난은 접어두고 무엇이든 잘못된 일에서 자기 몫을 책임지는 것이다. 말하자면, 상대방에게 먼저 굽히고 들어가야 한다.

사실 몇 년 전에 후원자와 함께 이 단계들을 거치면서 내게는 그런 시각이 뜨악하게 여겨졌다는 것을 밝혀야겠다. 당시 나는 내 인생이 몹시 억울하다고 느끼고 있었다. 내가 생물학과 환경, 모진 세상, 사람들의 이기심과 요구의 피해자라는 생각에 사로잡혀 있었다.

"그럼, 이건 분명히 짚고 넘어가죠." 나는 다소 격분한 어조로 후원자에게 말했다. "저더러 '그 사람들'한테 가서 미안하다고 말하라고요?"

그 일은 정말 이해가 가지 않았고, 확실히 공정하지 않아 보였다.

"네, 가서 마음의 빚을 청산하세요."

후원자는 친절한 표정을 지으며 내 말을 고쳐주었고, 그것으로 토론은 끝났다.

나는 한동안 화가 나서 속이 부글부글 끓었지만, 결국 각오를 단단히 하고 실행에 옮기기 시작했다. 먼저 가족들에게, 그다음으로 내게 마음이 상했던 친구들에게, 내가 문제를 일으켰던 동료들에게…. 그러고도 명단은 계속 늘어났다. 나는 미안하다고 말했다. 진심으로 그랬다. 그러자 또 다른 소박한 기적이 일어났다. 과거에 누가 '잘했고 잘못했고'는 더는 중요하지 않았다. 나는 양심의 가책에서 벗어나는 느낌이 들었고, 중독 물질들을 향해 품었던 나의 원한과 원성을 이해하게 됐다. 그런 원망이 나를 과거의 상처들에 옭아매고 있었다. 나는 책임을 지면 자유가 찾아온다는 역설 속에 포함된 진실도 엿봤다. 책임을 더 질수록 더 자유로워진다. 이것이 바로 조가 말하는 '자기 정체성 인정'이다.

매일 기도, 명상, 일지 쓰기를 습관화하는 일과 더불어, 자기 정체성 인정은 '회복 프로그램을 통한 작업'이 의도하는 바이기도 하다. 나는 그 결과로 무수한 사람들의 삶에서 일어난 놀라운 전환을 보았다.

어쩌면 이 모든 얘기가 걸핏하면 열 받는 버릇을 고치려는 노력의 흥미롭지만 비본질적인 부분으로 들릴 수도 있을 것이다. 흠, 이해한다. 다시 말하지만 이것은 사과에 관한 문제이며 신의 존재, 영적인 문제, 신앙의 문제 등 설명할 내용이 조금 더 남아 있다. 거북한 주제이긴 하지만 그래도 끝까지 한번 가보자.

자기 정체성을
_____ 인정한다는 것

나는 조를 존경의 눈으로 바라볼 때가 많다. 조가 중독에서 회복된 것은 단호한 의지로 열심히 노력한 결과이며, 그녀의 말마따나 절대적으로 필요한 일이었다. 조는 단번에 성공했는데, 회복 모임에서 항상 그런 결말이 나지는 않는다. 나의 경우만 봐도 때때로 효과가 없는데, 그 이유는 매일 해야 하는 일을 중단해서였다. 일테면 내가 그 일에 주의를 기울이지 않았거나, 싫증을 냈거나, 생각이 너무 많았거나, 단지 마음이 점점 멀어졌기 때문이다. 나는 회복 중임을 선언한 알코올 중독자들과 약물 중독자들 중 친구가 된 몇 사람, 그리고 조에게 자주 조언을 구했다.

이런 사람들에겐 공통점이 있는데, 행동거지에 어떤 평온함이 깃들어 있다는 점이다. 그들은 사람이나 상황 등에 지나치게 관여하지 않고 오히려 자신이 아는 것에 충실함으로써 자신을 돌본다. 그중 한 사람은 내게 이런 말을 했다.

"훌라후프 안으로 한번 들어가 봐요. 그 안에 있는 건 전부 통제할 수 있어요. 그러나 밖에 있는 건 아무것도 통제할 수 없죠. 그러니 놓아버려요."

그와 비슷한 생각이 내 삶에 점차 스며드는 것을 느꼈다. 그 한 가지로, 단지 모임에 참석하고 남의 얘기를 경청하기만 해도 어쨌든 자아감이 축소됐다. 수렴 효과라고나 할까. 그러니까 에고의 끊임없는 욕구와 두려움, 에고가 갖는 애착, 만족을 추구하는 에고의 불안으로 겁에 질린 내 마음이 더 적당한 수준으로 깎인 듯했고 내가 에고의 손아귀에서 잠시 풀려났다는 뜻이다.

이 회복 모임에서 만인을 평등하게 만드는 것은 나이, 성별, 지위, 경향, 부, 재능, 영향력 등과 상관없이 결국 우리가 각자 중독에서 계속 벗어나 있으려고 노력하는 알코올 중독자(또는 다른 중독자)일 뿐이라는 인식이다.

"모두 평등한 위치에서 함께 둘러앉아 있을 땐 정말 강력한 뭔가가 있어요. 아무런 위계가 없는 상황이죠. 겉보기에는 우리가 사회에서 가장 기능을 못 하는 사람들 같지만, 이 자리에 함께 모여 있을 땐 갑자기 그냥 서로에게 어느 정도 존중을 표하는 분위기가 되죠." 조가 말을 이었다. "자아는 서서히 사라져요. 난 그런 자유가 정말 좋아요. 다시 말하지만 그 단계별 작업 과정 덕분에 내가 덜 자기중심적이고 더 신 중심적으로 바뀌었어요. 세상의 중심이 우리가 아닌 거예요. 이 회복 모임이 내가 이기심을 버리고 타인을 먼저 생각하도록 도왔어요. 아직 답은 얻지 못했는데, 그 길을 가려고 했죠. 잘 되진 않았지만."

조와 마찬가지로 여기 모인 사람들은 영적인 문제가 화제로 등장해도 얼굴색 하나 변하지 않는다. 신은 존재하는가? 모르겠다. 그러나 서구인들이 개인주의와 자기만족이 내세우는 약속들, 권한·만족·성취라는 관념들을 향해 표류해온 수십 년 동안 신, 신앙, 신념, 그리고 특히 종교가 실제로 상류 사회의 구미에 맞지 않았던 것은 사실인 것 같다.

그런 약속들이 공허한 것으로 드러날 때 또는 개인이 한계에 부딪히는 곳에서 신앙과 영적 수련이 도움을 주는 것 같다. 어떤 보편적인 존재와 관계를 맺으면 균형감이 생긴다. 조는 이렇게 설명했다.

"내가 회복하면서 배운 점이 있다면, 누구에게나 믿음이 필요하다는 거예요. 그 대상이 어떤 모습을 하고 있든 간에 말이죠. 예전의 나는 항상 혼자라고 느꼈어요. 특히 마약을 하고 나서 가장 깊고 어두운 나날을 보낼 때 그랬죠. 지금은 그런 느낌이 더는 들지 않아요. 그땐 나 자신이 싫었고 열네 살 때부터 스물일곱 살 때까지는 매일 자살을 생각했어요. 하지만 그건 이제 내 현실이 아니에요. 꾸준히 노력해서 상태가 호전됐으니까요. 그렇다고 해서 하루하루가 편안하지만은 않지만, 그래도 이젠 그런 상황에 대처할 방법이 있으니 괜찮아요."

회복 모임의 가장 강력한 가치는, 수치심을 잠깐 딴 데 두고 다른 사람들과 마찬가지로 자기 마음을 터놓을 때 발휘된다. 생각과 이야기를 함께 나누면서 우리 모두 차이점보다는 비슷한 점이 더 많다는 것을 인식할 때 그 힘을 느낀다. 조는 자신의 이야기를 이렇게 마무리했다.

"나 자신을 채울 것이 필요할 때 약물을 찾았어요. 하지만 회복의 묘미는 약물을 끊고 자기 정체성을 발견하는 데 있어요. 회복의 여정은 사람마다 달라요. 내게 회복이란, 뭐가 됐든 자신에 대해 더 좋게 느끼고 상황이 나아지게 해주는 거예요. 회복 프로그램을 성실히 수행하는 게 '도움이 필요해요'라는 말이고, 궁극적으로 회복 모임이 우리가 도움을 청할 수 있게 도와줄 거예요."

트라우마에
_____ 대하여

    회복 모임에 가입하는 대가는 당연히 쾌락을 포기하는 것이다. 아마도 도움을 요청할 지경에 이르면 문제가 되는 물질이 쾌락을 주지 못한 지 이미 오래겠지만. 회복 모임은 알코올이나 마약, 섹스, 도박, 일, 음식 중독이 계속 진행되는 난치성 질환이라는 믿음에 기반을 두고 있다. 여기에는 다른 중독으로 대체되는 교차 중독^{cross-addiction}도 포함된다. 이런 질환은 시간이 지날수록 악화되어 결국엔 사망으로 종결될 수 있다. 주변에 나이 든 마약 중독자가 많지 않은 것을 보면 맞는 말이다.

    물론 다른 시각도 있다. 예전에 제인 맥닐 박사와 이 주제를 놓고 논의한 적이 있다. 맥닐 박사는 상대적으로 새로운 EMDR(안구운동 민감소실 및 재처리 요법)을 활용하는 트라우마치료 전문가로 중독 치료 일을 하고 있다. 그녀에 따르면 중독은 질병 모델을 통해 살펴볼 수 있다. 질병 모델에서는 일단 뭔가 문제로 발전하면 대응 행동을 잊기가 매우 어렵다고 가정한다. 대응 행동은 말하자면 고통을 다스리려고 술이나 약물을 이용하는 것이다. 하지만 그것은 학습된 행동으로도 볼 수 있으며, 이는 대부분의 학습과 마찬가지로 그만둘 수 있다는 것을 암시한다.

둘 중 어느 쪽이든 간에, 맥닐은 이렇게 말한다.

"일단 중독으로 발전해서 알코올이나 약물 오용을 넘어 남용이 되고 그 물질에 오랫동안 약리적으로 중독되면, 사람들은 대부분 그 물질을 적당히 사용하는 상태로 돌아가기가 매우 힘들다는 것을 깨닫습니다. 그런 행동을 되돌리기가 어려운 거죠. (⋯) 만약 어떤 사람의 직계 가족 중에 알코올이나 약물 남용 문제가 있는 사람이 한 명 있으면 그런 문제가 나타날 확률이 25퍼센트입니다. 그리고 근본적인 행동이나 애초의 문제도 치료해야 합니다. 이를테면 낮은 자존감, 우울, 불안, 그리고 다른 대응 전략을 찾는 행동 같은 문제들이죠."

트라우마는 정신질환과 중독의 거미줄 같은 관계를 논의할 때 반복적으로 등장하는 문제다. 맥닐의 간단한 정의에 따르면, 트라우마는 죽기 직전까지 가서 무력감을 느끼는 일을 직접 당하거나 그런 광경을 목격할 때 발생한다. 그런 경험은 외상후스트레스장애를 초래할 수 있는데, 그렇게 되면 그때의 기억이 자꾸 떠오르고 악몽을 꾸며 잠을 잘 자지 못한다. 맥닐은 이렇게 덧붙인다.

"외상후스트레스장애가 있는 사람들은 투쟁flight이나 도피flight, 얼어붙음freeze, 복종submit 같은 공포 반응이 크게 활성화되고 자율신경계가 흥분됩니다. 과잉각성이나 발한 증세, 회피 행동을 보일 수도 있어요."

조가 알고 있듯, 트라우마는 중독에 큰 영향을 끼치기도 한다. 약물 오용과 정신약리학을 전문으로 하는 정신과 의사 벤세사 박사에 따르면 트라우마는 중독을 키우는 가장 큰 단일 요인이다.

"중독은 심리적 요인과 뇌에 미치는 물리적 영향이 결합한 형태입니다. 물론 누구나 약물에 중독될 수 있어요. 중독자들을 치료하는 저희 같은 사람들은 중독을 의학 모델상 질병으로 간주합니다. 중독은 복잡한 질병이긴 하지만, 사실 모든 정신건강 문제가 복잡해요. 가장 큰 요인은 트라우마입니다. 중독자들을 보면 근본적으로 트라우마 문제인 경우가 많아요. (…) 저희 환자들 중 어떤 이들은 '빅티 트라우마Big-T trauma', 즉 어린 시절의 신체적·성적 학대와 같은 충격적인 경험은 없을 수도 있지만, 저희가 어린 시절이 어땠냐고 물어보면 '아무도 나를 원하지 않는 것 같았다, 무시당한다고 느꼈다, 격려나 칭찬을 받은 적이 없다, 항상 기분이 이상했다' 같은 대답을 해요. 아기였을 때 안전하지 않은 환경에서 자란 사람들은 과장된 편도체

amygdala(특히 불안과 공포 같은 감정을 처리하는 뇌 부위-옮긴이) 반응이 발달해서 모든 게 겁나고, 항상 고통을 회피하려 들고, 과잉각성 상태가 됩니다. 그런데 뇌의 전전두엽 피질prefrontal cortex 부위가 정교할수록 '흠, 그렇게 나쁘지 않군. 난 여기서 벗어날 수 있어'라는 추론과 논리로 과장된 편도체 반응을 정상적으로 극복할 수 있어요."

그는 마지막으로 이렇게 덧붙였다.

"저는 학생들에게 중독은 약물과 아무 관련이 없다고 말해 줍니다. 트라우마를 지니고 성장한 사람이 중독자의 뇌, 즉 왜곡된 보상-처벌 체계를 갖게 되는 거죠."

* * *

트라우마, 자가 치료, 중독, 이 골치 아픈 삼위일체에 대해 생각하니 지크문트 프로이트가 '현실의 압박'에서 벗어나 '자신만의 세계에 있는 피난처'를 찾는 행위에 관해 쓴 내용이 생각난다. 삶은 그 자체로 정신적 충격을 주며 중독은 결국 제 기능을 하지 못하는 결과로 나타나는 대응 전략, 즉 질병만큼이나 나쁜 치료법에서 비롯될 수 있다.

문제의 삼위일체를 생각하다 보니 술과 마약에 대한 또 다른 현명한 통찰이 떠오른다. 1990년대 유명한 쾌락주의 밴드 해피 먼데이즈의 댄서인 베즈에게서 들은 말이다.

"축하할 거면 계속하고, 숨길 거면 그만둬라."

나는 현재 '그만둔' 상태이며, 지금까지 내가 찾아낸 효과적인 방법들을 활용해 오늘도 내일도 그 도전을 이어갈 것이다. 영적인 방법과 신의 존재에 관한 이야기가 모호하고 이상하게 들릴 수도 있지만, 결론적으로 그것들은 온전한 정신으로 살아가고 나와 내 삶을 원하는 방향으로 만들어가기 위한 일련의 규약이다. 그래서 나는 감사와 받아들임을 실천함으로써 하루를 버티려고 노력한다. 완전 금주를 매일 실천하는 것이다.

그뿐 아니라 이 모든 영적 숙제가 나에게 준 도움은 물론이고, 당신에게도 줄 수 있는 도움을 되짚어본다. 단계별 프로그램, 개심, 경청, 명상을 '정신질환'과 연결해서 살펴보니 결국 누구 '탓'인지는 중요하지 않다는 결론에 이른다. 우울과 의존, 기본적인 인간의 절망으로 점철된 내 모습과 상관없이 말이다. 날씨나 정부, 호르몬, 가정교육, 이따금 꾹 참아야 했던 엄청나게 불쾌한 일, 헤어진 연인, 전날 밤 버스에서 나를 기분 나쁘게 쳐다보던 남자의 표정 따위를 탓해봐야 아무 도움이 되지 않는다는 얘기다.

문제를 바로잡고, 바르게 잘 살고, 그러기 위해 내 마음대로 쓸 수 있는 자유의지를 발휘하는 일은 나에게 달려 있다. 그리고 은하계 규모의 어마어마한 상황에서 보면 자유의지를 실현하려는 내 고통은 결코 남들보다 대단하지 않다. 피해 의식을 버리고 상황을 바라보면 그렇다. 그런 시각은 일종의 묘한 위안이지만, 그럼에도 계속 위안이 된다.

알코올 중독에 대해
알아야 할 상식

알코올은 뇌 전체에 억제 효과를 일으켜 인지 능력을 떨어뜨린다. 그리고 행복감을 주는데, 바로 그것 때문에 사람들은 술을 즐긴다. 알코올은 또한 뇌의 측좌핵nucleus accumbens, 즉 뇌의 보상 중추에 아주 강한 영향을 끼친다. 그 부위는 헤로인부터 코카인, 대마초에 이르기까지 모든 약물의 효과가 나타나는 곳이다. 따라서 약물 중독의 부분적인 원인이 될 수 있다. 술을 많이 마시고 술에 의존하는 사람들은 항상 우울과 불안 증상 점수가 높다. 이는 부분적으로 그런 약물이 일으키는 약리 작용의 결과이고, 일부는 음주 생활과 관련된 피해에서 비롯된 것이다.

알코올 남용과 의존

자가 치유책으로서의 음주는 미끄러운 경사길과 같다. 많은 사람이 안전하고 무난하게 술을 마시지만, 술은 남용되는 약물이기도 하다. 그래서 영국 정부는 알코올을 공중 보건 문제로 인정해 남녀 공히 주간 음주 한도를 알코올 112그램(맥주 4리터)으로 하는 지침을 발표했다. 만약 그 기준을 초과하면 해로운 음주라고 충분히 진단할 수 있는 것이다.

알코올에 의존하는 사람은 갈수록 더 많은 양의 알코올을 섭취한다. 알코올은 신체에 강한 의존 증상을 일으킨다. 헤로인 같은 아편제, 벤조디아제핀benzodiazepine(불안장애와 불면증 치료에 흔히 사용되는 약물-옮긴이), 그리고 점점 증가하는 추세인 대마초 역시 신체에 강한 증상을 일으킨다. 코카인은 강한 '심리적' 의존을 유발해 특별한 신체 증상 없이 자꾸 복용하고 싶게 한다. 이런 측면에서 보면 알코올은 참으로 고약한 약물이다.

신체적 의존은 억제 작용을 하므로 위험하다. 몇 주 동안 날마다 술을 마시다가 갑자기 멈추면 뇌가 과도하게 흥분한 상태가 되면서 발작을 일으킬 수 있다. 따라서 술을 끊고 싶으면 몇 주 또는 몇 달에 걸쳐 서서히 점차 줄여가거나, 아니면 우선 뇌를 발작에서 보호하기 위해 의학의 도움을 받아 고용량의 벤조디아제핀이 함유된 '리튬lithium(조울증 치료약-옮긴이)' 같은 해독제를 이용하는 것이 좋다. 알코올 금단 증상은 진전섬망delirium tremens,

^{DT}도 일으킬 수 있다. 진전섬망은 발한, 설사, 구토 등의 여러 신체 증상뿐 아니라 발작 위험까지 있는 기질성 정신병^{organic psychosis}이다.

알코올과 우울증

알코올 중독자에게서 임상적 우울증을 정확히 진단하기는 어렵다. 알코올이 없으면 어떻게 되는지 지켜볼 필요가 있기 때문이다. 많은 경우에 술을 끊으면 기분이 개선된다. 그러나 우울증과 알코올은 깊은 연관성이 있고, 우울증과 약물 남용은 여러 면에서 얽혀 있을 수 있다.

이미 우울증이 있는 사람은 그만큼 자가 치유책으로 약물에 의존할 가능성이 크다. 하지만 모든 약물이 처음에는 행복감을 주는 긍정적 효과가 있지만, 별로 효과적인 치료책은 아니다. 게다가 알코올은 진정제로서의 약리 효과는 있으나 중독, 금단 증상, 갈망, 추구, 재중독의 악순환에 빠질 수 있다. 마지막으로 만성적 알코올 오용은 직장, 가정, 자녀, 집을 잃는 등 사회생활과 가정생활이 파탄에 이르는 원인이 된다. 그래서 알코올이 우울증을 일으키는 위험 요인이 되는 것이다.

자연과 기술 사이

때로는 스마트폰 알림을 모두 끄고
밖으로 나가 자연의 품에 안겨라.

내가 살아 있다고
_____ 느끼는 순간

금요일 느지막한 아침이다. 축축한 잿빛 하늘 아래, 나는 런던 북부에 있는 하이게이트 멘즈 폰드^{Highgate Men's Pond}(하이게이트 지역의 여러 인공 못 가운데 남성들만 수영할 수 있도록 지정된 연못-옮긴이) 중간으로 길게 뻗은 잔교 위에 서서 물속에 뛰어들 용기를 끌어내는 중이다. 연못의 물은 검고 차갑고 무서워 보인다.

속으로 핑계를 만들어가면서 몇 차례 심호흡을 한다. 물안경을 잘 조절하고는 몸을 앞으로 접어서, 트럭에서 떨어지는 감자 자루처럼 아주 우아하게 물속으로 풍덩 뛰어든다. 마치 아드레날린에 감전되기라도 한 듯 곧바로 온몸에 충격이 전해진다. 별안간 격렬한 행복감이 밀려온다.

물속에 가라앉아 물장구를 치자 물거품이 일어난다. 숨을 참고 있으니 몸이 긴장된다. 곧 수직으로 몸을 가누어 수면 위로 솟구쳤다가 몸을 뒤로 젖히고 드러누워서는 한동안 그냥 물에 둥둥 떠 있다. 오리 한 마리가 태평하게 옆으로 지나간다. 나는 몸을 앞으로 뻗어서 저 멀리 부표를 향해 자유형으로 나아가기 시작한다.

이곳에는 친구인 데이비드 베이커와 함께 왔다. 기자이자 방송인인 데이비드는 1990년대 후반에 함께 일하면서부터 쭉 연락하고 지내는 사이다. 그는 지금 연못 가장자리에서 유유히 평형을 하고 있는데 연못 쪽으로 뻗은 나뭇가지들 아래에서 헤엄치는 모습이 더할 나위 없이 편안해 보인다.

1년 내내 수영을 하는 데이비드는 여름과 가을은 물론, 겨우내 그리고 봄에도 매일 이곳에 와 잠깐씩 수영을 했다. 그래서 이제는 한기에 익숙해졌고 그 덕에 강해졌다고 한다. 나는 이렇게 가끔 오는 것도 속으로 얼마간 갈등한다. 물은 내 본연의 에너지 원소가 아니다(내 별자리는 양자리로, 자연의 4원소 가운데 불의 기운을 지닌다. 뭐, 점성학적으로 보면 그렇다는 말이다). 더군다나 철인 3종 경기를 수년간 했는데도 바다나 강, 호수처럼 개방된 곳의 물은 여전히 소름이 끼친다. 어렸을 때 해수욕장에서 갑자기 수심이 깊은 곳에 빠져 구조원들의 손에 끌려 나와야 했던 기억도 되살아난다. 아주 오래된 불안은 쉬이 사라지지 않는다.

물이 무서워지면 그때부터 근육이 걷잡을 수 없이 긴장되고, 심박수가 급상승하며, 호흡이 가빠진다. 데이비드가 나에게 물 공포증 대처 요령을 가르쳐줬다. 그는 나에게 떠다니는 부표로 오라고 손짓하며 이렇게 소리쳤다.

"케빈, 여기 이끼에 집중해. 하얀 플라스틱 구조물 위의 초록색 부분 말이야. 시선을 계속 좁혀서 거기에 완전히 주목해. 그리고 정신이 흐트러지면, 일테면 물에 빠져 죽지 않을까 두려워지면 네 앞에 있는 물체에 다시 집중하고 두려움을 무너뜨려. 계속 그렇게 버티면서 숨 고르기를 해."

그것은 주의력을 조절하는 일종의 마음챙김 훈련으로, 효과가 있다. 맥박이 느려지고 호흡이 안정된다. 다시 긴장을 풀기 시작한다. 태극권과 마찬가지로 수영할 때도 긴장을 풀어야 모든 게 좋아진다.

이곳에서 수영하다 보면 마음의 갈등을 겪을 수도 있지만, 이 잠깐의 경험은 엄청난 활력을 불어넣어 당장 살아 있음을 느끼게 하고 우울도 방지해준다. 물 밖으로 나오면 잽싸게 샤워장으로 달려가서는 훨씬 더 찬물로 샤워하면서 팔에 소름이 돋고 몸 안의 근육이 움직이는 것을 느낀다.

이곳에 올 가치가 있는 또 다른 이유가 있다. 바로, 존재의 순수성을 직접 경험할 수 있어서다. 말하자면 매일 반복되는 일들과 이런저런 일정, 여기저기 이동으로 채워진 일상의 번거로움, 어디에 가야 하거나 뭘 해야 하는 의무를 포함한 모든 인지적 간섭에서 잠시나마 풀려난다.

늘 집이나 사무실에 앉아 갑갑하게 지내고, 막힌 공간의 너무 덥고 지루한 상태와 비교하면 이런 차가운 물속의 감전은 내 몸에 더 많은 활력을 주고 불안과 걱정과 집착을 없애준다. 물질적인 자연의 세계를 표상보다는 오히려 있는 그대로, 생생한 실체로 경험하는 것이다. 이를테면 살이 에일 듯 차가운 물, 초록 이끼, 내 근처에 있던 오리, 그리고 수면에서 평화롭게 흔들리며 이야기하는 데이비드의 온전한 존재 말이다. 이 모든 것에는 나 자신에 대한 고해상도의 경험도 들어 있다. 내 등줄기를 파고드는 냉기는 내가 살아 있다는 증거다.

이 새로운 상태는 한동안 지속된다. 수영을 끝내면 데이비드와 나는 탈의실에서 몸을 말리며 가장 남성적인 장소인 이곳에 자주 오는 몇몇 남자와 대화를 나눈다. 잠시 빈둥거리던 나는 어느새 다른 사람들을 관찰하는 일, 말하자면 '인간 동물학' 연구에 빠진다. 요가 자세를 취하는 남자들도 있고, 수건을 깔고 앉아 일광욕을 하거나 조용히 신문을 읽는 이들도 있으며, 헬스장에서 만든 인상적인 몸을 과시하는 사내들도 있다. 이런 광경은 2019년 런던 북부의 녹음이 우거진 숲에 그리스·로마 시대의 인물들이 있는 한 장면을 연출한 것만 같다. 데이비드와 나는 탈의실에서 나와 간단히 요기를 하려고 슬슬 걸어간다.

나는 이 모든 것을 바로 인지하는 나를 알아차린다. 게다가 이는 오직 한 가지 경험이기도 하다. 그래서 관심이 이것저

것 뒤섞여 있는 상태에서 한동안 해방된다. 이를테면 라디오를 배경으로 틀어놓고 이메일과 페이스북 사이를 쉬지 않고 오가는 일, 책상에서 나를 노려보고 있는 해야 할 일의 목록, 밖에 잠시 주차된 배송차량에 적힌 광고 문구에서 벗어난다. 무언가를 하는 동안 다른 일도 해야 한다는 지속적인 불안에서도 벗어난다. 일테면 설거지를 하면서 라디오를 듣거나, 점심을 먹으면서 이메일을 쓰는 것처럼 동시에 몇 가지를 하지 않고 한 번에 한 가지만 하는 것이다.

수영할 때는 단지 수영만 한다. '오직 수영만 가능'하다. 수영으로 충분하다.

그리고 마지막으로 내가 하려는 말은 가장 쉽게 말해, 이 모든 것이 중간에 무언가를 거치지 않는 직접적인 경험이라는 점이다. 윈도 브라우저의 화면이나 잡지의 지면, 스마트폰의 동영상이 아니라 직접 보고, 느끼고, 알고, 행하는 일이다.

미디어media는 '매개체medium'의 복수형이고, 매개체는 '중간'의 성격을 띠면서 다른 두 가지 '사이에서 작용'하는 개체를 의미한다. 그 연못에 매개체는 없다. 물이라는 자연의 원소나 오리, 데이비드와 나 사이에는 아무것도 존재하지 않는다. 이보다 더 진정한 삶은 없다. 적어도 내가 아이폰을 켜지 않는 한.

스마트폰 중독에 대한
───── 새로운 논의

　　다른 사람들도 이렇게 신체 활동을 하거나 특정한 장소에 있는 순간들을 즐기는지 궁금하다. 활력을 느끼며, 내가 살아 있다는 게 가장 중요하고 유일하고 단순해지는 경험 말이다. 아마도 그런 느낌은 깊은 명상에 들었을 때 또는 춤, 노래, 섹스 등 뭔가에 몰두하거나 몸을 움직일 때 찾아올 것이다. 아니면 일몰을 바라보거나, 어느 특별한 아침에 서리를 보게 되거나, 황혼 무렵에 전원에서 긴 산책을 할 때 찾아올 수도 있다. 또한 이런 경험들이 살아 있어도 죽은 거나 다름없는 좀비가 된 듯한 우울한 상태와 정반대가 될 수 있다는 사실에 사람들이 공감하는지도 궁금하다.

　　나는 여기서 너무 규정하는 태도로 추운 야외 수영이 당장

치료책이 된다고 제안하고 싶진 않다(찬물 수영이 우울증에 도움이 될 수 있다는 증거가 나오긴 했지만 말이다).⁸ 핵심은 이런 자연의 경험을 습관으로 만들 가치가 있고, 실제로 그 경험이 사람들을 둔감하게 하고, 종종 감정을 가라앉히게 한다는 것이다.

그렇다고 내가 과학기술 혁신을 반대하는 사람이라는 인상을 주거나, 자연보호 운동에 앞장서는 사람으로 비치고 싶은 건 아니다. 우리가 기술 개발 이전의 상태로 되돌아갈 수 있다고 믿고 아이패드를 부수거나 알렉사(아마존의 인공지능 플랫폼-옮긴이)와 시리(애플의 음성인식 서비스-옮긴이)에 돌을 던져야 한다고 제안하는 것도 아니다. 우리는 그럴 수 없다. 또한 나는 자연 자체가 인간의 고통에 모든 답을 주는 너그러운 존재라고 주장하지도 않을 것이다. 다만 내가 말하려는 바는 점점 디지털화되고 인공적인 세상에서 자연과 기술 둘 다 장단점을 가지고 있으며, 자연과 기술 사이에 축의 균형을 잡으면 회복을 향해 조금 더 나아가게 된다는 것이다.

우리는 점점 온라인의 삶을 살아가면서, 인터넷망에는 연결되지만 사람들과는 단절되고 있다. 먼저 우리 주머니 속에 있는 것, 바로 스마트폰부터 조사해보자. 스마트폰은 우리 대부분이 가상의 세계로 들어가고 자연과는 멀어지는 대문이다.

이 주제를 이야기하려면 데이비드를 빼놓을 수 없다. 데이비드는 디지털 문화 전문 잡지인 〈와이어드〉에서 일하고 영국의 공영방송인 BBC 라디오 4(뉴스·시사·교양 프로그램을 주로 방송하는 채널-옮긴이)에서 다큐멘터리를 만들고 진행하면서도 소셜 미디어는 거의 사용하지 않는다. 심지어 당일로 외출할 때는 스마트폰을 집에 두고 나가기도 한다. 어떻게 그럴 수가!

데이비드와 비교하면 나는 스마트폰 사용에 충동을 느끼는 사람으로 보인다. 정확히 중독이 아니라면 말이다. 사실 나는 노트북과 함께 스마트폰이 없으면 정말 일을 못 할 정도로 그것들에 의존하지만, 때로는 나에게 미치는 스마트폰의 지배력에 분개하기도 한다. 아침에 일어나면 가장 먼저 스마트폰을 들여다보면서 이메일과 페이스북, 인스타그램, 뉴스 사이트 몇 군데를 오간다. 그러는 동안에도 '이러지 말고 좀 더 건강에 좋은 일을 해야 할 텐데' 하고 계속 의식한다. 이를테면 맑은 공기를 쐬러 나간다든지, 태극권을 연습한다든지, 토스트에 아보카도를 발라서 먹는 것 말이다. 그런데 내가 올린 인스타그램 게시물이나 페이스북 동영상 블로그에 누가 '좋아요'를 클릭했는지 보는 일이 너무 짜릿하다. 마찬가지로 SMS나 왓츠앱에 메시지가 도착했다는 초록색 알림 표시가 뜨면 여간 기쁘지 않다. '내가 인기가 있구나!'

거꾸로, 메시지 알림 표시가 없을 때의 느낌은… 뭐랄까, 사랑받지 못한다? 동의받지 못한다? 심지어 사람들이 나를 싫어한다? 그렇게 바라보면 문제는 스마트폰 자체라기보다는 오히려 나와 내 감정인 것 같다.

이런 양상은 종일 반복되는 경향이 있다. 완전히 집중해서 일을 해야 할 때는 전화기를 꺼두지만, 기차 안에 있거나 카페에서 약속한 사람이 나타나길 기다리는 동안에는 내가 전화기를 찾으려고 상습적으로 주머니를 더듬고 있음을 깨닫는다.

'스마트폰 중독'이라는 개념은 최근에 세상을 들끓게 하는 수많은 주요 뉴스를 생산함으로써 스마트폰 화면을 들여다보는 청소년이나 어린 자녀를 둔 부모들의 걱정에 초점을 맞출 때가 많다. 일테면 스냅챗(사진이나 영상을 공유하는 소셜 미디어앱 – 옮긴이)이나 포트나이트(서바이벌 슈팅 게임-옮긴이)에 홀딱 빠진 아이들은 소파를 떠날 줄 모른다.

그러나 그 진실은 무엇일까? 스마트폰 중독이 정말 대수인가? 지난 10년간 보도된 불안과 우울의 증가율과 최소한 어떤 관련이 있는가?

2018년, 데이비드는 이 모든 문제에 관한 아주 흥미로운 라디오 다큐멘터리를 진행했다. '스마트폰과 10대: 스마트폰은 우리 아이들에게 해를 끼치고 있는가?'가 제목이다. 그 방송의 특별 게스트 가운데 한 명이었던 에이미 오르벤 박사는 옥스퍼드대학교에서 소셜 미디어가 어떻게 인간관계를 형성하고 건강과 행복에 어떤 영향을 주는지를 연구한 심리학자다. 나는 이 주제 이면의 과학적 연구에 대해 더 알고 싶어서 오르벤 박사를 만나러 갔는데, 그녀가 맨 처음에 꺼낸 이야기는 그 자체로 설득력이 있었다.

"1950년대와 1960년대에 텔레비전이 가정에 보급됐을 때 사람들이 텔레비전을 어떻게 생각하는지에 관한 문헌을 많이 읽어봤는데, 당시 사람들은 지금의 우리와 상당히 비슷하게 느꼈더군요."

이런 사실은 아마 당혹스럽고, 어리둥절하고, 다소 놀라울 것이다. 최근에 그녀는 소셜 미디어와 스마트폰의 부정적 영향을 둘러싸고 주장을 펼치는 공개 토론회에 수차례 참여했다. 논쟁은 완전히 극과 극을 달렸다. 어떤 연구자들은 '화면을 보는 시간'을 제한해야 한다고 설파한 반면, 어떤 연구자들은 현재 나와 있는 자료들로는 기술을 사용하면 건강과 행복에 해가 된다는 주장이 뒷받침되지 않는다고 말했다. 오르벤 역시 같은 견해를 피력한다.

"우리 연구자들은 여전히 그 문제를 완전히 밝혀내려고 노력 중이에요. 아주 초기 단계죠. 대중은 당장 답을 원하지만, 우린 실제로 답을 줄 수 없어요."

오르벤은 '화면을 보는 시간'이 유해하다는 추정을 둘러싼 논쟁을 가라앉히면서 더 미묘한 이해를 촉구한다.

"화면을 보는 시간은 알람 시각을 맞추거나, 할머니와 스카이프를 하거나, 킴 카다시안의 사진들을 스크롤할 때 스마트폰을 들여다보는 시간일 수 있어요. 이런 사용은 저마다 매우 다른 효과를 지닙니다. 이 문제를 너무 광범위하게 살펴보면 절대 명확한 답을 얻지 못할 거예요. 따라서 뭔가에 중독됐다고 말하기에는 한참 무리가 있죠. 그 말은 잘못됐어요."

오르벤은 기술과 건강·행복의 직접적인 인과관계에 대해서는 자료가 보여주는 바가 있긴 하지만 그 내용이 명확한 답을 줄 만큼 대단하진 않다고 덧붙인다.

"사람들은 기술이 건강과 행복에 끼치는 부정적 영향을 발견하고 있고, 우리 연구자들은 전체 자료를 통해 그것을 발견하고 있죠. 기술의 영향이 부정적이라고들 하지만 그 영향은 지극히 작아요. 건강과 행복에 중요하다고 수십 년간 알려진 다른 활동들, 일테면 잠을 충분히 자는 것, 아이들이 학교 가기 전에 아침을 먹는 것과 비교하면 기술이 건강과 행복에 끼치는 부정적 영향은 훨씬 작습니다. 보통 세 배까지나 더 작죠."

오르벤은 질문을 던지면서 말을 이었다.

"그렇다면 우리는 기술의 사용을 줄이는 데 수십억 파운드를 투자해야 할까요? 아니면, 사람들의 충분한 수면을 보장하는 데 시간을 투자해야 할까요? 우리는 인과관계를 추론할 수 없어요. 이 연구들은 주로 상관관계를 파악하는 것이어서 현재 연관성을 살펴보고 있죠. 기술을 많이 사용할수록 건강과 행복이 줄어들 가능성도 있지만, 건강과 행복이 줄어들수록 기술을 많이 사용하게 될 가능성도 있어요."

그러면 '스마트폰 중독'이라는 개념을 살펴보자. 이 개념은 정말 면밀히 조사해야 마땅하다. 특정한 소셜 미디어 기능들, 예를 들면 페이스북의 '좋아요', '알림', 앱상의 '당겨서 새로고침' 등이 도파민 반응을 자극한다는 주장이 있고 뇌를 촬영해

보면 실제로도 입증된다. 하지만 이는 전적으로 정도의 문제라고 오르벤은 말한다.

"우리가 즐거운 일을 할 때마다 뇌에는 불이 들어옵니다. 신문을 읽건, 피자를 먹건, 스마트폰을 사용하건 간에 말이에요. 하지만 그 결과가 중독을 일으키는 원인을 보여주진 않아요. 쾌락을 일으키는 원인은 보여주죠. 그걸 보고 '오, 같은 뇌 영역에 불이 들어오니까 잡지를 읽는 것도 중독을 일으키는구나'라고 말하지는 않잖아요."

술이나 약물에 의존하여 진짜 생명과 정신을 위협받는 지인들의 고통과 고생에 비추어 보면 나 역시도 스마트폰 중독에 대한 논의는 편향적인 것 같다고 말해야겠다. 알코올이나 약물에 중독된 사람들은 감방 또는 시설에 들어가거나 사망으로 결말이 나는 경우가 허다하다. 소셜 미디어를 '영원히' 끊는다고 했다가 결국 몇 달 만에 다시 돌아간 친구들도 봤지만, 새끼 고양이 사진과 동영상을 스크롤하는 행위를 만성 알코올 중독이나 규제 약물 중독과 똑같은 시각으로 보긴 어렵다고 생각한다.

셀카와 '좋아요'에 집착할수록
_____ 외로운 이유

내가 깨달은 바는 대략 지난 10년 동안 사회적 관계의 질적 측면에서 보이지 않는 어떤 침식이 일어났다는 것이다. 여기서 사회적 관계는 친구·동료·가족과의 관계망, 실생활에서의 상호 작용, '사회생활' 범주에 들어가는 개인 간의 일대일 만남을 뜻한다. 그중 많은 부분이 가상의 연결로 대체되고 있다. 예를 들면 문자, 채팅, 댓글과 더불어 화면, 프로필, 이모티콘을 거친 간접 표현 등으로 연결되는 것이다.

다시 말하지만 이런 변화에는 양면성이 있다. 나는 페이스북에서 친구들을 찾고 사귀었으며 지구 반대편에 있는 사람들과 스카이프로 소통했다. 그리고 트위터, 링크드인, 유튜브 서비스도 활발하게 이용했다. 하지만 2000년대 후반이던 그 무렵에는 런던에서 혼자 살면서 일하는 생활에 질렸고, 내 노트북이 유일한 반려자가 된 것 같았다. 당시 사귀던 여자친구와 헤어져 다시 혼자가 됐고, 오랜 친구들은 대부분 동거나 결혼, 가정 생활로 멀리 떠나가고 있었다. 베를린으로 가고자 했던 가장 큰 이유는 실생활에서 새로운 친구 관계를 찾고 런던보다 신경이 다소 덜 곤두서는 도시에서 사회적 교류의 질을 높여볼 수 있으리라는 기대감에서였다. 직접 가져간 내 자전거로 시내를 돌아다니며 여기저기서 사람들을 만나고 전화번호를 받고 소셜 미디어에서 친구를 맺었다. 이때 페이스북이 도움이 됐다. 그리고 거의 정확히 5년 전인 그날, 내가 스마트폰으로 통화할 수 없는 상황에서 '도움이 필요해요'라는 절박한 메시지를 올린 곳 또한 스마트폰의 페이스북 앱이었다는 사실은 섬뜩한 아이러니처럼 보일지도 모르겠다.

디지털 기술이, 그중에서도 특히 스마트폰이 물리적 사회성을 떨어뜨린다고 비난하기가 쉽다. 더군다나 혼잡한 기차 안에 들어가자마자 말 그대로 모든 사람이 헤드폰을 쓰고 전자기기 화면에서 눈을 떼지 못하는 광경을 볼 때면 전체 인류에서 추방당한 느낌이 들기 일쑤다. 개인적인 걱정일 수도 있지만 나의 큰 두려움은 기술의 편리함을 누리는 벌로 우리 안의 깊고 부드러운 것, 즉 공감이 약해지면 어쩌나 하는 것이다. 공감은 다른 사람이 느끼는 것을 진심으로 느끼는 능력으로 그 사람을 더 잘 이해하는 것이다. 이는 특히 스마트폰에 해당하는 얘기다. 스마트폰은 우리가 스마트폰과 관계를 맺을 것인지, 아니면 실제 한 인간과 관계를 맺을 것인지 기본적으로 물리적 선택을 하게 한다. 내 생각에는 그런 까닭에 심리치료 앱들이 부분적 효과만 있는 것 같다. 앞서 말했듯이 심리치료에서는 그 과정의 정말 많은 부분이 다른 사람과 실제로 몸이 함께 있는 것을 바탕으로 한다.

그러나 오르벤이 일컫는 '사회적 파편화social fragmentation'는 원인들과 상관없이 단순한 결과를 초래할 수 있다. 바로 외로움이다. 그 상징적인 모습은 완강하게 침묵을 지키며 절대 울리지 않는 전화기로 나타난다.

"우리가 쭉 관찰한 바로는 지난 몇 년 동안 사람들이 더 연결되어 있다고 느끼면서도 더 외로워하더라고요. 물론 뭐가 원인이고 뭐가 결과라고 말할 수 있는 과학적 방법은 아직 없지만, 그 문제는 공공연히 존재합니다."

오르벤은 이처럼 고립을 대가로 하는 연결의 역설적인 양상을 몇 가지 더 지적한다. 그녀는 150이라는 '던바 숫자Dunbar Number'(자신의 박사학위 지도교수였던 로빈 던바 교수의 이름을 딴 명칭)에 대해 이야기했다. 그 숫자는 한 개인이 유지할 수 있는 안정적인 사회관계의 상한을 가리킨다. 그 상한이 150을 훨씬 넘어가는 사람은 더 큰 뇌가 필요할 것이다.

"왜 특정한 수의 친구들만 있을 수 있냐고요? 그건 보통 시간의 제약을 받기 때문이죠. 친구 관계를 유지하려면 그들에게 시간을 투자하고 그들의 문제를 전부 기억해야 하거든요. 그런데 그 양상이 바뀌고 있는 것 같아요. 한편으론 이제 더는 사람들이 무엇을 하는지 꼭 기억할 필요가 없어서이기도 해요. 페이스북에 다 있으니까요. 그러니 사람들과 직접 연락해야 하는 시간의 양도 줄어드는 거죠. 사람들은 뉴스피드(페이스북 사용자에게 친구의 활동을 업데이트해주는 기능-옮긴이)에 끌리는데, 제 생각엔 사회적 정보가 항상 우리의 생존 방법의 핵심이었기 때문에 그런 것 같아요. 하지만 우리는 사회적 관계가 단순한 정보 전달 이상이라는 것도 알고 있죠."

오르벤의 말은 모든 관계가 서로 상대에게 자신을 드러내는 것이며 이는 시간이 지남에 따라 점진적으로 일어나는 특징이 있다는 뜻이다. 관계는 신뢰를 쌓는 과정이다. 그러나 소셜 미디어의 틀과 여과 장치는 이것을 다시 왜곡한다.

"우리는 정보 전달의 이런 중요한 상호적이고 균형적인 순환을 잃어가고 있어요. 그 결과가 어떻게 나올지는 아직 모릅니다. 다만, 수백 년에 걸쳐 진화해온 사회 체제에 현재 거대한 변화가 진행 중이라는 건 알죠. 우리는 여전히 연결되어 있다고 느끼는 영장류의 본성을 지니도록 설계되어 있는데, 갑자기 완전히 다른 사회적 환경에 놓이게 된 겁니다."

오르벤과 이야기하다 보니 내가 소셜 미디어를 어떻게 사용하는지 되돌아보게 된다. 소셜 미디어가 자극하고 심지어 정상화하는 것으로 보이는 세 가지 일반적인 심리적 충동, 즉 관음증, 과시욕, 자아도취를 그녀가 논하지는 않았지만, 그런 충동들이 내 소셜 미디어 습관에 작용한다는 것을 쉽게 볼 수 있다. 나는 지루할 때 뉴스피드를 스크롤하면서 어느새 남들의 멋진 휴가와 파티, 인간관계를 엿보고 있음을 깨닫는다. 정말 지루할 때는 과시하고 싶어 하는 내면의 자아가 나타나 신나서 이리저리 뛰어다니는 재미있는 (그렇다고 믿고 싶은) 사진과 동영상을 올리기 시작한다. 그야말로 관심을 끌려는 행위다.

그러나 셀카에 대해 지나치게 고민하거나 내 모습이 얼마나 멋진지 감탄하면서도 나에게 문제가 있음을 인식한다. 대개는 내가 기본적으로 몹시 외롭고 혼자 있는 시간이 너무 많다는 신호다. 더 넓게 보면, 내게는 자아도취가 소셜 미디어 중독보다도 더 큰 문제인 것 같다. 자아도취는 온·오프라인 모두에서 다른 사람들과의 관계를 진짜로 끊어놓기 때문이다.

오르벤의 말대로 디지털 기술이나 소셜 미디어가 정신건강에 좋은지, 나쁜지 또는 무관한지는 아직 말할 수 없다.

"어떤 사람은 매우 긍정적인 영향을 받을 수도 있지만, 또 어떤 사람은 부정적 영향을 받을 수도 있어요. 어린이들 역시 부정적인 영향을 받는 아이들도 더러 있지만, 트라우마가 많은 아이들이 친구들과 스카이프를 하는 것은 긍정적으로 볼 수 있죠. 이처럼 소셜 미디어는 사람들이 일반적인 상황에서는 다가가지 않았을 집단과도 연결해줍니다."

'스크롤 프리 셉템버Scroll Free September(영국 왕립공중보건협회에서 9월 한 달간 소셜 미디어를 쉬자고 권장하는 건강 캠페인-옮긴이)'나 디지털 디톡스와 관련된 모든 논의에 대해 오르벤은 자기 자신에게 맞는 규칙을 알아내는 일은 각자의 몫이라고 말했다.

"사람들에게 뭘 하라고 하는 포괄적인 접근법은 효과가 없을 거예요. 우리는 스스로 조절할 수 있거든요. 10대들과 얘기해보면 많은 아이가 자기가 언제 소셜 미디어를 과하게 사용하는지 잘 알고, 기분이 저조할 때 그런다는 것도 알고 있어요." 오르벤은 이런 의견도 덧붙였다. "그리고 또 말씀드릴 내용은 우리가 자신을 더 성찰해서 기술이 자신에게 어떤 영향을 주는지 본 다음에, 스스로 만족을 느끼는 기술들을 최대한 활용하려고 노력해야 한다는 거예요. 우리를 사람들과 이어주는 것들, 영상 통화와 메시지 전송을 통한 대화 등은 모두 우리가 사회적으로 연결되는 방법입니다."

* * *

기술은 내가 보기에 우리를 원자화해서 우리 자신만의 미시적 세계에 가두는 경향이 있는 것 같다. 그 유명한 '필터 버블 Filter Bubble(인터넷 정보 제공자에게서 사용자 맞춤 정보를 받다가 결국 자기 세계 속에 갇히고 마는 현상-옮긴이)'이다. 개인화로 나아가는 더 광범위한 사회적 동향을 반영하는 필터 버블은 개인이 자신의 꿈을 추구하고 인스타그램에서 많이 보이는 유형의 '1인 기

8장 자연과 기술 수호

업가'가 되는 1인 공간인 셈이다.

물론 정보 기능을 그냥 모조리 꺼두는 방법도 있다. 갖고 있는 스마트폰은 팔아버리고 음성 통화와 문자 메시지 용도로만 쓸 저렴한 휴대전화를 구입해서, 브라우저 차단 기능을 설정하여 인터넷 이용에 실제로 엄격한 제한을 두는 것이다. 이런 조치는 연결되어 있다는 느낌을 일시적으로 줄이는 대가로, 화면 기반의 매체들이 경쟁적으로 제공하는 흥분과 도발을 줄이는 데 도움이 될 수도 있다.

기술과 소셜 미디어가 정신건강에 미치는 영향에 대해 온라인상에도 많은 견해와 조언이 올라온다. 사실 그 논쟁은 끝이 없어서 그것을 다 소화하려다 보면 아마도… 미쳐버릴 것이다. 그럼에도 스마트폰, 소셜 미디어, 그리고 특히 우울장애 간의 불편한 관계를 잠깐 더 살펴보면서 내게 무척 와닿았던 것은 친구 카티 크라우스가 2015년에 쓴 블로그였다.

나는 베를린으로 이주하자마자 카티를 알게 됐다. 카티는 나처럼 작가이면서 편집자였다. 카티는 화면을 보는 시간과 스마트폰 중독에 대한 논쟁이 지금만큼 상당히 고조되지 않았을 때 그 글을 올렸다. 그 글에는 카티가 우울증으로 쓰러지자마자 전화기에서 소셜 미디어 앱을 전부 삭제하고 소셜 미디어 영역에서 접속을 완전히 끊겠다고 결심한 이야기가 나온다(최근 들어 그런 결정을 하는 친구들이 점점 늘어나는 것 같다).

당연히 카티가 올린 글은 입소문을 탔다. 그 내용이 많은

사람이 느끼던 것을 표현해서였을 것이다. 카티는 소셜 미디어
(특히 페이스북)와 우울증 경험의 대립 관계에 대한 정확한 분석
도 제시했다. 그 분석은 세 가지 중요한 통찰로 요약되는데, 카
티는 자신이 한창 우울증을 겪을 때 이렇게 썼다.

1. 소셜 미디어를 위해 더는 쇼를 할 수 없다. 그 전에는 트위터
메시지를 쓰고 인스타그램에 올릴 사진을 찍을 기회를 찾아내는
정신적 삶을 살았다. 지금은 상상도 할 수 없는 일이다. 그런 생각
만 해도 너무 불안해져서 거의 입을 뗄 수가 없다.

2. 지금은 내 삶을 남들과 비교하면서 의식적으로 고통받고 있
다. 이 또한 전에 없던 일이다.

3. 당장의 만족을 느끼고 싶다는 강렬한 갈망을 느끼고 있다. 이
또한 대단히 해로운 것 같다. (…) 그리고 이미 피해를 받은 집중
력을 더 엉망으로 만들어놓았다.

나도 앞서 언급된 비교 충동과 즉각적인 만족 욕구를 인식
하는 사람들 가운데 하나다. 하지만 나는 카티가 열거한 세 가
지 중 첫 번째 내용이 마음에 강하게 와닿았다. 내가 오랫동안
씨름해온 문제와 일치했기 때문이다.

3장에서 캔토퍼 박사가 '불필요한 도전을 피하고 오직 가

능성이 있는 부문에서 쉬운 일을 하라'라고 얘기했던 내용을 상기하자. 가장 불필요한 도전 중 하나가 쇼를 해야 한다는, 다시 말해 특정한 사람이 되어야 한다는 부담을 갖는 것이다. 내게는 그것이 그럴듯하고 매력적인 이미지를 구축하고 유지하는 일을 의미했다. 예를 들면 런던 동부의 멋쟁이 DJ, 항상 기대 이상의 성과를 거두는 철인 3종 경기 선수 따위다. 이런 충동에 순순히 따르는 것도 30대 중반에는 마음이 불편했었다. 당시 나는 잘나가는 남자들을 대상으로 하는 화려한 잡지계에서 일하면서 나 자신을 재치 있고 세련된 멋쟁이 신사로 만들고 있었다. 그러나 그 이면에는 내가 그런 역할을 제대로 해내거나 그런 가면을 잘 쓸 수 있을까 하는 걱정이 있었기에 스스로 동정의 대상이었고, 어쩌면 경멸의 대상이었을지도 모른다.

나는 그런 이미지를 벗기려고 노력하면서 우리가 왜 '개인 브랜드'를 만들어야 한다고 느끼는지가 우선 궁금했다. 결국 그 브랜드 이면의 개인이 제 역할을 잘 해내지 못할 테고, 내가 자주 그랬듯이 자아에 맞서 크게 분열되는 느낌이 들면 개인 브랜드는 별 소용이 없을 텐데 말이다. 가장 중요한 점은 내가 카티의 블로그를 읽으면서 소셜 미디어가 실제로 내 과거 경험의 기하급수적이고 다차원적인 버전에 지나지 않는다는 인상을 받았다는 것이다. 소셜 미디어는 잉크를 묻히는 잡지계, 그리고 거기에 따라붙는 서커스 같은 패션 파티나 냉랭한 하위문화와 기본적으로 다르지 않았다. 둘의 차이점은 범위와 속도다. 훨씬 더 많은 소셜 미디어가 우리에게 자기 삶의 작가인 동시에 편집자가 되라고 장려한다는 것이다. 잡지와 마찬가지로 소셜 미디어도 한없이 배고픈 상태이지만 똑같은 불안을 먹고 산다. 왜 내가 누군지 말하기를 두려워하는가?

우리는 소셜 미디어와 관계를 맺을지 말지 선택할 수 있지만, 내가 보기에 근본적인 문제는 관계 맺기의 하나로, 가상의 쇼들 중 불후의 무언극이 실제의 일대일 개인 관계로 전환되는 방식에 있는 것 같다. 이는 온라인 데이트 영역에서 가장 명백히 드러난다. 그때는 온라인에서 구축된 이미지들이 '진짜' 현실에서 엑스레이처럼 노출된다.

나는 30대 중반에 재미 삼아 온라인 데이트를 조금 해보았는데 특별할 것 없는 데이트를 연달아 해보고 나니 온라인 데이트는 유머 감각이 돋보이는 인터넷 프로필들이 서로 만나는 훌륭한 방법인 것 같았다. 복잡하고 일관성 없는 물리적 세계에 있는 인간들에게는 오히려 효과가 덜할뿐더러 나에겐 오히려 외로움을 부채질할 뿐이었다.

아쉬운 점은 온라인 데이트가 결코 오래가는 사랑으로 이어지지 않았다는 것이다. 그런 만남을 끝내고 나서 내가 시도한 전략은 그냥 밖에 나가 행사에 참여하고 사람들과 대화를 시작해 그들이 가는 곳을 알아봄으로써 베를린의 인간 수풀에 뛰어드는 것이었다.

세상이 무시무시한 속도로 나아가는 듯 보일지라도 이런

현상 중 어느 것도 엄청나게 새롭지는 않다. 오히려 프랑스의 철학자 기 드보르가 1967년에 출간한 저서 《스펙타클의 사회》에서 "살아 있던 모든 주체가 표상으로 옮겨간" 경위에 대해 이야기했던 것과 비슷한 내용이다. 여기서는 드보르가 '스펙타클'이란 개념을 사용하여 전개한 예측만 간단히 주목하고 넘어가자. 드보르는 지금처럼 엄청난 양의 이미지가 확산되는 현상과 더불어, 피카딜리 서커스 Piccadilly Circus(런던의 가장 번화한 중심지인 원형 광장-옮긴이) 식의 스펙타클이 "이미지들을 매개로 한 사람들의 사회관계"로 귀결되는 과정을 전망했다. 무슨 말이냐면 실생활에서 나 케빈이 누구와 온라인 프로필로 관계를 맺으면 그 관계는 부분적이라는 뜻이다. 진실과 개성, 그리고 앞서 언급한 공감 등의 일부 중요한 특성들은 없는 듯하다.

어떤 형태의 소셜 미디어든 거기에 접속 중이면 우리는 자신을 매개로 하여 남들도 똑같이 그러는 행위를 관찰하고 있는 셈이다. 반면 인터넷상에서 이미지를 보기보다는 직접 만나 얼굴을 보면서 관계를 맺는 것은 더 까다롭고 골치 아픈 일이고 당황하고 실망할 위험도 따르지만, 길게 보면 더욱 만족스러운 방법이다. 그래서 해결책이 뭐냐고? 하나는 자연에 몰입하는 것이다. 다시 말해 기술에서 자연으로, 인조 물질에서 자연의 원소로, 매개된 경험에서 직접 경험으로 이동하는 것이다. 예를 들면 정말 긴 산책을 나가는 것이다.

다시,
_____ 자연의 품으로

       자연은 마음을 위로하고 긴장을 완화해주며, 자연의 원소들과 접촉하는 일은 작은 것의 전능함을 깨닫게 해준다.

       레너드 코렌은 저서 《와비사비: 그저 여기에》에서 진리는 자연을 관찰하는 데서 오고, 자연은 제정신이 아닌 세상에 확실히 단순함을 선사한다고 말했다. 하지만 우리는 기분이나 상태가 좀 나아지기 위해 주변을 이용하는 것이니만큼 '진리'에까지 관심을 둘 필요는 없다. 화면과 매체에 대한 접촉이 너무 과해질 때, 예를 들어 최근에 본 유일한 해변이 인스타그램 해시태그에 서였다는 생각이 들 때는 자연으로 들어가자.

       19세기의 자연주의자 존 뮤어부터 더 최근의 로버트 맥팔레인 같은 작가들까지 많은 사람이 감정 체계에 미치는 자연의 치유 효과와 함께 우리가 자연에서 점점 멀어지는 현실에 관한 글을 썼다. 개인적으로는, 외부세계를 이용해 내면세계를 탐험한 에이미 립트롯 같은 작가들에게서도 위안을 찾았다. 립트롯은 《아웃런》에서 자신의 고향인 스코틀랜드 오크니섬으로 돌아가 알코올 중독에서 벗어나 회복으로 나아가는 여정을 들려주었다.

아울러 시인 폴 팔리와 마이클 시몬스 로버츠가 함께 쓴 《엣지랜드》에서 점점 도시화되는 세상을 자연이 잠식해가는 과정을 보여주는 내용도 인상적이었다. 두 시인은 경공업 지대, 폐철길처럼 도시와 시골 사이에 방치된 '변두리'로 모험을 떠나라고 말한다. 그런 땅에서는 여름이 되면 들꽃으로 나비들이 날아들고 나무딸기가 달린 가지는 무거워 축 늘어져 있다. 이 책은 어렸을 때 친구 그레그와 움막 짓기 놀이를 하던 추억을 되살려주었다. 그뿐만이 아니라 아버지가 갖고 계셨던 리처드 메이비의 획기적인 책 《공짜 음식》에 나오는, 오늘날의 생활 풍조와는 상당히 먼 '수렵 채집'을 하던 시절도 떠올리게 했다. 우리 집 식탁엔 숲에서 뜯어 온 이런저런 풀들이 곧잘 올라왔다.

자연과 더불어 자연을 이루는 기본 원소들이 있는데, 2014년에는 그것들에 강하게 끌렸다. 그해 베를린에서 병원에 실려 간 지 한 달쯤 지나 영국으로 돌아온 나는 웨일스에 있는 오파스 제방길을 걷기 시작했다. 심리적·정서적 세계의 회로가 너무 심하게 뒤엉켜버린 시점에 단단한 물질계에 있는 야생의 변두리를 만나러 떠난 것이다.

9월의 어느 날, 웨일스 북부 해안에 있는 마을 프레스타틴에서부터 웨일스와 잉글랜드의 옛 경계를 따라 브리스틀 해협에 있는 마을 세드베리까지 285킬로미터에 이르는 길을 향해 출발했다. 그 경로는 산과 골짜기를 넘고 시냇가를 지나고 끝없이 펼쳐진 히스 들판을 따라 걷는 장거리 도보 여행길이었다. 도중에 발에 물집이 생기는 바람에 치료하느라 며칠을 쉬었더니 종주하는 데 2주쯤 걸렸다.

걷기는 움직이는 만큼 기분이 좋아지는 활동이다. 굳이 마음챙김을 하지 않아도 마음챙김이 되는 방법이다. 게다가 도보 여행을 하는 동안 내 고통이 어느 정도 소화되는 걸 느꼈다. 신들이 굽어보는 하늘 아래에서 외로움이 어떻게 고독으로 전환될 수 있는지 깨달았다. 완전히 혼자일 때는 잃어버릴 것도 없고 부족할 것도 없다. 그런 깨달음이 있고 나서 어느 날 늦은 오후, 강기슭에서 빈둥거리다가 물총새가 빠르게 지나가는 것을 발견하고는 우리에게 인내심이 있는 한 자연은 최고의 영화라는 생각이 문득 들었다. 매일 그날의 여정이 끝나면 스마트폰을 다시 켜서 문자를 몇 개 보내고 페이스북과 주요 뉴스 제목을 잠깐 확인하고는 도로 꺼놓았다. 그리고 장화에 묻은 마른 진흙을 털어냈다.

2018년 초, 내 기분은 다시 가라앉았고 올라오길 완강히 거부했다. 나는 완전히 우울하고 비관적이었으며 방구석에 틀어박혀 폐소 공포증을 겪었다. 여기에는 어머니와의 사별, 한없이 이어지는 겨울, 빈털터리 신세라는 사실 등의 몇 가지 명백한 원인이 존재했다. 그런데 이 영원한 음울함과 황량함에 대한 답이 침실 창문 너머로 보였다. 바로 뒤뜰이었다. 그곳은 아파트 주민들이 공유하는 뒤쪽 정원인데 누구도 관리하는 것 같지 않았다. 그래서 오후마다 나가서 낙엽을 긁어모으고, 테라스를 넓히고, 채소밭을 일구고, 포장용 돌들로 길을 내는 일에 매달렸다. 작업을 끝내면 뜰에 방치되어 있는 작은 난로에 불을 피워 손을 녹였다.

땀(물), 진흙(흙), 소리 지르기(공기), 불(난로), 나무(그 외 전부). 이처럼 자연의 다섯 원소가 하나의 운동요법에 몽땅 들어 있었다. 마침내 봄이 찾아오자 기분이 조금씩 나아지기 시작했다. 우울에 맞서는 방법으로 삽질은 효과가 있었다. 당신도 한번 해보기 바란다.

| 공기

높이 올라가라. 예를 들면 언덕이나 전망 좋은 장소, 사무실 옥상, 집에서 가장 높은 곳에 올라가 산들바람을 들이마셔라. 그럴 수 없다면 밖에 나가 호흡을 연습하고 마음을 정화할수 있게 소리를 질러라. 이를테면, 달리는 기차에 대고 또는 베개에 얼굴을 파묻고 고함을 지르는 것이다. 노래하거나 말하는 것도 도움이 된다.

| 흙

걸으면서 발아래 땅을 느껴라. 이상적인 형태는 목적지가 없는 산책이다. 어디든 '도착'하려고 하지 않는다. 걷기 자체가 중요하지 속도나 거리, 도중에 보이는 광경, 심지어 산책을 끝내는 것 따위는 중요하지 않다.

| 물

물이 많은 곳을 찾아라. 예를 들면 수영장이나 해수욕장, 강, 호수, 바다에 가서 풍덩 뛰어들어라(단, 주의 사항은 친구와 같이 갈 것, 물이 너무 차거나 물결이 크게 일렁이면 물에 뛰어들지 말 것, 물속에 너무 오래 있지 말 것). 차선책으로는 찬물로 샤워하거나, 사우나에서 몇 시간 있거나, 그냥 땀을 흘리는 방법도 있다. 비가 쏟아질 때는 산책하러 나가되, 방수 복장으로 무장하기보다는 비에 흠뻑 젖은 채로 돌아다녀라.

| 불

바깥 어딘가에 불을 피워라. 종이, 잔가지, 마른 나뭇가지, 장작을 준비해 성냥이나 라이터로 불을 붙이고 그 순서로 태우면 된다. 필요한 허가를 받고 물 한 양동이를 근처에 둔다. 불은 사람들이 빙 둘러앉게 한다. 공연이나 영화, 집회, 시위, 바비큐 파티, 친구들을 집으로 초대하기 같은 집단 경험도 불을 대신할 수 있다.

| 나무

하루 쉬는 날을 잡아 숲이 우거진 야생의 장소로 가서 짙은 초록과 갈색에 몰입해 식물의 수동성을 관찰하자. 꽃집이나 원예용품점을 지날 때면 그곳에 꼭 들러서 숨을 깊이 들이마시자.

일과 번아웃

당분간 목적은 잊어라.
살면서 때가 되면 다시 찾아올 것이다.

불태워 일했지만
──── 마음의 재만 남을 때

금요일 아침, 이번엔 베를린이다.

내가 탄 전차가 알렉산더 광장에서 북동쪽으로 뻗은 넓은 도로를 따라 구불거리며 나아간다. 알렉산더 광장은 오늘 함께할 짧은 여정의 분기점이다.

아마 알지도 모르지만 현지에서는 '알렉스'라고 불리는 이 광장의 중앙에 서 있는 베를린 TV타워가 독일의 수도를 조용히 지켜보고 있다. 햇살이 밝게 비치는 날에는 커다란 공 모양의 타워 전망대 철제 외벽에 햇빛이 반사되어 십자가 형상이 보인다. 과거 공산주의 시절, 당국은 이 건축물의 그런 기이한 점 때문에 격분했다. 구소련의 지배자들은 세상에서 종교를 없애려고 했지만 베를린 사람들은 이 빛의 형상을 '교황의 복수'라고 부르면서 독재자들의 허영심을 비웃었다. 분단과 트라우마의 역사가 도시 곳곳에 남아 있다. 마찬가지로 천사들도 존재한다.

　전차가 마구 흔들리다가 갑자기 멈추자 내 몸이 난간 쪽으로 기운다. 전차는 두 건물 사이에서 멈췄다. 오른쪽에는 1989년까지 독일민주공화국(구동독)의 지도자였던 에리히 호네커의 집무실이 있던 웅장한 건축물이 서 있고, 왼쪽에는 과거 공산주의 시절에 지은 고층 건물이 소리 없이 시선을 끌고 있다. 그 건물에는 예전에 구동독의 여행사와 비자 발급 사무소가 모여 있었지만 지금은 헬스클럽, 중고의류점, 회사들이 들어차 있다. 12층에는 나이트클럽이 있고 지하에도 나이트클럽이 하나 더 있다.

　나는 이 건물을 안다. 익숙한 장소다. 그것도 무척이나 고통스럽게. 우리는 이 책의 도입부에서 내가 2014년에 바닥을 쳤던 바로 이곳에 같이 왔었다.

　전차 안에서 창밖을 내다보니 이름 모를 광장으로 이어지는 그 고층 건물의 후문이 보인다. 그 문 앞에 자전거 거치대와 담배를 피우는 사람들 몇 명, 계단이 눈에 들어온다. 몇 년 전 그 문에서 나와 계단에 털썩 주저앉아서는 어쩔 줄 몰라 하며 눈물을 흘렸던 기억이 난다. 당시 그 자리에서 얼마간 생각에 잠겨 있었다. 이제는 그것이 자살 생각, 즉 최후를 맞이하려던 저항하기 힘든 충동이었음을 알고 있다. 그런 생각이 의도에서 행동으로 바뀌었다가, 다행히 도움을 청하는 것으로 바뀌었다.

내가 그곳에 얼마나 있었는지는 결코 알지 못하리라. 그때 TV타워가 저 높은 곳에서 나에게 눈짓을 보내고 있었고, 그 뒤에서 눈부신 8월의 태양이 빛나고 있었다.

그게 2014년의 일이었다. 그 후로도 상당히 자주 베를린에 돌아와서 그때 일을 하나하나 되짚어보고 친구들도 만났다. 지금은 친구 엔버를 만나러 가는 길이다. 우리는 간행물을 만드는 작업을 계속하고 있다. 오늘 아침에는 약속 시간에 늦어서 전차를 타고 달려가고 있지만 어떤 경우에도 이곳에 머물고 싶지 않다. 비록 그사이에 이따금 이곳을 지나면서 그때 일을 회상함으로써 조금씩 충격을 완화하고, 이 도시와 여기 친구들과 새로운 관계를 형성해왔다고 해도 말이다. 이 전차를 타면 두 건물 사이와 두 시절 사이에 있는 나를 발견하게 된다. 어쩌면 두 삶 사이의 나를 발견하는지도 모르겠다.

곧 신호등이 바뀌자 전차는 알렉산더 광장 쪽으로 이동했다. 나는 2012년에 편집장으로 일하기 시작했던 건물의 14층에 자리 잡은 전망 좋은 사무실을 물끄러미 바라봤다. 그곳에서 2년 반 동안 일했다. 당시 일 때문에 받았던 스트레스와 더불어, 그게 결국 어떻게 내 위기의 원인이 됐는지도 기억난다. 그런 상태를 오늘날 일의 세계에서는 '번아웃'으로 평가하고 기록할 것이다(알다시피 용어는 늘 대략적이기 마련이니까).

내가 엔버를 만나러 서둘러 가고 있는 것처럼 우리의 탐구도 진전되어야 한다. 이 장에서는 일에 대해 좀 더 자세히 살펴보면서 일이 정신질환뿐 아니라 정신건강의 요인도 될 수 있다는 사실을 검토할 것이다. 그리고 그 이면에는 다음과 같은 더 큰 질문이 자리 잡고 있다.

'내 인생에서 무엇을 해야 하나?

＊ ＊ ＊

다행히도 고통에는 기억이 없다. 그러나 내게 독이 됐던 일의 역학을 고찰해보면 몇 가지 명백한 스트레스 요인이 떠오른다. 감히 말하건대, 어떤 요인들은 회사의 사무직이나 창조적인 부문에 종사하는 사람이라면 누구나 잘 알고 있을 것이다.

한 가지는 일에 대한 나의 과다한 몰입이었다. 마치 내 정체성이 일에 달려 있는 양, 뭐든 잘못되면 다 내 탓인 양 집착했다. 아마도 낮은 자존감이 그렇게 부추겼던 것 같다. 게다가 잡지 편집장이라는 직책은 내게 지위를 주는 동시에 나를 옭아맸다. 그 지위 덕분에 화려한 패션 행사의 손님 명단에 들어간 것은 분명하지만, 그에 따르는 정상에서의 외로움이 사무쳤다. 프리랜서일 때 느꼈던 것과는 완연히 다른 외로움의 그늘이었다. 프리랜서로 일할 때는 풍요 아니면 기근으로 도급에 기대어 근근이 살아가다 보니 걱정과 불안정이 표준이 되어 있었다. 어떤 달은 일이 엄청나게 많다가도 그다음 달은 일이 하나도 없는 상황이 반복됐다. 이는 재정 계획이 아예 불가능함을 의미했고, 내

가치는 그저 통장에 찍히는 금액과 같다는 느낌이었다.

반면 작가, 디자이너, 사진작가, 스타일리스트 등을 매일 관리하는 일은 단계적 접근이 필요해서 어떤 때는 촉진자 역할을 하고(창조적인 사람들은 대체로 가장 자유로울 때 일을 가장 잘한다), 그다음에는 규율을 강조하는 사람이 되어야 했다(마감 날짜를 맞춰야 한다). 그사이에는 상담자로서의 역할도 있다. 일테면 팀원이 최근에 출판사에서 부당한 요구를 받았거나 지급 기한이 한참 지났는데도 돈을 받지 못하고 있다는 사정 때문에 눈물을 터뜨리면 그에게 티슈를 건네며 공감해주어야 했다.

이 모든 일의 밑바탕에는 경제적으로 99퍼센트에 속하는 우리 같은 사람들에게 보편적인 것이 자리 잡고 있었다. 바로, 밥벌이가 되는 일을 계속해야 한다는 일차적 욕구다. 10년 전 내가 런던 남부의 조직폭력 범죄에 가담한 '청년들'을 인터뷰할 때 친구 다우드가 했던 말이 떠오른다.

"이 아이들의 삶에서 하루하루의 현실은 '돈을 구해야' 한다는 겁니다."

우리 모두 돈이 하는 말에 귀를 기울일 수밖에 없다. 길거리 마약상이건 기업체의 중역이건, 누구나 돈을 받기 위해 일을 해야 한다. 게다가 오늘날처럼 일이 단순한 보수를 넘어 목적, 성취, 만족과 같은 개념의 가치를 제공하길 기대하는 현상은 역사적으로도 유례가 없었다. 하지만 당시 직장에서 그런 것들은 매우 적고 드물었던 것으로 기억한다.

그건 그렇고, 잡지 편집장 일은 흔히 묘사되는 '동에 번쩍, 서에 번쩍' 하고 점심을 먹으면서 회의를 하는 역할과는 상당히 거리가 멀다. 오랜 시간 열심히 일하고 정신없이 불을 끄러 다니다 보면 어디선가 누군가는 성취감을 느끼거나 부유해질지도 모르겠지만, 나는 확실히 아니었다. 실상은 훨씬 더 지루하게 반복되는 평범한 일상이었다. 편집자·디자이너들과 진행 상황을 확인하고, 광고 영업 담당자와 논쟁하고, 복사기에 욕을 하며, 줄줄이 대기 중인 문제들 가운데 어느 것을 가장 급하게 해결해야 하는지 결정하는 일에 착수했다. 점심시간 무렵에는 이미 정서적으로 산산조각이 나 있을 때가 많았다. 그럴 때는 창문을 열어 한숨을 돌리고 에리히 호네커의 집무실 너머로 보이는 첨탑들을 물끄러미 바라보면서 내가 여기 어떻게 왔고, 이모든 게 그럴 만한 가치가 있는 것인지 생각했다.

스트레스란 요구를 충족할 자원이 없는 사람에게 요구할 때 생기는 어떤 결과라고 정의할 수 있다. 그럴듯하게 들리는가? 나에게는 그랬다. 저녁마다 멍하면서도 신경이 곤두선 채 퇴근하면서 이 마음속 불화를 어떻게 다스려야 할지, 이 문제를 누구에게 이야기해야 할지 몰라 클럽이 늘어선 거리로 슬그머니 도망치곤 했다. 그러고는 앵글로 색슨 사람들이 고뇌를 처리하는 정통적인 방식을 취했다. 바로, 그 고뇌를 술독에 빠뜨리는 것이다.

그 직장에서의 임기 후반에는 그런 노력이 무의미하다는

느낌이 슬금슬금 들면서 다른 형태로 내 안에 스며들었다. 잔뜩 흐린 기분은 종종 거의 알아차리지 못할 정도로 몹시 미묘해서 마치 내면의 인식 세계와 내가 누구인지에 대한 의식을 점점 가리는 커튼 같았다. 스트레스와 의심, 방향 감각 상실은 이른바 우울증이라고 설명할 수 있는 것으로 응축됐다. 위기로 가는 내리막은 급경사였지만 나는 그런 신호들에 귀가 막혀 있었다.

***

좋은 소식은 직장인들의 정신건강이 큰 쟁점이 되어 많은 회사와 그 밖의 일터에서 캠페인이나 프로젝트가 등장하고 있다는 것이다. 아마 직장에서 관리자들이나 임원들이 정신적으로 더욱 건강한 일터를 만드는 일을 책임지고 이끄느라 바쁜 모습을 봤을 것이다. 일테면 상담 서비스와 더불어 마음챙김 프로그램, 회복탄력성 교육, 정신건강 응급처치 따위의 교육 과정을 제공할 뿐 아니라 유연 근무제를 실시하고, 정신질환에 대한 나쁜 인식을 없애려는 캠페인을 벌이고, 직장 내 멘토·대변인·옹호자 등을 두는 일들 말이다.

이런 것들은 때 이른 조치가 아니다. 솔직히 말해 일은 많은 사람을 우울하고 불안하게 할 때가 많은 것 같다. 그것도 종종 참을 수 없을 정도로 말이다. 요즘 나는 한 푼이라도 더 벌려는 노력과 관련된 고통을 나만 겪는 게 아니라는 걸 안다.

2017년에 도시정신건강연합에서 실시한 조사에 따르면, 법조계와 금융·보험업계 종사자의 47퍼센트가 직장에서 정신건강 문제를 계속 겪어왔다고 한다.[9] 영국 정부가 2017년에 발표한 다른 자료를 보면, 장기적 정신건강 문제를 안고 매년 직장을 잃는 사람들이 30만 명에 달하는데 이는 신체 건강상의 사유로 실직한 사람들보다 훨씬 더 많은 숫자다.[10]

최근 몇 년 사이에 영국에서 스트레스 강도가 높기로 유명한 금융 부문의 종사자들이 자살하는 사건들을 많이 봐왔지만, 소득 수준 면에서 정반대 쪽에 있는 노동자들의 자살 건수는 더욱 충격적이다. 2017년 영국 통계청의 발표에 따르면, 2011년에서 2014년 사이에 건설업 종사자들의 자살이 1,400건에 달했다.[11]

이런 결과가 국가적인 굴욕으로 들린다 해도, 여기서 통계치를 하나 더 언급하겠다. 영국에서 열악한 정신건강 실태에서 비롯되는 경제 손실 비용은 연간 920억~1,230억 달러에 달한다고 한다. 이에 대해 우리는 예사로 반응할 수도 있다. '그래서 어쩌라고? 우리는 날마다 출퇴근하면서 절망과 두려움에 시달리고 있는데 국가 경쟁력이 떨어진들 그게 뭐 대수인가?' 우리가 순순히 가치를 창조하고 상품을 소비하는 한, 꼭 마르크스주의자가 되어야만 경제가 우리의 건강에 실제로 얼마나 신경을 쓰는지 궁금한 것은 아니다.

마찬가지로 오늘날 세대적 우울과 불안의 증가 현상이 단순히 무자비한 시장 경제의 부당함 아래 살아가는 데 대한 반응이라고 이해할 수는 없다. 그래서는 많은 사람, 특히 청년들이 직면하는 경제적 어려움들을 살펴보기가 어렵기 때문이다. 일테면 더 불안정한 일자리, 소득 불평등 심화, 0시간 계약(노동시간을 정하지 않고 고용주가 원하는 시간에 나가 일하고 시급을 받는 고용 계약 – 옮긴이), 학자금 때문에 발생하는 개인 부채 증가, 사회 계층 간 유동성 감소, 엄두도 내지 못하는 내 집 마련 등의 문제 말이다.

경제적 문제 안에서 개인의 문제와 더불어, 회복의 의미를 생각해볼 때 너무 논쟁적이거나 정치적인 태도는 도움이 되지 않을 것이다. 하지만 우리가 지금 일 이야기를 하고 있으니 적어도 비즈니스 방식으로 이런 질문들을 던져보자. 일터에서의 건강을 새로이 강조해서 생산성 향상이 증명되는가? 그런 강조는 진정 선의에서 나온 것일까? 아니면 단지 수익 강화라는 목적을 숨긴 거짓 노력일까? 회사들이 정말 직원들의 행복에 관심을 가져야 하는가? 아니면 행복은 순전히 개인이 책임져야 할 문제인가? '일과 삶의 균형'이라는 다소 이상적인 개념에서 '일'이 문제가 될 때 어떻게 해야 할까? 그리고 마지막으로 '일터에 자신의 전부를 가져오라'라는 말, 즉 흔들리는 모습이든 멋진 모습이든 전체를 보여주라는 뜻의 이 새로운 비즈니스 진언은 과연 현실적인가 아니면 환상에 불과한가?

번아웃을 겪고 나서
─────── 일터로 돌아가다

조지 맥은 런던의 한 디지털 컨설팅 업체의 경영 파트너인 여성 임원이다. 나는 2015년에 그곳에 입사 지원을 하면서 그녀를 만나게 됐다. 온라인 구인 광고를 봤을 때, 나만의 사고 영역 바깥에 있는 활동 분야에 발을 들여놓으면서 편집자 경력을 살리면 도움이 될 것 같다는 생각이 들어 그 회사에 지원했다. 1년쯤 쉬고 나서 다시 일터로 돌아간다고 생각하니 좋았다. 게다가 돈도 좀 벌어야 했다.

나는 그해 9월에 '임베디드 스토리텔러embedded storyteller'라는 직함으로 합류해 이 회사의 직원들이 각자 맡은 부분에 대한 기사들을 게재할 수 있게 도왔다. 얼마 후 사무실에서 맥이 직장인들의 정신건강을 논의하는 일련의 모임을 시작했다는 얘기를 우연히 듣게 됐다. 하루는 맥에게 나도 정신건강 문제가 있었다는 말을 꺼내고는 웹사이트 구축, 블로그 게시 등을 도우면서 그 일에 자원봉사로 참여해도 될지 물었다. 봉사 활동은 회복이나 건강 유지가 입증된 또 다른 방법이라는 얘기를 회복 모임의 친구들에게서 들었던 게 기억났다.

맥이 설립한 단체의 이름이 앞서 말한 마인즈앳워크다. 이 단체는 1,000명이 넘는 사업가·기업인·의료인·코치·혁신자들의 네트워크로 성장했고, 모든 회원이 직장에서 정신건강과 정신질환을 둘러싼 낙인을 제거하는 데 헌신하고 있다. 마인즈앳워크의 사명은 경영자들이 정신건강 문제에 대한 자기 이야기를 직접 들려주고, 그렇게 해서 회사 전체에 쉽지 않은 대화들이 이루어지도록 장려하는 것이다.

마인즈앳워크는 맥이 친구인 제프 맥도널드와 협심해 팀을 꾸리면서 시작됐다. 사교적인 남아프리카공화국 사람인 맥도널드는 유니레버의 인사 부문 부회장이었다. 유니레버는 직원 수가 17만 명이고 다양한 생활용품을 생산하는 다국적 기업이다. 맥도널드는 방대한 인맥에다 우렁찬 목소리를 지닌 거물급 기업인인데, 이런 무미건조한 인물 묘사는 그에 대한 올바른 평가라고 볼 수 없다. 몇 년 전, 사내에서 올라갈 수 있는 최고 위치로 승진하면서부터 맥도널드는 공황발작에 시달리기 시작했고 '불안성 우울증anxiety-related depression'이라는 진단을 받았다. 얼마 후에는 맥도널드의 친한 친구가 스스로 목숨을 끊었다. 이 사건들로 맥도널드의 삶에 급격한 방향 전환이 일어났다. 최근 그는 직장인들의 정신건강을 선도하는 수호자가 되었으며 산업계, 언론계, 정계가 그의 말에 귀를 기울이고 있다.

나는 1년이 넘는 공백 기간 후 다시 들어간 직장에서 우울, 불안, 공황발작, 번아웃을 겪은 적이 있는 사람들을 만나리라고는 예상하지 못했지만 실제로 그렇게 됐다. 요즘에는 우리 주변에 그런 사람들이 많아서 그런 주제들이 심리 상담실 밖으로도 슬금슬금 나오고 있다.

이 모든 것을 고려해볼 때 맥은 일과 건강이 결부된 문제들은 물론, 리더십이 어떻게 직원들의 건강을 증진할 수도 있고 저해할 수도 있는지에 대해 예리한 시각을 가진 사람이다. 그녀는 2010년대 초에 디자인 프로젝트 개요를 작성하려고 정신건강에 대해 조사하던 중 인터뷰한 한 학자가 '절체절명의 위기'라고 표현하는 것을 듣고 경각심이 들었다고 한다.

"정신건강 문제로 고통받는 사람들의 수가 얼마나 엄청난지 알고 나서 경악했어요. 그래서 그 문제에 대해 뭐라도 해야겠다고 결심했죠."

맥의 관심은 단지 직업적인 것이 아니다. 그녀는 20대 때 자신도 공황발작에 시달렸는데 증세가 심해서 기차를 타지 못했고 심지어 영화관에도 갈 수 없었다는 이야기를 들려주었다. 그러다가 자신만의 대처 기제를 만들어내서 마침내 회복할 수 있었다고 한다.

"제 생각엔 정신질환의 초기 단계에 있는 사람들이 어마어마하게 많을 것 같았어요. 그들 중 대부분은 저처럼 뭔가 대안을 만들겠지만 그러지 못하는 사람들도 있겠죠. 일단 나락으로 떨어지면, 알다시피 다시 올라가는 건 엄청난 일이에요. 아주 큰 도전이죠." 맥의 말은 그녀가 봤던 사람들은 물론이고 나도 겪었던 그런 위기에 빠진 상황을 의미한다. "만약 우리가 직장 안에서 공황발작을 앓는 사람들, 술 때문에 생활이 힘든 사람들, 불면증에 시달리는 사람들, 매일 이유 없이 기분이 우울한 사람들에게 다가갈 수 있다면 굉장한 효과가 있을 거예요. 그런 직장인들은 잠재적으로 더 큰 문제를 안고 있거든요."

마인즈앳워크가 직장에서 정신질환과 관련된 낙인을 없애고자 노력하는 유일한 단체는 아니지만, 지금까지 중요 인물들의 공개 발언을 끌어내는 데는 눈에 띄는 성과를 거둔 단체인 건 확실하다. 다시 말해, 조직에서 매우 중요한 위치에 있고 그들의 결정이 회사와 직원들의 건강을 좌우하는 사람들이 이 문제를 터놓고 이야기하게 만든 것이다.

직위가 매우 높고 큰 영향력을 행사하는 사람이 정신질환에 대해 공개적으로 이야기하면, 조직 내 변화를 일으킬 수 있다고 맥은 말한다.

"하지만 어떤 지원이나 개입, 프로그램이 그것을 진정으로 포용하는 리더십 없이 시행된다면 그런 방법들은 항상 힘을 받지 못하고 사람들을 나서지 못하게 위축시키기 마련입니다. 지도부가 진정성 있는 태도로 정신건강이 중요하다고 말하지 않고 자신들의 취약한 모습을 공개하지 않으려는 조직에서는 직원들도 솔직해지기가 매우 어려울 거예요."

이런 낙인은 서열과 사내 정치가 있는 조직에서, 사실상 모든 조직에서, 보통 얻기는 어렵고 잃기는 쉬운 지위가 직원 개개인의 정신을 보이지 않게 규제하는 힘이 될 때 실재한다. 이런 측면에서 2017년에 일어난 한 사건이 우리를 일깨운다.

소프트웨어 회사 올라크의 최고경영자인 벤 콩글턴과 그 회사 직원인 매들린 파커가 주고받은 이메일이 소셜 미디어에서 회자된 적이 있다. 파커가 자신의 정신건강을 우선시하여 휴가를 내기로 마음먹고 팀에 알리자 콩글턴이 그 결심을 칭찬한 것이다. 콩글턴의 그런 반응은 정말 멋졌다. 그렇게 두 사람이 주고받은 이메일은 불안의 시대에 깨어 있는 리더십의 한 사례로 빠르게 퍼져나갔다.

그러나 이런 일이 화젯거리가 된다는 사실 자체가 안타깝다. 특히 2013년에 영국의 연립정부가 정신건강과 신체 건강을 '동등하게 평가'한다고 공표한 내용을 누구나 진정성 있게 받아들인다면 말이다. 오늘날 많은 직장에서는 그 정도로 이해심이 발휘되지 않을 수도 있다. 콩글턴의 이야기가 훈훈하게 회자된다는 것은 직원들이 현재 겪고 있는 어려움, 진단받은 사실 또는 그 밖의 사정을 털어놨다가 도리어 불명예를 안고 심지어 직장까지 잃는 사례가 훨씬 더 많다는 뜻이다. 어느 쪽이든 간

9장
우리를 바꾼

에 맥은 이렇게 본다.

"산업계는 갈 길이 너무 멀어요. 흔히들 얘기하는 한 가지는, 우리의 사고방식과 이용 가능한 치료라는 측면에서 볼 때 정신건강이 신체 건강보다 50년은 뒤떨어져 있다는 거예요. 그리고 2030년에는 우울증이 인류에게 가장 부담을 주는 질환이 된다는 WHO의 전망도 나와 있죠. 우리는 엄청난 도약을 해야 합니다."

정신건강은 직장의 안건으로 올라가 있으며 정확히 말해 기업의 사회적 책임 프로그램의 부록 이상으로 간주된다. 맥은 이렇게 설명한다.

"어떤 조직들은 자신들이 열중하는 더 고차원의 목적을 갖고 있어요. 그런 조직에서는 사람들을 전면과 중심에 두고, 그런 태도가 조직의 운영 방식 곳곳에 반영되어 있죠. 직원들의 정신건강과 행복에 대해서도 마찬가지예요. 정말 좋은 조직들은 미래 경쟁력을 갖추고 직원들의 가장 좋은 면을 끌어내도록 모든 것을 설계하거든요. 그런 방식으로 공간도 디자인하고, 지원책도 마련하고, 사람들을 장려한답니다." 하지만 그런 단계에 이르려면 아직 한참 남았다. "여기저기 잡음이 많고, 정신건강과 관련된 낙인을 별로 없애지 못했어요. 조직이 뭔가를 해보려는 것은 훌륭합니다. 그런 시도가 윤리가 아니라 순전히 경제적 동기에서 나왔을지라도 말이죠. 하지만 그러려면 많은 설문 조사 작업을 진행해야 해요. 혹시 직원 몇 명을 정신건강 응급처치 교육 과정에 보내서 변화를 꾀할 수 있다고 생각하는 조직이 있다면, 생각을 바꾸는 게 좋을 거예요."

물론 이것을 검증하는 한 가지 방법은 자신의 정신 상태가 좋지 않은 어느 날 회사에 연락해서 그 사실을 알리고 상사가 어떻게 반응하는지 보는 것이다. 나는 맥과 함께 일하면서 그런 날이 한 번 있었다. 그날은 아침에 눈을 뜨니 이름도 원인도 알 수 없는 절망감이 들었다. 일터에 '내 전부'를 억지로 끌고 가서 종일 침울한 모습을 보이느니 차라리 계속 침대에 있는 편이 낫겠다고 판단했다. 그래서 상사인 맥과 인사 담당자인 샬럿에게 문자를 보냈다. 정말 다행히도 그들에게서 하루 쉬어도 괜찮다는 회신이 왔다. 그 내용은 반드시 소문을 내야 할 정도는 아니었지만 완전한 공감을 보여준 사례였다. 그렇게 공감해주는 고용주를 만났으니 나는 행운아였다.

그 일은 내가 베를린에서 다녔던 직장과는 전혀 다른 세계의 이야기 같았다. 그곳에서 일할 때는 도움을 청하는 게 나 자신도 내키지 않는 일이거니와 당시 상사가 귓등으로 흘릴 거라는 느낌이 들었다. 회사들이 정신건강을 진지하게 받아들여야 한다는 사실에 눈을 뜨고 있을지는 몰라도, 거듭 강조하지만 아직 갈 길이 멀다. 맥은 이렇게 말했다.

"고용주들은 사업장에서 일하는 직원들의 정신건강과 행복에 최대한 주의를 기울일 책임이 분명 있어요. 왜냐하면 종업원들의 정신건강을 악화시키거나 그런 상태를 촉진할 수 있는 핵심적인 요인이 근무 환경일 때가 아주 많기 때문이죠."

직장에서 어려움을 겪는 직원이 그 문제에 대해 어떻게 해야 할지 아는 것, 즉 일단 도움을 청하는 게 좋은 방법임을 아는 것이 한 가지다. 그러나 아무 말 없이 고통을 겪고 있는 직원을 둔 관리자는 또 별개의 문제다. 이 문제는 다시 현대 비즈니스 환경에서 어려운 영역이 되어 정신질환이 간과되거나 묵살되는 사례가 실제로 발생한다. 여기에 대해서도 맥은 마찬가지로 단호한 입장을 취하며 이렇게 말한다.

"또한 직속 상사라면 누구나 부하 직원들을 대할 준비를 최대한 잘 해야 하며, 이는 고용주의 책임이기도 해요. 업무 상황에서만이 아니라 더 전체적인 시각에서 직원들의 건강을 고려하도록 말이죠."

경영을 잘하는 기술은 한 가지로 귀결된다고 맥은 주장한다.

"행동양식을 아무리 체계화하려고 해도 모든 사람과 모든 상황은 저마다 고유합니다. 그래서 정확한 단계별 해결책이 나올 수 없죠. 하지만 관리자로서 연민을 느끼고 공감하면서 경청하는 한, 직원들이 아주 잘못된 길로 빠지지는 않을 거예요. 인간다움을 고수하는 게 절대적으로 중요하죠."

2015년 후반에 그렇게 느꼈던 나는 만반의 준비를 해서이 직장에 들어왔고 다시 생산적인 삶을 살게 되길 고대했다. 직장 생활은 나 자신과 다른 사람들을 솔직하게 대하는 한, 효과가 있었다. 그 과정이 종종 짜증스럽고 속으로는 '내가 이 일을 정말 할 수 있을까? 사람들이 날 좋아할까? 내 일이 어떤 차이를 만들어내나?' 하는 걱정과 자기의심에 사로잡힌 날들도 있었지만. 내가 활동할 수 있게 해주고 뭔가 기여할 기회를 주면서 자양분이 되는 새로운 사람들과의 교분을 선사했다는 점에서 '효과'가 있었다. 게다가 매일 저녁 회사 문을 나서면서 '모든 직장이 이래야지'라고 생각할 수 있었던 회사이기도 했다.

부담스러운 '목적'은
_____ 과감히 버리기

    우리는 점점 디지털화하는 경제가 육체노동에서의 해방을 약속하고 미래의 로봇들이 모든 노동을 하게 된다는 이야기를 많이 듣는다. 일의 형태와 리듬에 유연성이 더 커진다고 한다. 예를 들면, '디지털 유목민digital nomad'이 되어 무선 인터넷이나 4세대 이동통신이 원활한 곳이라면 전 세계 어디서나 일할 수 있다는 것이다. 이런 새로운 부문에서 창출되는 부가 실리콘 밸리에 있는 극소수의 엘리트 억만장자에게 흘러들어 간다는 사실은 여기서 잠시 제쳐놓자. 대신 이 장을 시작하면서 던진 질문과 관련하여 그 의미를 한번 알아보자. 내 인생에서 무엇을 해야 하나?

    먼저 맥의 회사에서 뽑는 인재들의 공통적인 열망에 대한 이야기를 들어보니 참 흥미롭다. 이 회사에 들어오는 사람들은 이른바 밀레니얼 세대, 디지털 원주민digital native, Z세대다. 따라서 나와는 사뭇 다른 생각을 하며, 대부분 공장 노동자였던 부모 세대와도 완전히 이질적인 생각을 가지고 있다. 맥은 요즘 사람들이 "좋아 보일 뿐만 아니라 기분도 좋게 하는" 직장을 원한다고 말한다. 이를테면, 직접 내려 마시는 값비싼 커피부터 직무 교육, 육아 휴직 연장까지 편의 시설과 혜택이 무료로 제공되는 쾌적한 일터 말이다.

그런 한편, 일과 삶은 서로 무너뜨릴 때가 많다. 여기서의 삶은 여가, 인간관계, 취미생활을 의미한다. 일하는 날의 짜증이 저녁과 주말까지 이어지면, 그렇게 흘러넘친 화는 정신질환의 한 원인이 될 수 있다. 맥이 말하려는 바는 전후 시대처럼 교육을 받는 것부터 시작해 일하고, 가정을 꾸리고, 더 많은 일을 하고, 은퇴 후 지중해 유람선에서 진토닉을 마시면서 여행하는 꿈으로 이어지는 직선형 코스를 따르는 경우가 점점 더 보기 드물어진다는 것이다. 맥은 직원들에게서 "일과 여행과 배움이 구분 없이 하나로 녹아들길" 바라는 마음, "자신이 일하는 조직이 상징하는 의미와 세상에서 자신이 하는 일에 대해 어떤 자부심을 느끼고자 하는" 야망과 더불어, "단순히 직장인을 넘어 자신을 표현하고 싶은 욕구"를 본다고 한다.

물론 거기에는 감탄할 만하고 놀라울 정도로 매력적인 열망도 보인다. 일테면 태국의 해변에서 노트북으로 업무를 한 뒤에 근처 야생동물 보호구역에서 자원봉사 활동을 하고, 창조적인 부업을 잠깐 하고 나서는 해 질 무렵에 퇴근해서 술을 몇 잔 걸치고 달빛 아래 광란의 파티에 갈 수 있는 직장을 과연 누가 원하지 않겠는가? 이런 삶은 대단히 멋져 보인다. 게다가 소셜 미디어는 우리 인생에 멋진 것이 없으면 심한 고립 공포증Fear of Missing Out, FOMO(혼자 기회를 놓치거나 소외되는 것에 대한 두려움-옮긴이)을 일으킬 수도 있다고 알려준다.

1943년에 미국의 심리학자 에이브러햄 매슬로는 그 유명한 '인간 욕구 5단계 이론'에서 인간이 안정된 생활을 하려면 이런 상위의 열망(목적 추구, 행복 찾기)을 채우기 전에 아주 기본적인 욕구(음식, 물, 집, 안전, 소속감)를 충족해야 한다고 지적했다. 이 상위의 욕구는 '목적'이라는 멋진 개념 안에 포함되는 경향이 있는데, 그러면 목적은 모든 현대인이 가져야 하는 또 다른 욕구가 된다. 하지만 나는 어느 캄캄한 목요일 밤에 피자를 배달하려고 사나운 맞바람을 맞으면서 내가 사는 아파트까지 씩씩하게 자전거를 타고 오느라 진이 빠진 딜리버루Deliveroo(영국의 온라인 음식 배달 서비스 업체-옮긴이) 배달원에게는 과연 그 목적이 어떤 의미일지 궁금할 때가 많다. 짐작건대 과하게 후한 팁이 매슬로의 이론에 기초한 그의 더 기본적인 욕구, 일테면 집세를 내는 데 도움이 될 것이다. 우울증과 밀접한 관련이 있는 욕구인 존중은 받지 못하더라도 말이다.

여기서 내가 말하려는 바는 하루하루의 삶에서 우리가 얻어야 하는 것(내 친구 다우드와 그가 돕는 청년들의 말을 떠올려보라)과 Z세대 디지털 유목민들처럼 우리가 하고 싶은 것 사이의 갈등이 우리의 탐구 대상이라는 것이다. 왜냐하면 그 갈등의 많은 부분이 정체성과 능력의 인식에 영향을 주며, 정신질환과 건강 문제를 겪으면서 정체성과 능력이 자주 저하되기 때문이다. '나는 누구인가?', '오늘 중요한 것은 무엇인가?', '삶의 의미는 무엇인가?'라는 질문들이 답할 수 없는 거대한 생각의 말풍선으로 떠오른다.

스스로 정하고 모든 것을 아우르는 '목적'을 인식함으로써 개인의 삶이 어떤 형태와 방향으로 채워지는데…. 글쎄, 이런 목적이 앞의 질문들에 답을 줄 거라고 믿으면 안심은 되지만 그저 또 다른 부담이 되기 쉽다. 만약 목적을 찾거나 세우지 못하면, 또는 이 신성한 목적으로 생활비를 벌지 못하면, 자칫 불안을 유발하는 요인이 될 수 있다. 목적은 취약성, 열정, 진정성과 마찬가지로 해시태그하기 좋은 소재가 되기도 한다. 사람은 누구나 자신이 할 수 있는 선에서 사회에 환원하고 변화를 만들고 세상을 구하고 싶어 하지만, 세상은 보통 그 나름의 방식대로 돌아가기 마련이다.

내가 일하면서 보낸 25년의 세월을 돌아보니, 돈벌이와 하고 싶은 것 사이의 갈등을 능숙하게 처리할 때도 있었고 묵묵히 보고만 있을 때도 있었다. 작가는 창조하는 직업이고, 창조성은 흔히 영혼에 더 많은 자양분을 준다고들 여긴다. 하지만 작가 일은 글과 이야기가 있어야 보수를 받는다. 따라서 글이나 이야기가 없으면 보수도 없다. 내 경력 역시 변변치 않고 되는대로 흘러갔지만, 그나마도 적재적소에서 적성과 노력이 합쳐진 결과였다. 그러나 다른 요인도 있었는데, 내가 가장 창조적이고 확고하고 만족스럽다고 느낄 때는 보통 가장 가난하고 경제적으로 불안정한 때였다. 마찬가지로, 보수는 좋지만 흥미가 떨어지는 일을 제의받는 운이 있을 때는 그 푼돈으로 밤을 따뜻하게 보낼 수는 있었으나 내 영혼의 상태에는 거의 도움이 되지 않았다. 25년이 지나서 보니 이젠 그런 맞교환이 뚜렷해 보인다.

이처럼 나는 예술가와 은행가의 전형을 보여주는 양극단 사이에서 방향을 이리저리 틀었다. 예술가는 다락방에서 일하면서 경제적·사회적 성공을 포기하는 대신 고통스러워도 매우 진정한 비전을 충실하게 현실로 가져온다. 반면 은행가는 아마도 어떤 정신적 공허함을 비용으로 치르고 현금 관리와 증식에 신경 쓸 것이다. 예술가는 은행가의 안락과 풍요를 부러워하고, 은행가는 예술가의 창조성과 심미적 열정을 부러워한다. 가난해도 만족하는 은행가나 부유하고 평안한 예술가에 대한 이야기는 거의 없다.

그러고 보면 무엇보다 우리는 필요한 돈벌이와 의미 부여 사이에서 타협해야 하는 것 같다. 의미는 목적이라고 알려진 새롭고 신성한 교리를 받쳐주는 지지대다. 빅터 프랭클은 의미,

즉 '살아야 할 이유'를 우리 모두가 찾을 수 있다고 말했다.

따라서 지금 어려움을 겪고 있다면, 당장 목적을 찾겠다는 생각은 건너뛰는 게 좋다. 우선 바닥을 친 순간은, 아주 해로운 습관이든 인간관계든 일이든 뭐든, 나를 끌어내리는 무언가를 계속해선 안 된다는 확실한 신호다. 그러니 완전히 새로운 삶의 방향을 찾느라 동분서주하지 말고, 회복을 새롭고 흥미진진한 목적으로 만들어보면 어떨까?

어떻게든 해내자. 그것도 심지어 아주 잘해보자. 그러면 회복은 분명 지금까지 해본 것 가운데 가장 창조적이고 만족스러운 일이 될 것이다. 그런다고 누가 돈을 주지는 않지만, 아니 어쩌면 돈이 안 된다는 그 이유 때문에 그렇다. 삶의 목적은, 그것이 필요하다고 가정했을 때, 때가 되면 우리를 찾아올 것이다.

10장

나의 부모님

주변 사람들을 믿고 사랑하라.
그리고 어렵겠지만 그들에게서 사랑받는
사람이 되기 위해 노력하라.

어머니와의
_____ 이별

전화가 울린 것은 수요일이었다. 전화기에는 누이의 번호가 떴는데 전화를 받으니 아버지였다. 그 소식이 뭘 의미하는지 난 즉시 알았다. 그때 나는 캐논 스트리트 역에 있었다. 그때가 2017년 11월이었고 하늘은 하얬다.

그것은 예후*豫後*로, 남은 시간을 의미했다. 우리가 마음의 준비를 해야 하는 시간이었다. 여기서 '우리'란 어머니, 아버지, 누이, 나, 그리고 이 네 가족을 동심원처럼 둘러싼 친구들, 그 원의 바깥에 여기저기 퍼져 있는 사람들을 말한다. 의사들이 예상하기에 어머니에게 남아 있는 시간은 우리가 어머니와 함께 있을 수 있는 시간을 의미했다. 어머니는 지난 18개월 동안 암으로 투병 중이셨다. 암에 걸렸다가 다 나은 줄 알았는데 가차

없이 재발했고, 어머니의 피부는 누렇게 변하면서 모래색이 됐다. 처음에는 유방암이었지만 지금은 다른 장기들로도 전이됐다.

어머니는 큰 수술을 받았고, 그때 의사들이 어머니의 위장을 일부 절제했다. 듣자 하니 사람은 위장이 없어도 살 수 있다는데 나는 그 사실을 처음 알았다. 하지만 의사들은 그들이 '조직'이라고 일컫는 것들을 다 제거하지는 못했다. 바로 종양, 숨어 있는 악성 종양이다. 우리 가족은 어머니가 이 병원에서 저 병원으로 때로는 이 병동에서 저 병동으로 옮겨 다니고, 집에 왔다가 다시 병원에 가고, 침대에 누워 있고, 검사를 받고, 구급차에 실려 가 병원에 입원해 있던 지난 몇 달간 옆에서 돌보며 결과를 기다렸다. 하지만 결국 이렇게 되고 말았다.

저녁마다 병원 침대에 누워 있는 어머니 곁에 책들과 헤드폰만 두고 나오려니 발길이 떨어지지 않았었다.

전화를 받은 그 수요일에 나는 눈물을 삼키면서 런던을 돌아다니며 평소 해야 할 일들을 했다. 일을 마친 다음 집으로 돌아가는 여정이 꼬이는 바람에 결국 혼잡한 시간대에 클래펌 환승역에서 한참을 기다려야 했다. 믿을 수 없을 정도로 슬펐고, 마음이 완전히 공허했다.

집으로 돌아와서 어머니에게 전화를 걸어 우리 모두 엄마 곁에서, 곧 닥칠 마지막 그 순간까지 그리고 그 이후로도 엄마를 사랑할 거라고 안심시켰다. "언제까지나 사랑해요, 엄마."

나는 베를린, 프랑스, 미국, 호주 등 각지에 있는 내 친구

280

들이 어머니를 위해 보낸 사랑과 지지의 문자와 메시지도 전부 들려드렸다. 그중에는 어머니가 아는 사람들도 있고 한 번도 들어보지 못한 사람들도 있었지만, 그들이 보낸 메시지는 어머니를 감동시켰다. 나는 내가 엄마를 사랑하고 엄마는 세계 최고라고 말씀드렸다.

칠흑같이 어둡던 그 11월의 밤, 침실 창가에 앉아 어머니에게 하고 싶은 말과 여쭤보고 싶은 것들을 떠올리며 목록을 작성했다. 우리의 마지막 대화가 될 것들이었다. 다음 날 그 종이를 챙겨서 고향 집으로 갔다. 어머니가 아버지와 몇십 년을 살았고 누이와 내가 자란 곳이다.

벌써 몇 달째 일주일에 거의 두 번, 이 멀고도 마음이 허한 여행을 하고 있다. 대문에서 대문까지 꼬박 다섯 시간이 걸리는 여정이다. 런던 남부의 내가 사는 아파트에서 나와 기차를 여러 번 갈아타고 마지막 역에서 내리면 또 시골길을 따라 외로이 걸어가야 한다. 바람과 이슬비에 대비해 장화를 신고 방수 재킷을 입고 가방을 메고 걷는다. 예전에는 주말에 집에 갈 때면 어머니가 차로 마중 나오셨는데, 이 새로운 변화 속에서 앞으로는 그런 일이 다시는 없으리라는 걸 깨달을 뿐이었다.

누가 죽어가거나 죽었을 때 깨닫는 사실은, 모든 게 끝났고 영원히 사라졌다는 것이다. 어머니가 내게 보낸 마지막 문자 메시지는 "무한한 사랑의 키스를 보낸다. 엄마가"였다.

의사들이 실제로 '예후'라는 말을 썼는지 아닌지는 알 수

10장 나의 무모한

없다. 혹시 그 말이 요즘에도 종양학에서 계속 쓰는 표현이라면 아버지가 내게 말한 예후는 몇 주를 의미했다. 그리고 실제로도 정확히 몇 주였다. 더도 덜도 아니고 2주. 어머니는 2주 뒤 저녁 9시쯤 호스피스 시설에서 평화롭게 돌아가셨다. 아버지가 누이의 전화로 내게 그 소식을 전했던 수요일로부터 그다음 주 수요일이 지나고, 그다음 주 수요일이었다.

아버지의 전화를 받은 다음 날 고향 집에 와 계속 머물렀다. 예견된 그날을 맞이하기 위해서였다. 어머니와 이야기하고, 어머니 심부름을 하고, 어머니 베개를 잘 정리하고, 어머니를 편안하게 해드리면서 어머니가 잠이 들면 가까운 침실로 가서 멍하니 허공만 바라봤다. 며칠 뒤, 어머니를 호스피스 시설로 모셔가려고 준의료활동 종사자들이 구급차를 몰고 왔을 때 어머니를 일으켜 부축했다. 출발하기 전, 어머니가 가방에 물건 몇 가지를 챙기면서 서 계실 수 있게 어머니를 붙들어드렸다. 그곳에서는 감사하게도 어머니가 중간에 잠을 깨지 않고 주무실 수 있었다. 창문 너머로는 자작나무 잎들이 노란 호박색으로 물들어가고, 올새들과 할미새들이 나무를 쪼는 소리가 들렸다.

하루는 누이가 "이제 얼마 남지 않았어"라고 말했는데, 정말 그랬다(내 누이는 지역 보건의다). 호스피스 시설은 우리 집에서 차로 30분 거리에 있었고, 누이와 나는 야간에 계실 아버지와 교대하고 차를 운전해 집으로 돌아와 있었다.

저녁 9시에 아버지에게서 전화가 왔는데, 목소리가 떨렸다.

"엄마가… 돌아가셨다…."

누이와 나는 다시 차로 아버지를 모시러 갔고, 다 같이 집에 돌아와서는 잠시 이야기를 나눴다. 다음 날 아침 나는 시내를 걸어 다니며 어머니의 친구들을 찾아가서 그 소식을 전했다. 그리고 나서는 기차를 다섯 번 갈아타고 뉴 크로스 게이트 역에 도착했다. 내 인생에서 가장 외로운 여행이었다. 아파트로 돌아가서 가방을 던져놓고 소파에 털썩 주저앉았다. 가슴이 너무 아파서 한참을 엉엉 울었다.

이후 장례식을 하고, 검인 절차를 거쳐 유언장을 읽고, 유품을 정리하고, 추모하면서 어머니와 이별했다. 그렇게 사별을 받아들이는 법을 배우고 현실에 순응했다. 하지만 며칠이 지나자, 현재는 물론이고 앞으로의 삶에서도 중요한 게 무엇인지 생각이 정리됐다. 특수한 상황에서 찾아온 명료한 결론이었다.

—최선을 다하기

—사랑하는 사람들을 보살피기

—내가 가진 것, 바로 내 삶을 최대한 활용하기

고통을 겪는
───── 자식을 둔다는 것

이 장의 제목을 '나의 부모님'이라고 한 이유는 부모와 더불어 문제가 있는 자식에 대한 이야기를 하고 싶어서다. 그리고 어머니의 죽음을 앞두고 한동안 고정되지 않고 불확실했던 것들의 의미가 확고해졌기에 지금 내가 알고 있는 것을 나누고자 한다. 여기서 죽음 또는 부모님과의 사별이라는 주제를 오래 논하고 싶지는 않다. 그것은 내가 제대로 이해하거나 아무렇지도 않게 이야기하기엔 너무 방대한 주제다. 대신 자식이 완전히 도움을 받을 수 없는 상태에서 우울하고, 불안하고, 자살 생각을 하는 것 같을 때 어떤 부모라도 그 상황을 이해할 수 있게 도움이 될 만한 이야기를 하고 싶다. 왜냐하면 바로 내가 그런 자식이었기 때문이다. 공허의 벼랑 끝을 향해 나아가다가 도움과 돌봄을 요청했고, 그때 부모님은 나를 도와주고 돌봐주셨다.

이젠 어머니에게 할 수 있는 말이 더 남아 있지 않다. 사죄와 해명, 함께 나눌 기쁨도 더는 없다. 다만 어머니의 마지막 나날에, 그러니까 전화를 받은 그날부터 어머니가 마지막 숨을 거두는 날까지 2주 동안 내가 할 수 있는 말을 할 수 있어서 감사하다.

그건 꽤 간단한 일이었지만 내가 상상했던 것과는 달랐다. 나는 그 순간이 심각하고 가슴이 많이 아플 줄 알았다. 영화에서 본 임종을 앞둔 사람과의 대화처럼 말이다. 그러나 실제론 그냥 가벼운 대화였다. 간단한 일이었다. 이런저런 이야기를 좀 나누다가 그렇게 끝났다.

어느 날 오후에는 어머니가 친구에게 문자를 보낼 때 침대에 같이 앉아 있다가, 어머니에게 그동안 정말 좋은 벗이 되어주셔서 감사하다고 말했다. 그리고 목록을 작성해둔 종이를 펼쳐서 몇 가지 질문을 해도 되냐고 여쭤봤다.

"엄마, 두려워요?"

어머니는 아니라고 대답했다. 어머니는 두려워하지 않았다.

"바라는 게 있으세요?"

어머니는 그렇다고 대답했다.

"평화."

나는 어머니를 꼭 안아드리고 이마에 입을 맞췄다.

"엄마. 제가 집에 가서 엄마, 아빠랑 레스에게 미안하다고 말했던 일 기억나요?"

"오, 케빈. 그때 정말 좋았단다. 많은 의미가 있었지."

어머니는 미소를 지으셨다.

그 일은 바로 7장에서 이야기했던 개심을 말한다. 우리 집안 분위기는 물론, 부모로서 어머니·아버지와 자식으로서 나 사이의 관계에 변화를 가져온 사건이었다. 사건의 전말은 이렇다.

2015년, 회복 모임에서 인연을 맺은 후원자의 지도에 따라 나는 가족들에게 이야기하기 위해, 구체적으로 말하면 가족들을 깜짝 놀라게 하고 걱정을 끼쳐서 미안하다고 말하기 위해 고향으로 가는 여행길에 올랐다. 이 여행은 몇 가지 사명 중 첫 번째였다. 후원자가 "가장 어려운 사람들부터 시작하세요"라고 말했기 때문이다. 사과할 일은 음주 문제 외에도 많았다. 그동안 시무룩하고, 토라지고, 묵묵부답했던 것, 내면의 어떤 불가항력 때문에 몇십 년을 퇴행해 감정 기복이 심한 10대처럼 굴었던 것 등(그러는 사람이 나 혼자만은 아닐 것이다). 그런 일은 자주 있었고, 그 때문에 죄책감과 수치심을 느꼈던 적도 그만큼 많았다.

그래서 식구들에게 탁자에 둘러앉아 달라고 하고는 무슨 일인지 설명했다. '책임을 지고, 마음을 터놓고, 수치심을 인정하라'고 배운 것을 확인하는 새로운 방법이라고 말이다. 나는 미안하다고 말했고 식구들은 내 사과를 아주 잘 받아주었다. 일의 잘잘못은 이렇게 해명하는 행동, 겸손이나 참회, 개선하려는 마음보다 덜 중요한 문제였다. 당시 내가 마치 탈곡기를 통과하는 것 같은 고통을 겪고 있었다고 해도, 그 일로 식구들의 마음 역시 아팠다는 게 훨씬 더 중요했다.

당시 얼마나 놀라고 걱정하셨을까. 자식이 힘들어하거나 위태로운 상황에 처한 모습을 보고 싶어 하는 부모는 세상에 없다. 그 자식이 두 살이든 마흔두 살이든 간에 말이다.

시간은 전체를 조망하게 해준다. 적어도 그 사실은 그로부터 또 몇 년이 지난 지금의 나에게 뚜렷이 다가온다. 자신조차 뭐가 잘못됐는지 알지 못하기 때문에 설명할 수 없을 때는, 그것이 말로 표현되지 않고 관련된 가능성이 모조리 부정되기 때문에 폭발 반경이 생긴다. 시간의 교훈은 양면적이다. 고통을 겪고 있는 사람에게는, 언제 적절한 시기가 되면 다른 사람들에게 해명하는 일이 도움이 됨을 의미한다. 그리고 주변 사람들에게는, 아마도 그 해명이 당사자를 있는 그대로 보여주고 그가 자신들과 왜 그토록 멀어졌는지를 밝혀주는 데 도움이 될 것이다.

나는 부모님을 탓했던 것도 죄송하다고 말씀드렸다. 다시 말하지만 나이를 몇 살 먹었든 간에 모든 자식이 곧잘 그러듯 나도 그랬으니까. 절대 대놓고 그러진 않았지만 속으로 그랬고, 이 또한 사실이기 때문이다. 나는 심한 고통을 느끼면서 내가 버림받거나, 사랑받지 못하거나, 심지어 사랑받을 만하지 않다는 두려움을 느꼈던 어린 시절의 이야기들과 기억들을 체로 치

듯 철저히 오랫동안 곱씹었다. 아이인 나와 어른인 부모님 사이의 마찰, 그러니까 가족생활에서 정말 불가피하게 생기기 마련인 다툼과 오해를 따져보면서 그런 문제가 내가 겪는 '우울'과 '불안'을 발아시켰다고 여겼다. 그러고는 알게 모르게 때때로 우울과 불안을 덜고 내 마음을 편하게 하려고 부모님에게 책임을 떠넘겼다.

그러나 곰곰이 생각해보면 나는 부모님이 언제나 그저 최선을 다하셨고, 그분들이 가진 것으로 할 수 있는 걸 다 하셨다는 사실도 알고 있었다. 부모님은 나를 키우고, 먹이고, 입히고, 나와 놀아주셨다. 그리고 그분들 나름대로 나를 가르치고, 사랑하고, 훈육하셨다. 내가 마흔두 살에 몹시 지치고 약해졌을 때는 나를 집으로 데려와서 돌봐주셨다. 나를 낳았을 당시의 부모님보다 최소 열 살은 더 많은 자식을 말이다.

그날 마주 앉아 있던 나의 눈에 어머니와 아버지의 모습이 객관적으로 들어왔다. 두 분은 친절하고 기꺼이 받아들이지만, 나이가 들고 약해져 가고 있었으며 여전히 삶을 이해하려고 애쓰고 계셨다. 이 모든 모습은 자신만의 고통에 감싸인 자식의 눈으로 보면 결코 보이지 않는다. 그 고통이 심리적인 것이든, 생물학적인 것이든, 사회 환경적인 것이든, 다른 무엇이든 간에 말이다.

우리는 인생이 어떻게 흘러가는지, 인생을 어떻게 살아야 하는지 알아야 한다. 비록 지금은 알지 못해도, 아예 아무것도 모른 채 길을 잃고 심란하고 혼란스러울 때도 말이다. 그리고 인생을 어떻게 살아야 하는지 부모님보다 더 잘 아는 사람은 없으리라고 본다. 부모님도 당신들의 부모님에 대해 그렇게 생각하셨을 것이다.

얼마 지나지 않아 암이 퍼지면서 어머니가 세상을 떠나셨다. 어머니가 돌아가시기 한 달 전쯤인 어느 날 저녁, 아버지가 어머니를 침대에서 화장실까지 부축해서 가는 것을 봤다. 어머니는 유령처럼 변해 있었다. 어머니는 말을 많이 하면서 태연한 척하셨지만, 나는 마음 깊은 곳에서 어머니가 암을 이겨내지 못하리란 걸 알았다. 그리고 내 생각에 어머니도 그걸 알고 계셨던 것 같다.

그래서 몇 년 전에 내가 주최한 어설픈 가족 모임에서 그런 이야기들을 한 게 다행이었다는 생각이 들었다. 그 일이 우리를 하나로 만들었고, 서로 입장을 바꿔 생각하게 했으며, 불편한 침묵을 없애주었다. 그리고 상황을 바로잡아 부모님과 나 모두에게 도움을 주었고, 우리를 더욱 가까워지게 했다. 그래서 나는 어머니가 죽어가고 있다는 소식을 듣고도 기운을 냈고, 어머니도 같은 심정이셨다. 그 일이 어머니를 미소 짓게 했다.

여기서 얻는 교훈은 이것이다. 사랑하는 사람에게 하고 싶은 말이 있으면 오늘 말하라. 전화를 걸어 시간 약속을 하고, 용기를 내라.

할 수 있을 때.

✳ ✳ ✳

빤한 이야기로 들리겠지만, 어머니가 돌아가신 후로 집안 분위기가 바뀌었다. 관계가 조금 부드러워졌고, 대화가 더 많아지고, 마음을 터놓게 됐다. 나는 누이에게도 말을 더 많이 하고, 누이의 딸(내 조카)과 함께 있을 때는 음악에 맞춰 춤을 추고 신나게 뛰어다니는 정신없는 영상을 찍어 인스타그램에 올리면서 같이 놀아준다.

아버지는 요즘 나를 보러 좀 더 자주 런던에 오신다. 아버지가 외출하시는 모습을 봐서 좋다. 아버지는 무료 버스를 애용하신다. 우리는 런던 남부를 여기저기 어슬렁거리거나 서부에 있는 박물관에 가고, 별 특색이 없는 카페에서 달걀과 감자칩, 콩이 나오는 메뉴를 주문해서 저녁을 먹는다.

작년에 하루는 아버지가 템스 배리어 ^{Thames Barrier}(템스강에 설치된 이동식 홍수 조절 구조물-옮긴이)를 보고 싶다고 하셔서 모험을 떠나듯 출발했다. 우리는 강가를 거닐면서 어머니와 어머니의 삶에 대해, 그리고 내가 베를린에서 돌아온 뒤 부모님과 함께 지냈던 그 겨울에 대해 많은 이야기를 나눴다. 당시 내가 갑갑하고 불안해하고 알아듣지 못할 말을 중얼거리면서 집 안을 살금살금 돌아다닐 때, 나를 지켜보는 부모님도 정말 많이 힘들겠구나 하는 걸 어렴풋이 알고는 있었다. 내가 그러고 있거나, 정원에서 통나무를 미친 듯이 톱질하거나, 집 근처 들판을 열심히 돌아다니는 모습도 부모님은 다 보셨다. 그때 얼마나 놀라고 걱정하셨을지.

"케빈, 엄마와 난 그때 우리가 네 병이나 상황에 대해 도울 수 있는 게 별로 없다는 걸 알았어." 아버지가 말씀하셨다. 템스 강 위로 어둠이 내리고 있었다. "그래서 우린 중요한 건 두 가지라고 그냥 생각했지. 바로 사랑과 인내. 우리는 널 사랑했고 늘 인내했단다."

우리 부모님이 유일하게 할 수 있었던 것.

그 무엇보다도 중요한 것.

지난 몇 년 동안, 사람들은 내게 물었다. 고통을 겪고 있는 사람, 일테면 그런 자녀나 친구를 도우려면 뭘 할 수 있느냐고. 내가 줄 수 있는 조언은 이것뿐이다.

사랑과 인내.

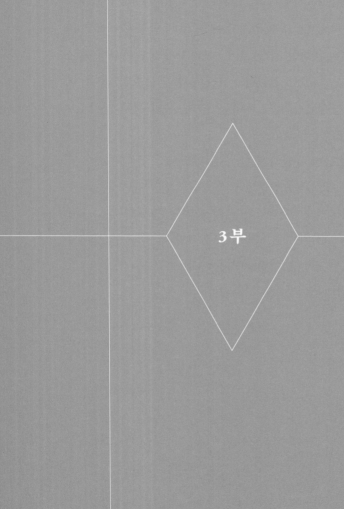

3부

사라지고 싶던 삶에서
살아가고 싶은 삶으로

11장

하루하루 실천하기

매일 아침이 행복하지 않아도 괜찮다.
중요한 것은 기분이 아니라
'오늘도 해냈다'는 사실이다.

매일 1퍼센트씩

―――― 나를 좋아지게 하는 일

양심에 찔리는 비밀이 하나 있다.

나의 첫 직업은 피자 음식점에서 했던 설거지였다. 열여섯 살 때였고, 그 후로 쭉 내 진정한 직업을 놓친 게 아닌지 의혹을 품고 있다. 프랑스어에서는 설거지가 직업인 사람을 계속 물이 닿는다는 의미에서 '잠수부plongeur'라고 부른다. 당시 내가 가장 좋아하던 책은 조지 오웰의 《파리와 런던의 밑바닥 생활》이었다. 작가가 한때 파리의 크고 화려한 호텔들에서 접시닦이로 일하며 땀과 얼룩으로 범벅된 극빈층의 삶을 경험했던 이야기를 담은 소설이다. 설거지 일은 출세나 특전, 혜택도 없고 머리를 쓸 필요도 없다. 그저 날마다 접시를 물에 담그고 문질러 씻어서 쌓아놓은 다음, 씻은 접시를 닦아서 광을 내는 과정을 반복할 뿐이다.

그 일은 분명 가장 정직한 직업에 속한다. 일에 압도당할 때면 나는 파리의 골목 어딘가에서 '잠수부'로 일하는 대안적 생활을 하는 몽상에 잠기곤 했다. 그러면 뽀드득 소리가 나는 도자기 그릇들이 높이 쌓인 광경을 바라보면서 순간의 성취감과 함께 어떤 비애를 느끼는 모순된 감정이 생겨났다. 내일이 되면 그 그릇들은 다시 더러워질 테고, 세상은 또 한 바퀴 돌겠지.

나는 설거지를 할 때 왠지 거기에 빠져들뿐더러 심지어 치유되는 것 같은 느낌을 받는다. 그런 이유로 어떤 이들은 바느질을 하고, 어떤 이들은 테트리스 게임을 하며, 또 어떤 이들은 스케치를 한다. 나는 설거지 외에도 빗자루로 쓸기, 나무 자르기, 땅 파기, 책상 정리와 광내기, 구멍 난 양말부터 책꽂이에 꽂힌 책들까지 물건들을 수선하고 정돈하기를 좋아한다. 걷기를 비롯해 몸을 쓰는 일은 나 자신에게서 잠시 벗어나게 해주고, 생각을 행동으로 바꿔준다. 내가 어떤 것을 인지할 뿐만 아니라 실제로 할 수 있다는 사실을 일깨워준다.

하지만 걱정하지 않아도 된다. 그렇다고 당신에게 현재 직장을 그만두고 설거지로 생계를 유지하라고 제안하지는 않을 것이다(혹시 이미 설거지로 생계를 유지하고 있다면, 존경을 표한다). 아울러 나는 힘들고 단조로운 일이나 노동을 낭만적으로 묘사할 생각도 없고, 하루에 10시간씩 자판을 두드리며 밥벌이를 하는 중산층 전문직의 생활에서 잠시 벗어나 가난을 관광하는 사람이라는 인상을 주고 싶지도 않다.

내 직업 역시 고되고 반복되는 일일 수 있지만, 내가 말하려는 바는 다른 의미다. 첫째, 앞서 말한 대로 우울과 불안을 다스려가며 일하는 사람의 경우에는 손으로 하는 일이 효과가 크다. 다시 말해 몸을 쓰고, 기계적이고, 창의력은 그다지 필요치 않은 일을 하는 것이 좋다. 둘째, 회복 과정에서는 기분이나 기능을 개선하는 데 도움이 된다면 무엇을 배우든 반복하는 데 진정한 가치가 있다. 나는 그 가치를 '실천'의 관점에서 생각한다. 실천은 기분이나 기능을 개선하는 데 도움이 되는 일을 매일 하는 것이다.

계속 연습하면 완벽해진다고 흔히 말하지만, 우리는 완벽을 추구하려는 게 아니라 그저 전진하려고 한다. 상태나 기능이 매일 1퍼센트씩 좋아지게 하는 것이다. 그러니까 각자의 일상과 의식儀式에서 가능한 변화, 그리고 새로이 만들 수 있는 습관을 당장 시작하는 것을 의미한다. 내 친구이자 신체 철학자 브루스가 6장에서 했던 말을 기억하자.

"많이 하면 할수록 더 잘하게 돼."

그게 바로 이 장의 주제다. 2013년으로 거슬러 올라가 베를린에 있을 때 만난 두 남자에게서 들은 이야기를 먼저 시작하겠다.

'빌어먹을 하루하루'의 힘

어느 캄캄한 12월의 밤, 나는 TV타워에서 멀지 않은 한 공공건물 로비에서 서성거리고 있었다. 그날은 수요일이었고, 내가 찾고 있던 것은 알코올 중독자를 위한 회복 모임이었다. 두 번째 계단을 올라가서, 소파에 앉아 있는 두 명의 중년 남자와 우연히 마주쳤다.

곧바로 도움의 손길이 뻗쳤다.

"이름이 어떻게 돼요?"

"케빈입니다."

"잘 왔어요."

나는 이 남자들과 잠깐 얘기를 나눴다. 그들은 말수가 적고 차분했으며 머리가 희끗희끗했다. 이 모임에 나온 게 얼마나 됐는지 이야기하다가 텍사스 억양이 심한 미국 남자가 이렇게 말했다.

"우린 진짜 빌어먹을 알코올 중독자들이야. 이 짓을 '매일' 해야 해."

"빌어먹을 하루하루." 아이슬란드 남자가 고개를 끄덕이며 맞장구쳤다. "하루도 쉬면 안 돼."

나는 그게 무슨 말인지 궁금했다. 이 모든 일이 처음이고 매우 당황스러웠기 때문이다. 하지만 모임이 시작되자 금방 알게 됐다. 우선 그것은 하루를 제대로 시작한다는 의미였다. 그 내용은 이렇다. 매일 아침 20분간 명상하고, 뭔가를 읽고, 어쩌면 기도도 하면서 올바른 방향을 잡는다. 스스로 시작한 자기계발 작업의 현황을 기록하고, 그다음에는 그날까지 이어진 일련의 행동과 태도를 적는다. 병적인 자기중심주의나 부정직함, 분노의 징후 같은 것을 계속 경계하기 위해서다. 두 남자는 분노가 특히 독이 되고 재발 가능성을 키운다고 설명했다.

"분노는 독을 마시는 행위이고 상대방이 죽길 기대하는 거나 다름없어요."

아이슬란드 남자가 말했다. 그들은 내게 분노하지 않도록 계속 경계해야 한다고 조언했다.

그리고 하루가 끝나면 또다시 자기 성찰, 기록, 명상, 기도의 시간을 갖는다. 그리고 잠자리에 들면, 다음 날 아침에 그 실천이 다시 시작된다.

빌어먹을 하루하루.

그들이 들려준 이 실천은 그들 중 누구도 몇 년 동안 술을 마시거나 약물을 복용하지 않았고 술이나 약에 취해서 금세 망가지는 불상사를 방지했다는 점에서 효과가 있었다. 그들은 그런 일들을 습관화하고부터 자신의 삶이 어떻게 더 좋은 방향으로 바뀌었는지에 대해 이야기했다. 그리고 가끔 힘겨울 때도 있지만 그 의무가 그만한 가치가 있다는 것을 알고 있다고 했다. 또한 시간이 지나면서 이 모든 실천이 더 실질적인 효과를 거둔 이야기도 들려줬다. 실천은 영적인 정직함과 실질적인 현명함이 결합한 기술로 맨정신인 사람이든, 절제하는 사람이든, 머리를 굴리는 사람이든, 완전히 취한 사람이든 인생이 그들에게 이유 없이 분배한 어려움을 헤쳐나가는 데 도움이 됐다. 예를 들면 사업 문제, 인간관계나 가족사, 철학적 딜레마, 내려야 할 결정 같은 인생의 시련을 감당할 수 있게 해주었다.

나는 이 두 남자가 존경스러웠다. 그래서 그들을 본보기로 삼고, 그 모임에서 받은 《온전한 생활》이라는 책에서 제안하는 것들을 해보기 시작했다.

60일을 금주하고 나니 그 실천 자체가 거의 자동으로 되고 있는 것을 깨달았다. 아침에 숙취 없이 기쁜 마음으로 일어나 그 책에서 하라는 대로 하루를 시작했다. 전화기를 꺼놓고, 커피를 마시고, 일지를 썼다. 그리고 창문으로 비쳐드는 베를린의 신선한 겨울 햇살을 받으며 호흡하고, 읽고, 말을 했다.

모든 게 변하기 시작했다. 이런 성찰 활동들은 도움이 됐고, 끝이 보이지 않는 미래를 딱 하루씩의 단위로 줄이니 미래가 그다지 무서워 보이지 않았다. 단지 그날그날의 계획을 세우고, 도움이 되는 몇 가지 접속(친구에게 전화를 걸어 대화하기, 시간을 내서 공원 산책하기)을 추가하고, 이 원칙을 고수하는 것이다. 매일.

* * *

기분장애가 지속될 때는 우리에게 선택권과 어느 정도의 자유의지가 있다는 것을 잊기 쉽다. 우리에겐 결심하고 실행하는 능력이 있고, 반응적(사건에 대응)일 뿐만 아니라 능동적(주도권을 잡음)인 존재라는 사실 말이다. 날마다 반복하는 결심과 실행은 오랜 시간 지속되면서 그 자체로 에너지와 실체가 되는 진보적 양상을 띤 연속체를 이룬다.

평생은 고사하고, 1년을 지속하겠다는 결심은 불가능하진 않더라도 어렵기로 악명이 높다. 프로젝트가 망하거나 기대에 미치지 못하는 이유는 제멋대로인 인생이 방해해서만이 아니라 우리의 기운이나 영감이 바닥나서이기도 하다. 우리는 다 포기하고 어느새 잠이 든다. 심지어 종교에서 하는 가장 엄숙한 맹세에도 아랑곳없이 미래는 우리의 꿈과 계획에 노골적으로 무관심하고 통제 불가한 상태로 남아 있다.

이는 당연히 중독이나 의존을 넘어서, 일반적으로 적용되는 사실이다. 회복 모임의 일원들은 회복을 맨정신이나 맑은 정신으로 살아가는 과정으로 여기지만, 그 정의를 조금 넓혀보면 매일 결심하고 실행하는 이 원칙은 무엇보다 강력한 수단 중 하나이며, 우울 및 불안 증상이 발현되거나 위기를 맞았을 때의 회복과도 잘 연결된다. 매일 실천할 일들을 만드는 것은 긍정적인 습관을 만드는 방법인 동시에 광대한 미래의 혹독함을 완화하는 방법이기도 하다. 그리고 언제나 내일에 집착하지 않는다면 불안이 왜 생기겠는가. 내가 보기에는 운수니, 운명이니, 숙명이니, 그 밖에 우리가 칭하는 모든 '외부 세계'의 변덕과 실천이 만나는 곳에서 정확히 우리가 영위하는 삶이 그려지는 것 같다.

앞서 소개한 두 남자를 만난 이야기는 나에게 위기의 순간이 닥치기 몇 달 전에 있었던 일인데, 위기를 겪은 후 '도움이 되는 일들을 하는 것, 그리고 매일 그렇게 하는 것'이 실제로 중요해졌다. 내가 실천의 원칙을 고수하지 않았을 때조차 그 원칙은 나에게 붙어 있었다. 그 이후 몇 번의 계절을 보내는 동안 내가 습득한 실천 방안들의 포트폴리오에는 새롭게 발견한 생각과 실행이 더해졌다. 베를린의 회복 모임에서 만난 머리가 희끗희끗한 그 현자들이 고개를 끄덕이며 맞장구치던 모습을 생각하면, 나는 이제 막 길을 발견한 셈이었다.

그로부터 1년 뒤 영국으로 돌아왔을 때 그 실천 요법을 다시 시작해서 매일 명상하고, 읽고, 기도하고, 쓰기 시작한 일은 금주뿐 아니라 분별력에도 도움이 됐다. 게다가 바로 그 시기에 걷기, 나무 자르기, 그리고 요가를 한답시고 삼각 자세나 태양 경배 자세를 취해보는 서툰 시도가 기분을 돋우는 데 효과가 있다는 것도 깨달았다.

그러나 그런 조치만으론 충분하지 않았기에 지혜와 도움을 얻을 만한 책도 읽고, 유튜브 강의도 보고, 팟캐스트도 들으며 더 광범위하게 정보를 찾아 나섰다. 그리고 영국에 있는 친구들, 지인들과 다시 연락하면서 그들의 조언에 귀를 기울였다. 분명히 배울 점이 있으리라고 생각했고, 도움이 되겠다 싶으면 무엇이든 선뜻 받아들였다. 필사적으로 그렇게 했더니 더 많은 도움이 찾아왔다.

"자기 속도를 찾고, 여유를 가져라."

런던에서 친구 다우드를 만났을 때 내 인생의 잔해에 대한 생각을 늘어놓으면서 가까운 미래를 걱정하고 초조해하자 그가 해준 조언이다. 그 뜻은, 진정하고 그만 쫓아다니라는 것이었다. 모든 일은 다 때가 있는 법이니.

어느 날 저녁에는 팔에 문신한 사람을 봤는데, 이런 글귀가 새겨져 있었다.

"언제나 지금이다. 그대는 언제나 여기에 있다."

이 말은 현재에 머무는 것이 가장 건강하다는 사실을 일깨워준다.

"언제나 배울 자세가 되어 있으라."

이것은 회복 모임의 사람들이 나에게 계속 강조했던 말이다. 일단 내가 그 진실을 엿보았기 때문에 완전히 수긍이 갔다. 우리에겐 언제나 더 배울 것이 있으며, 알아야 할 것을 모두 안다고 생각하는 순간 곤경에 처하게 된다.

어느 날은 요가 선생님과 대화하던 중에 선생님이 이런 더 현명한 견해를 들려줬다.

"나무를 심기 가장 좋은 때는 20년 전이었다. 그리고 그다음으로 좋은 때는 바로 오늘이다."

이 얼마나 놀라운 진실인가. 후회는 우리를 과거에 묶어놓지만, 매일 아침은 새롭게 시작할 기회를 선사한다.

아마도 최고의 실천 정신은 최종적으로 두 가지로 요약되는 것 같다.

'계속 배우고, 배운 것을 오늘부터 적용하라.'

이런 생각과 표현들은 공중에 둥둥 떠다니다가 갑자기 대화의 말풍선처럼 나타나서는 눈앞에 그려지고 귓가에 울려오는 것 같았다. 회전초밥집에서 돌고 있는 초밥 접시들처럼 골라잡아 실행할 수 있는 관념들, 그 생각들은 누구의 것도 아니면서 모두의 것이다. 그래서 나는 그것들을 노트에 추가하고 아침마다 다시 읽어보고, 거리를 걸어 다닐 때 그 의미를 묵상한다.

그러나 이 모든 것만으로도 아직 충분하지 않았다. 아니 오히려 입문할 것들을 더 찾고 싶어서 자료를 더 폭넓게 찾아서 읽고 몸과 관련된 방안들도 실험해보기 시작했다. 다이어트

성공법, 운동 훈련법, 신체 기술 등을 살펴보고는 내가 이미 시도해보고 검증해서 익숙해진 일상의 목록에 추가했다. 그렇게 추가된 방안이 자연의 품에 안기기, 요가의 태양 경배 자세 취하기, 섀도복싱 하기, 의자에 앉아 근육을 하나하나 차례로 이완하면서 몸을 느끼는 명상, 반드시 저녁 10시 이전에 잠자리에 들기 등등이다. 빌어먹을 하루하루.

때로는 기운이 없거나 그냥 귀찮아서 똑같은 일을 계속 반복하는 게 지루하고 벅차기도 했지만, 그럼에도 전반적인 효과는 긍정적이었다. 몇 달이 지나서는 불안한 생각이나 절망적인 반추의 흐름이 느려지는 걸 볼 수 있었다.

그러나 대단히 부정적인 측면이 하나 있었다. 내 성격대로 강박관념에 쉽게 사로잡혀서 과도한 실천을 하고 있었던 것이다. 나는 알람이 울리기도 전에 침대에서 벌떡 일어나 곧바로 명상을 하고, 그다음에는 급히 《명상록》을 펼쳐 그날 하루를 열어줄 날카로운 통찰을 찾았다. 그런 다음 운동복을 입고 운동화를 신고 뒤뜰로 씩씩하게 걸어 나가 세로토닌이 분비되도록 열 바퀴에서 스무 바퀴를 뛰어서 돌고 섀도복싱 동작을 추가로 했다. 그러고는 다시 집으로 들어와서 저탄수화물·고단백 아침을 흡입한 뒤에 태양 경배 자세를 좀 취하다가 아침 일지를 한 시간쯤 열심히 썼다. 한참 그러다 보면 정원 바닥에 쌓여 있는 통나무 더미가 나에게 윙크하며 "이봐, 친구. 우린 스스로 자를 수 없거든"이라고 말하는 것 같았다. 그러면 나는 아버지의 활톱을 들고 통나무를 맹렬히 자르면서 오후를 보냈다.

내가 마치 해병대 신병 훈련을 받듯 '빡세게' 밀고 나가자 어머니는 당황스러워하면서도 가만히 지켜보셨다.

어느 날 아침, 회복에 대한 내 열정에 스스로 당황해서 친구 존에게 전화를 걸어 내가 느낀 압도감에 대해 푸념을 늘어놨다. 모든 걸 하려니 하루 시간이 부족하기만 하다고, 더구나 지금은 실업자인데도 말이다.

잠시 후, 존이 말했다.

"케빈, 때려치워. 한 번에 전부 하려는 것보다 차라리 매일 한두 가지만 하는 게 어때?"

맞는 말이었다.

"자기 속도를 찾아."

다우드도 그렇게 말했었다. 완전히 아무것도 하지 않는 게 뭘 하는 것만큼이나 중요하다는 사실을 잊고 있었다. 활동하지 않는 것도 실질적인 하나의 선택으로 봐야 하는데 말이다. 수동성을 실천하는 것은 활동의 자연스러운 보완이다. 그리고 변화가 일어나기 시작하는 날들이 이어지기에 그 와중에 수동성도 매일 실천해야 했다.

회복의 길을 걸으며 내게 도움이 됐고 지금도 도움이 되고 있는 간단한 실천 방안을 몇 가지 더 소개하겠다.

| 호흡 50번 하기

명상에 들어가는 것이 실제 명상을 하는 것보다 훨씬 더 어렵다는 걸 자주 느꼈다. 나는 지나치게 안절부절못하거나 산만할 때가 많기 때문이다. 이때 효과적인 방법이 호흡을 50번 하면서 숨을 들이마시고 내쉴 때 숫자를 세는 것이다. 우리는 긴장이 풀렸을 때 1분에 8번 정도 호흡하게 되므로 이 실천 방안은 대략 5분 정도가 걸린다. 그러면 어느샌가 명상에 들어가 있을 것이다.

| 목적 없이 산책하기

목적지에 대한 생각을 놓아버리고 현재 안에서 길을 잃게 도와주는 방법이다. 우리는 걸을 때 대부분 어딘가를 향하며, 그 끝에는 대개 도착지나 행선지가 있다. 그런데 이렇게 목적지 없이 거닐다 보면 방향 감각을 상실할 수 있지만, 바로 그게 핵심이다. 잠시 시야와 소리에서 길을 잃어라. 그리고 끊임없이 노력하는 상태에서 벗어나 마음의 휴식을 갖자.

| 그냥 웃기

사람들 말대로, 웃으면 행복해지니까 웃자는 게 아니다(웃으면 행복해진다는 것은 '안면 피드백 가설facial feedback hypothesis'로 잘 알려져 있다). 하지만 웃으면 다른 사람들과 연결되고 대화를 끌어낼 가능성이 커지니까 웃자.

| 인내심 기르기

인내는 미덕이다. 우울 증상이 발현되는 음산한 겨울에는 다른 현실을 상상하는 게 불가능하겠지만, 모든 것은 변하기 마련이다. 보통 그 과정은 우리의 개입과 무관하게 이뤄지겠지만. 결국 밤이 지나면 언제나 날이 밝는다.

| 균형 잡기

예전에는 사람들이 내게 균형을 잡으려고 노력하는 게 현명하다고 말하면 얼굴을 찡그리곤 했다. 인생은 극단으로 가야 더 재미있다는 생각을 오랫동안 해왔기 때문이다. 요즘에는 과도함을 알아채고 피하는 것의 가치를 이해한다. 변화는 알아차림에서 시작된다. 삶에서 하나의 영향이나 힘, 존재의 과도함을 인식하는 일은 균형을 되찾는 첫걸음이다.

| 집착하지 않기

불교의 중심 사상 중 하나는 집착이 고통을 일으킨다는 것이다. 이 실천 방안은 완전한 금욕을 주장하는 게 아니라 우리가 집착하는 것들, 일테면 어떤 물건이나 결과, 목표, 꿈, 희망 사항 등을 더 잘 알아차리고 그것들의 손아귀에서 살며시 빠져나오자는 뜻이다. 그러기는 쉽지 않고 연습이 필요하다. 아마도 평생 연습해야 할 것이다.

실천을 오래도록
_____ 지속하려면

앞서 말한 실천 방안에 대해 추가할 말이 있다.

하나는 '긍정적 행동'에 방점이 있다는 것이다. 그러니 실천 방안들을 만들어 유익한 일과에 추가하고, 자신에게 맞도록 이리저리 손을 보면 된다. 반면, 건강에 관해 나와 있는 충고들을 보면 대부분 포기와 거부에 방점을 찍고 있다. 예컨대 금주하라, 금연하라. 약물을 끊어라, 과속하지 마라, 포화지방을 섭취하지 마라, 밤늦게까지 깨어 있지 마라, 온종일 소파에 있지 마라 등등이 그렇다. 모두 지당한 말씀이다. 그러나 내가 발견한 사실은 늘 똑같은 24시간 안에 습관이 추가되면 그것들 사이에 경쟁이 불가피해지면서 변할 수 있다는 것이다. 예를 들어 다음 날 친구와 산책하기로 약속했기 때문에 아침에 일찍 일어나야 한다면, 너무 늦게까지 깨어서 쓸데없이 삶의 의미를 파고 들지 않게 된다.

유니버시티 칼리지 런던 학자들의 연구에 따르면, 새로운 습관을 만드는 데는 66일이 걸린다고 한다. 겨우 두 달 남짓한 기간이다.[12] 따라서 건강하지 않은 습관을 끊으려고 할 때 가장 빠른 방법은 건강한 습관을 새로 만드는 것이다.

일과를 만드는 것의 이점에 대해서는 더 설명할 필요도 없 겠지만, 일과를 바꿔서 자신을 깜짝 놀라게 하는 것도 좋다. 그 까닭은 이렇다.

2015년 후반의 어느 날, 나는 그동안 수집하면서 늘어만 가는 실천 방안 모음에 변화를 줘보기로 했다. 그래서 시내에 나가 색인 카드 한 꾸러미와 수채화 물감 한 세트를 사 와서는 색인 카드에 실천 방안을 하나씩 쓰고 그림도 그려 넣었다. 그 때부터 아침마다 그 카드 꾸러미를 뒤섞어 무작위로 두 장 뽑 아서는 매일 적어도 한 가지는 실행하려고 노력했다. 대개 하 나면 충분한 것으로 나타났다. 확실히 너무 반복되지 않으면서 도 내가 회복을 활성화하고 촉진하는 일을 하고 있다는 사실을 알고 있으니 그것만으로도 만족스러웠다. 어쨌거나 매일 아침 무얼 할지 결정해야 하는 것은 힘든 일 아닌가. 이럴 때 가끔은 누가 알려주는 게 도움이 된다. 심지어 확률 자체에만 유일하 게 그런 결정 권한을 부여하는 경우에도 그렇다. 인생이 무작위 일진대, 회복을 게임으로 바꿔 무작위로 만드는 것도 좋은 방법

아닐까.

카드는 두 종류다. 하나는 노란색의 '액션Action' 카드로 태양 경배 자세 취하기, 섀도복싱 하기, 자연의 품에 안기기 같은 제안이 담겨 있다. 그리고 다른 하나는 파란색의 '아이디어' 카드다. 예를 들면 타인과 연결되는 방법, 나 자신을 되찾는 방법, 자기 성찰의 실행력을 키우는 제안 등이다. 마지막으로 매우 특별한 카드가 한 장 있다. 바로, 실천을 하루 쉬라는 카드다. 이 카드에는 피자 한 조각이 그려져 있다. 가끔 소파에서 하루를 보내는 것이 역설적이게도 행복을 느끼는 방법이기 때문이다.

이 책에 최고의 회복 비결 또는 모든 고통과 비참함을 한 번에 없애주는 마법 같은 해결책이 없다는 생각이 든다면, 다시 한번 사과한다. 그런 것은 없다. 아니 적어도 나는 아직 발견하지 못했다.

좋은 소식은 그 대신 점진적으로 개선되는 방법이 수백 가지, 아니 어쩌면 수천 가지가 있다는 것이다. 그중에서 자신에게 가장 잘 맞는 방법들을 발견하고, 적용해보고, 정리하고, 버리다 보면 어디에서도 발견하거나 살 수 없는 것, 누구도 알려주지 못하는 것이 남게 된다. 바로, 우리 자신의 실천이다. 실천은 내가 하는 만큼 변화와 성장을 가져다준다. 그러니 자신에게 효과가 있는 방법을 찾아 꾸준히 실천하자. 매일.

아침에 하면 좋을
습관 6가지

요즘 아침 의식이 인기 있는데, 여기에는 그럴 만한 이유가 있다. 하루를 시작하는 20~30분을 자신에게 집중하고, 성찰하고, 계획을 세우고, 실행하면 그날을 원하는 방향으로 이끌수 있다. 수도자를 비롯해 회복하려는 중독자, 요가 수련자 등 신앙인들이 아침에 눈을 뜨고 나서 처음 30분에 대해 엄격한 것은 아마도 우연이 아닐 것이다. 여기서 '의식'은 매일 또는 최대한 자주 실천하는 습관을 의미한다.

유용한 아침 의식의 요소를 몇 가지 소개한다. 이 기본 사항들은 자신의 리듬이나 취향에 맞게 변경하거나 추가할 수 있다. 다만, 하루도 빠짐없이 아침 의식을 완벽하게 달성하지 못한다고 해서 자책하지는 말길 바란다. 이것은 경쟁이 아니다.

침대를 정리한다

정신질환으로 고생하는 많은 사람에게 도움이 된 유용한 방법이다. 일어나서 침대를 정리하면, 하루를 마치고 침대로 돌아올 때까지 최소한 한 가지는 달성한 셈이다.

명상한다

마음챙김 명상은 기본적으로 판단하지 않고 순간순간을 알아차리는 것이다. 몸을 안정시키고, 마음을 가라앉히며, 몸속으로 숨이 들어오고 나갈 때 호흡에 집중하면서 느낌을 알아차린다. 그러고는 그런 느낌이 지나가게 두면서 생각을 있는 그대로 본다. 그저 생각이라고만 인식하는 것이다. 종종 머릿속에 간단한 이미지를 떠올리는 것도 도움이 된다. 예를 들어 흐르는 강물이나 하늘로 두둥실 떠오르는 열기구를 떠올려본다.

호흡을 50번 하면서 숫자를 세거나 잠언집, 시의 한 구절 또는 의미가 와닿았던 글귀를 한번 읽어보자. 말을 몇 마디 해도 되고 기도문이나 짧은 기도, 주문, 긍정의 말을 가만히 읊조려도 괜찮다. 핵심은 소셜 미디어와 급한 이메일, 그 밖의 자극들로 폭격당하지 않고 정신을 깨어 있고 안정되게 하는 것이다. 그러니 전자 기기에서는 잠시 떨어져 있자.

몸을 움직인다

세로토닌은 행복감을 일으킨다고 여겨지는 물질이며, 몸을 움직이면 세로토닌이 퍼지는 데 도움이 된다. 15분쯤 걷거나 일련의 스트레칭 동작을 해보자. 만약 기운이 넘친다면 조깅이나 운동, 춤도 좋다. 무엇보다 우리에게 정신만 있는 게 아니라 몸도 있다는 사실을 떠올리는 게 중요하다.

음식을 먹는다

그러나 진한 커피나 차가 첫 음식이 되지 않도록 주의한다. 자극제는 각성 상태로 만들어줄 수 있지만, 지나친 섭취는 불안감과 심한 감정 기복을 일으킬 수 있다.

지방과 단백질이 기본이 되는 아침 식사(달걀, 요거트, 견과류 등)가 탄수화물이 많은 시리얼과 빵을 앞질러 인기를 끌고 있다. 부분적인 이유는 지방과 단백질로 구성된 식단이 급격한 혈당 상승을 초래하지 않는다는 데 있다. 혈당 상승은 인슐린 반응을 일으키고, 이어서 졸음을 유발할 수 있다.

일지를 쓴다

많은 사람이 쓰기를 하면서 생각을 글로 전환하는 시간이 도움이 됨을 깨닫는다. 예를 들면, 전날의 생각과 느낌, 앞으로의 비전, 간밤에 꾼 꿈을 기록하는 것이다. 이런 일지는 자연스러운 기분 변화를 기록하는 한 방법으로, 미래의 어느 시점에 과거를 돌아볼 때 유용하다. 맞춤법이 정확한지, 말이 되는 내용인지 따위는 걱정하지 마라. 그저 물 흐르듯 써 내려가면 된다.

누군가에게 전화를 건다

그냥 가볍게 대화하기 위해서다. 목소리를 사용하는 것은 나에게 목소리가 있다는 사실을 상기시켜주는 방법이고, 말하기는 나 자신을 넘어 바깥세상으로 들어가는 방법이다. 반드시 깊고 의미 있는 교감을 나누지 않아도 된다. 누군가에게 전화해서 좋은 하루 보내라고 인사해보면 어떨까? 상대방도 고마워할 것이다.

12장

인내가 가져올 변화

상황은 반드시 바뀐다.
그러니 조급해하지 말고
시간을 두고 기다려라.

나아가진 못해도
───── 살아갈 이유는 있다

오늘은 특별한 곳에 있지 않고, 그냥 책상 앞에서 실천 카드를 섞으며 실마리를 찾고 있다. 특히 한 장의 카드가 지난 며칠 동안 내게 계속 눈짓을 보내와서 그 카드를 내 시선이 닿는 벽에 붙여놓았다. 카드에는 '나무를 하고 물을 길어 와라'라고 씌어 있다. 몇 년 전에 우연히 발견한 선불교의 경구다. 아마도 앨런 와츠의 책에서 봤을 것이다. 전문은 이렇다.

깨닫기 전에는 나무를 하고 물을 길어 와라.
깨달은 후에도 나무를 하고 물을 길어 와라.

깨닫는다고? 강렬하고 어마어마한 말처럼 들리지만, 내 인생에서 지난 몇 년 동안을 그리는 곡선, 바닥을 친 뒤 회복으로 가는 여정에서 갑작스러운 돌파와 의기소침해지는 후퇴가 일어나는 굽이진 길을 표현하는 것 같다. 그런데 이 경구의 의미는 대체 뭘까? 단순하게 보면, 인생의 큰 변화가 일어난 후에도 평정을 잃지 않도록 평범한 허드렛일을 계속해나가는 것이 중요하다는 뜻이다. 땔감을 쌓고, 그릇을 씻고, 이런저런 심부름을 하는 것이다. 그 일은 절대 끝나지 않기 때문에 언제까지고 계속해나가야 한다. 삶은 계속된다. 그러니 매일 아침 일어나서 목적을 가지고 삶에 다가가야 한다.

그 정도면 충분한 지침이다. 이 어구를 처음 들었을 때 나는 프랑스에 있었다. 그곳으로 이주해 식당을 연 친구들과 함께 지내고 있었는데, 당시 무일푼이었던 나는 설거지를 도와주고 뒷마당에서 나무 자르는 일을 하면서 생활비를 벌었다. 하루는 강풍이 불어 아주 큰 나무의 가지들이 땅에 떨어졌기에 칼을 한 자루 사서는 자투리 나뭇가지를 활용하여 친구의 딸을 위해 움막 짓는 일을 했다. 이곳에 처음 온 것은 내가 병원에 실려 간 날로부터 1년 후였다. 나는 땀에 흠뻑 젖은 채로 정원의 플라스틱 의자에 앉아 시간을 보내면서 뭔가를 감지하고 있었다. 신경에 점차 불이 다시 들어오고, 시야가 선명해지고, 미묘한 흥분이 솟는 느낌이었다.

그 후로도 종종 그 친구들 집에 가서 묵었다. 그곳에서 보내는 시간은 책상에 붙어 지내는 1인 생활에서 벗어나는 휴가이자, 지난 몇 년간의 회복 여정을 성찰하는 기회가 됐다. 이 책의 도입부에서 내 인생의 기본적인 연대기가 나왔는데, 내용을 좀 더 업데이트하면 다음과 같다.

| 2013년

걷잡을 수 없는 공황 상태. 방향을 잃은 것 같은 데다 마음 깊은 곳에서 내 삶에 어떤 변화가 필요하다는 느낌이 들었지만 뭘 어떻게 바꿀 수 있는지는 잘 몰랐다. 사실 단서들은 전부 그곳에 있었다. 직장 문제, 과도한 쾌락주의, 관계에서 겪는 갈등, 그리고 삶의 의미를 찾으려는 고뇌.

| 2014년

시작은 괜찮았다. 그런데 난데없이 무너졌다. 그날 사무실 건물 앞 길바닥에서 이제 다 끝났다고 생각했다. 갑작스러운 선택의 순간이었다. 완전히 끝낼 것이냐, 도움을 청할 것이냐. 얼마 후 베를린에서 영국으로 돌아와 내 짐을 지하 창고에 밀어 넣었다. 으슬으슬하고 외로운 겨울이 찾아왔다. 이를 악물고 겁에 질려서는 내면의 안개에 휩싸인 채 거리를 산책했다.

| 2015년

다시 시작하려는 시도의 연속. 브리스틀로 거처를 옮길 즈음 해가 나왔다. 조금 남아 있는 기운으로 다시 시작해 회복에 전념했다. 이것저것 발견했고, 살아가고 성장하기 위한 새로운 방법들을 시도했다. 아울러 다시 웃고 싶다는 마음이 간절했다. 내 감정의 스펙트럼이 넓어지기 시작하면서 흑백으로 채워졌던 부분에 조리개가 넓어지고 다른 색깔들이 서서히 나타났다.

| 2016년

생활환경(직장과 주거 공간)이 안정됐고, 내 기분도 안정세를 보였다. 부지런히 일하고, 공부하고, 글도 썼다. 두려움과 절망의 사인곡선이 길어졌다. 강도는 덜했지만 그래도 여전히 남아 있어서, 갑자기 두려움이 분출되고 때때로 멍한 공허감이 찾아왔다. 동시에 점차 다른 감정도 느끼기 시작했다. 바로, 불쑥 밀려드는 행복감이었다. 지크문트 프로이트는 그런 현상을 이렇게 규정했다. 행복감은 "억눌린 욕구가 갑자기 충족됐기 때문에 발생한다. 그것은 본질적으로 일시적 현상에 지나지 않는다."[13] 일시적인 것으로도 충분했다.

| 2017년

기운이 어느 정도 차올랐다. 공개적으로 말을 더 많이 하고, 친구와 가족·친지, 심리치료사, 멘토에게 했던 이야기들을 잡지로 발간해 사람들에게 들려주기 시작했다. 이 새 프로젝트는 아주 잘 진행됐다. 그즈음 상상할 수 있는 최악의 일 중 하나가 일어났다. 어머니가 돌아가신 것이다. 삶이 축복과 황폐라는 양극단을 오갔다.

| 2018년

여파가 미쳤다. 사별의 슬픔과 우울증이 있었지만, 실천과 작업도 있었다. 이 책을 썼고, 달리기를 했으며, 태극권을 하면서 24식과 발동작, 찌르기도 연습했다. 매일 아침 공원에 갔고 오후에는 정원에서 일했다.

| 2019년

현재. 안 좋은 상태에서 더 나빠졌다가, 나아졌다가, 좋았다가, 완전히 정신이 나갔다가, 오늘 아침까지 왔다. 바로 오늘.

이 목록을 자세히 살펴보니 어떤 것들은 정신질환을 다스리는 회복의 소명처럼 보이지만, 어떤 요소들은 단지 '인생'의 사건(예를 들면 실연과 사별)과 그 사건에 대해 마땅히 생겨나는 나의 반응임을 알겠다. 시간이 흐를수록 그것들은 하나로 합쳐지고, 정신건강과 정신질환의 협소한 임상 분야 간의 경계도 무너져 간다.

***

우리는 몇 가지 큰 주제를 살펴보면서 많은 이야기를 후다

닥 해치웠다. 각각에 대해 논할 수 있는 내용은 훨씬 많지만 이 정도로도 당신의 여정에 어떤 방향을 제시해주었기를 바란다. 만약 바닥을 쳤거나 거의 그 수준까지 간 상태라면, 아마 지금은 기분이 좀 좋아지고 솟아날 구멍을 찾았을 수도 있다. 아니 어쩌면 움직이고 있거나, 적어도 자신이 찾고 있던 도움을 받을 준비를 했을지도 모르겠다.

회복의 핵심은 움직임이라고 생각한다. 그것은 어떤 것에서 다른 것으로 바뀌는 '전환'이다. 그리고 시간이 흐르면서 치료나 약, 운동, 목록 작성, 독서, 식사, 자연, 명상, 그 밖에 우리가 탐색한 것들을 모두 넘어선 마지막 한 가지가 필요하다. 바로, 인내다. 인내는 여러 미덕 가운데 하나이지만, 우리 취지에서 보면 '가장 중요한' 기본 덕목이다. 우울과 불안은 시간의 법칙을 거스르면서 우리를 끔찍한 과거에 묶어놓거나, 아니면 무시무시한 미래로 달리게 한다. 그러나 앞서 나온 문신의 문구를 이렇게 바꾸어보자.

'언제나 지금이다. 나는 언제나 인내한다.'

즉 고통스러운 '현재'를 최대한 오래 견디는 것이다. 인내는 모든 게 바뀔 때까지 우리가 버틸 수 있게 해줄 것이다. 인내는 신뢰나 수용과 마찬가지로 신이 무작정 베풀어준 어떤 타고난 자질이 아니다. 그보다는 오히려 기술에 가깝기에 충분히 습득할 수 있다.

상황은 바뀔 것이다. 이 대목에서는 내가 처음에 했던 약속을 깨야 한다. 이 말을 따라 하기 바란다.

상황은 바뀔 것이다!

그걸 어떻게 아느냐고? 예를 들어 날씨를 보자. 매일같이 달라지지 않는가. 달력도 확인해보자. 더는 지난달이 아니다. 우리 자신도 보면, 열여덟 살 적의 내가 아니라 성인이다. 당시 느꼈던 고통은 오늘 느끼는 고통이 아니며, 기쁨도 마찬가지다. 변화야말로 우리 자신이 동기화해서 시간과 함께 타고 갈 수 있는 법칙이다.

앞에 나온 연대기는 내가 어떻게 변했는지를 보여준다. 나는 사랑하는 사람이 죽는 일을 감당하거나, 사계절 연속으로 금주하거나, 내가 느낀 진실을 들려주는 이야기들을 출간할 수 있다고 생각해본 적이 없었다. 심지어 아침에 눈을 뜰 때 그저 기분이 우울하지 않을 수 있다고도 생각하지 못했다. 하지만 이게 오늘 있는 그대로의 내 모습이다.

회복으로 가는 길
_____ 가운데서

회복은 이 마지막 부분의 주제이며, 앞서 '우울',
'불안'과 같은 단어들을 다루었던 방식으로 접근해볼 수 있다.
그러니까, 우리가 이해하는 방식과 그 의미로 다뤄보자는 말이
다. 회복 역시 각자 해석하기 나름이니까. 이 책에서 이해한 것
처럼 기분이나 기능이 더 나아지게 해주는 일을 배우는 것도
회복이고, 회복 모임에서 보듯이 맨정신을 유지하는 것도 회복
이다. 또한 감정과 신경계의 회복, 욕구와 욕망이 다시 살아나
는 회복도 있다. 가장 단순한 의미의 회복은 상태가 더 나아지
는 것으로, 신체적·정신적·영적으로 다 같이 개선되어 자신이
다시 한번 한 사람으로서 응집되는 것이다.

이것의 실질적 의미는 질문으로 남겨두는 게 가장 바람직

하다. 그런데 회복되었다는 것을 어떻게 알 수 있으며, 그 기간은 얼마나 걸릴까? 앞의 연대기를 보면 여러 해가 걸리는 문제다. 다친 뼈를 치료하는 데는 대략 6주가 필요하다. 그렇다면 자아는 어떨까?

완전히 받아들일 수 있는 간단한 답이 하나 있다. 이렇게 말할 수 있으면 회복된 것이다. "저는 완전히 괜찮아요. 고마워요. 이젠 이런 게 하나도 필요하지 않아요. 저는 잘 지내요. 이제 그 단계는 지났거든요. 다 과거 일이죠."

다른 하나는 더 실질적인 답으로, 내가 회복과 삶이 같은 것이 됐다고 말할 때의 의미다. 이렇게 해석하면 회복 과정에서는 적응과 통합이 새로운 양식이 되기 때문에, 심지어 전혀 새로운 삶의 방식이 될 수도 있기 때문에 결코 회복된 것이 아니다.

불 속에서 나오는 불사조나 허물을 벗는 뱀, 7년마다 죽고 다시 태어난다는 인간의 생애주기(이 사상의 기원은 중국이다), '영적 각성' 등은 들어는 봤으나 전후로 보면 아무것도 같지 않은 것 같다. 그 외에 이런 과정을 극적으로 설명하는 진부한 논리들이 많지만, 사실 회복은 더 느리고 미묘해서 거의 지각판이 움직이는 수준이기에 언제나 쉽게 설명할 수 없을뿐더러 심지어 식별하기도 힘들다. 하는 것과 보는 것은 다르다. 그리고 생각이 변하는 만큼 마음도 변한다.

게다가 아마 성향도 변하는 것 같다. 현재 내 성향에 대해 생각해보면 그 안에 유용한 특색들이 섞여 있는 게 보인다. 이 책을 쓸 때 참고한 자료에서 알게 됐는데 거기서 위안을 얻었다. 이를테면 이런 것들이다.

| 실존주의적

파리지앵 철학자들과 빅터 E. 프랭클이 들려주는 사상들이다. 삶에는 본질적 의미가 없는 것 같으니 자신만의 의미를 찾는 게임을 해야 한다. 우울할 때는 그 일이 더 시급해 보인다. 왜냐하면 우울은 곧잘 상실에서 비롯되기 때문이다. 이처럼 의미를 상실했을 때는 그 '이유'를 알 수 없다. 그래, 아마도 의미 찾기는 일이나 공부 같은 지겨운 프로젝트가 아니라 게임으로 보면 가장 바람직하겠다. 게임은 이기거나 아니면 지는 것이며, 그 결정 요인은 기술과 기회다. 이렇게 보면 실패는 있을 수 없고 오직 배움만 있다.

| 인본주의적

칼 로저스와 같은 사상이다. 타인의 삶 속으로 들어가 그 사람의 관점에서 보고 그에 따라 내 관점을 바꾸는 것이다. 소통하고 공감한다, 그를 위해 함께 있어준다는 것은 단순히 자기 자신에게서 잠시 벗어나는 행동이 아니다.

| 금욕주의적

마르쿠스 아우렐리우스가 전해준 사상이자, 간접적으로

선과 도의 가르침이다. 변화는 법칙이다. 나 자신을 포함하여 모든 게 변한다. 따라서 인내가 미덕이다. 상황은 바뀔 것이다. 우리가 지금 머물러 있는 시간대는 다음 시간대에 통로를 내어 주고 사라질 것이다.

| 영적·종교적

회복 모임에서 발견한 사상이다. 자신을 거대한 존재, 적어도 자기보다는 더 큰 존재와 연관 지을 때 생기는 시각이다. 그 큰 존재는 우리를 무력감에서 해방해주고 자아에서 벗어나게 해준다. 이 효과를 보는 가장 간단한 방법은 모임이나 단체, 팀, 조직, 운동, 포교 활동 등에 참여해서 받기를 기대하기보다는 주는 것이다.

| 신비주의적

나는 요즘 이념적이거나 이상주의적 사고방식에 회의를 품고 있다. 게다가 모든 것을 이성적 이해의 차원에서 알 수 있거나 알아야 한다고, 또는 답할 수 있거나 답해야 한다고 보지 않는다. 삶은 과학 방정식이 아니라 마돈나가 부른 노래 '라이크 어 프레이어Like a Prayer' 곡 가사처럼 이해할 수 없지만 포용해야 할 신비라고 말하면, 내가 낭만주의자처럼 보이려나. 아무튼 이 노래는 1989년에 발표되어 전 세계 20개국에서 1위에 올랐던 히트곡이다. 신비주의자는 진실을 알고 있더라도, 그것을 신비로 남겨두어야 한다.

| 비극적

결국엔 모든 게 끝난다. 듣기에 힘든 말이지만 사실이다. 그러니 과정을 즐기고, 자신이 그 안에 있다는 사실을 기쁘게 받아들이려고 노력해야 한다. 나는 가끔 우울이 카타르시스를 맞이하지 않는 비극이라는 생각이 든다. 카타르시스는 고통을 가치 있게 만드는 마음의 정화다.

이것이 세상을 보는 올바른 방법이라는 말은 아니다. 그저 내가 요즘 세상을 보는 방식일 뿐이다.

* * *

회복을 측정하는 유용한 방법이 있다. 간밤에 꾼 꿈이나 변화가 있었던 순간, 하루하루 보내면서 들리는 것들, 어디서 우연히 들었거나 책에서 읽은 고무적인 생각과 명쾌한 통찰, 춤 출 때 틀어놓을 음악과 다양한 분위기에 따른 음악 목록, 감사 목록, 실천 방안, 생각과 실행을 적어보는 것이다.

이제 마지막으로 한 가지를 추가하려고 한다. 바로, 이야기의 구조를 갖추게 해주는 틀이다.

— 그것을 어떻게 시작했는가?

— 그것이 언제 바뀌었는가?

— 그러고 나서 어떤 일이 벌어졌는가?

— 그 결과는 무엇을 의미하는가?

가장 단순한 의미에서, 스토리텔링은 말하기다. 그리고 지금쯤은 분명해졌길 바란다. 문제에 대해 말하는 것은 문제를 다루는 첫걸음이다. 이 작업이 내게 많은 도움을 주었기에 누구에게라도 그럴 수 있다고 생각한다. 의학적 병명들은 기준틀을 제시하면서 우리가 그 정도로만 좋아지게 하지만, 이야기는 우리를 훨씬 더 나아지게 할 것이기 때문이다. '우울증' 같은 병명은 우리를 진단이라는 정적인 인식의 틀에 가두지만, 이야기는 동적인 구조다. 그래서 이야기는 연대기이자, 시간에 따른 변화의 보고서다. 그리고 인간 역시 동적인 존재이기 때문에 이야기가 가치 있는 것이다. 한 번 더 말하면, 이런 생각은 칼 로저스가 얘기한 '되어가기'라는 개념과 상통한다.

이야기는 병이 났다가 치료되고, 상태가 개선됐다가 악화되고, 다시 돌아가는 움직임을 추적하면서 우리가 어떻게 적응하고 반응해가는지를 깨닫게 해준다. 사실상 자아도 변하기 때문이다. 특히 번아웃이나 붕괴, 위기라는 지진이 일어날 때는 더욱 그렇다. 나의 심리치료사가 말한 대로 심리치료는 코일과 같은데, 삶도 마찬가지다. 우리는 제자리를 맴도는 것 같지만 앞으로 나아가고 있다. 따라서 회복이 어떤 상태나 가망에서 다른 상태나 가망으로의 변화라면, 이야기는 그 변화의 기록이다. 그 방식이 쓰기든, 말하기든, 어떤 다른 매개체든 상관없다. 예컨대, 춤이나 태극권도 가능하다.

아울러 이야기는 그 변화에 에너지와 형태를 제공하면서 활기를 불어넣을 수 있다. 정신분석 작가이자 심리치료사인 애덤 필립스는 "광기를 다른 성격의 것으로 전환하는 재능, 일테면 공포를 위안으로 만드는 재능"에 관해 이렇게 썼다.

> 온전한 정신이란, 우리 자신에 대해 뭘 무서워하든 그 무서움이 삶의 즐거움을 파괴하지 못하게 하는 재능이다. 그리고 이것은 (…) 본질적으로 언어적 재능이다.[14]

말과 글, 이야기는 우리를 공포에 떨게 하는 것들과 떼어 놓을 수 있다. 결국 회복을 생물학적·심리적·임상적 과정일 뿐 아니라 창조적 과정으로 볼 수 있을 때, 회복은 어쩌면 가장 창조적인 일이 될 것이다. 또한 다른 사람들에게 그 과정을 보여준다면, 아마 그 사람들에게도 도움이 될 것이다. 그들에게 자신이 결코 혼자가 아니라는 사실, 자신을 끊임없이 괴롭히는 생각들이 자신에게만 찾아오는 게 아니라는 사실을 알게 해주기 때문이다.

우울하지만
꽤 괜찮은 삶

실타래처럼 풀어놓은 이 이야기의 마지막 한 가닥은 이야기가 시작된 곳, 바로 베를린에서 끝난다.

최근에 친구 야코프가 주관한 회의에 연사로 초청받아 그곳에 다시 갔다. 의자들로 원 대형을 만들어 스무 명 정도의 사람들과 함께 앉아 있었다. 장소는 개조한 공장 건물이었는데, 아침 햇살이 큰 유리창을 통과해 굴절되고 있었다. 논의의 초점은 음악 업계에서의 건강이었다. 내가 사실상 잘 모르는 업계이긴 했지만 마음챙김, 그리스 철학, 그리고 알쏭달쏭한 일과 삶의 균형에 대한 발표들이 이어졌다.

내 나이쯤으로 보이는, 맞은편 연사석에 앉아 있던 여성이 자신의 번아웃에 대해 이야기했다. 음악 업계에서 일하는 동안

두 번을 겪었다며 두 번째 경험을 나누었다. 그 이야기를 듣고 있으니, 예전에 내가 왜 그랬는지 이해가 안 될 정도로 충실하게 일했던 경험과 겹쳐지면서 계속 동감하며 고개를 끄덕이게 됐다. 그 여성은 감당할 수 없을 것 같다는 느낌부터 시작해 의사·심리치료사·가족·친구의 도움을 받아들인 일, 그 후 일어난 일들, 그리고 현재 삶의 모습에 대해 얘기했다. 지금은 평온하고 현명하게, 가족들을 돌보면서 자신이 할 수 있거나 하고 싶을 때 일한다고 했다. 그 여성의 이야기가 끝나자 나도 말하고 싶다는 욕구가 생겼고, 그곳에 모인 청중에게 내 이야기를 나누었다.

"방금 해주신 이야기를 들으니 생각나는 게 정말 많습니다. 거의 믿기지 않지만요. 그러니까 제 말은 저도 거기, 바닥에 가봤다는 뜻입니다. 완전히 바닥을 쳤었죠. 여기서 멀지 않은 곳이었어요. 사실은… 알렉산더 광장 바로 옆이었답니다. 몇 년 전 일이었죠."

높이 솟은 TV타워가 창문으로 우리를 지켜보고 있었다.

회의가 끝나자 그 여성과 나는 이야기를 나누고 이메일 주소를 교환했다. 말을 많이 하진 않았다. 아마도 그럴 필요가 없어서였을 것이다. 우리 사이에는 이해의 주파수라고나 할까, 위기의 심연을 잘 안다는 공감대가 있었다. 말하기, 생각하기, 움직이기, 좋아하기 등과 같은 심신의 기능이 더는 아무것도 작동하지 않을 때의 황량한 평평함. 아침에 눈을 뜨자마자 밀려드는 두려움과 온종일 지속되는 갇힌 듯한 절망감.

　이런 상태를 경험한 사람들은 대개 깊은 변화를 거친 모습으로 돌아온다. 그 여성에게서도 그런 변화를 직감할 수 있었다. 지금까지의 여정 어딘가에서 그 여성은 수치심을 가린 덮개를 잃은 듯하다는 생각이 들었다. 그런 경험에는 좋은 면이 있다. 수치심이 살아가는 데 여러모로 방해가 되기도 하기 때문이다.

　사람들은 일시적 증상들을 계속 겪으며 살다가 최악을 겪고 나면 대개는 좋은 상황으로 넘어가는데, 그 뒤로는 '좋다'의 정의가 바뀌게 된다. 자못 평범하고 감흥이 없는 삶을 영위하면서 위기가 다시 발생할 수 있다는 사실을 기본적으로 자주 자각하기 때문이다. 설령 지금의 삶이 출세의 사다리에서 몇 계단 더 내려간 것처럼 보여도, 바닥을 친 입장에서는 어쨌거나 현재 위치조차 기적처럼 보이게 된다. 일단 완벽함과 지속적인 자극과 완전한 달성을 향한 노력을 그만둔 사람들은 인생이 살 만하고, 평화로우며, 자신과 몇몇 사람들에게 약간의 의미가 있기를 바랄 뿐이다.

　나의 일시적 증상들이 반복되는 것을 보면 아마도 나는 절대 '깨끗이' 치료되진 않을 것 같다. 앞으로도 다시 밑바닥으로 떨어질 수 있으니 계속 조심해야 하고, 증상들이 나타나면 그것을 다스려야 할 것이다. 그러려면 노력만큼 수동성이 필요하다. 이렇게 말하는 이유는 세간에 정신질환과 '싸우고 있는' 유명인들의 이야기를 자주 들어서다. 그들은 마치 중세의 십자군처럼 완전히 그리고 영원히 정복하고야 말겠다는 궁극적인 목표를 세우고, 무섭도록 끈질기게 싸우고 있는 것 같다. 회복 활동은 종종 전력 차이가 큰 부대 간의 전투, 이를테면 예측 불가하게 변신하는 적을 상대로 싸우는 일상적인 게릴라전을 닮았다. 하지만 사실상 의지나 노력과는 정반대인 행동에서 실제로 시작되기도 한다.

그러니까 그 정반대의 행동이란, 적의 요구에 따라 항복하고 도움을 청하는 일이다. 나를 포위한 안개를 인식하고, 안개가 지나가고 나면 찾아오는 변화 자체를 인정하고, 그 변화가 나를 바꾸게 두는 것이다.

점심을 함께한 후, 야코프와 다른 참석자들에게 작별 인사를 하고는 카를 마르크스 대로를 따라 걷기 시작했다. TV타워에서 동쪽으로 쭉 이어지는 이 넓은 대로는 내가 베를린에 살 때 달리기를 하던 길이었다. 저녁마다 프랑크푸르터 토어까지 갔다 돌아오는 코스로 5킬로미터를 달리곤 했다. 마지막 200미터쯤을 남겨놓고는 전력질주를 하면서 태양 아래에서, 때로는 눈을 맞으며 남은 힘을 소진하고 끝냈다.

슬슬 걷는데 유리창에 비친 내 모습이 눈에 들어왔다.

'그래, 여전히 못생겼어. 키는 마음에 안 들게 작고, 머리는 예전보다 더 벗어졌군. 팔자주름은 더 깊어지고, 눈·코·입도 다 처지고 있네.'

나는 작정하고 유리창에 가까이 다가가서 내 모습을 좀 더 살살이 살펴보고는 윙크를 했다.

'괜찮아. 난 멋져. 그렇게 애쓸 필요 없어.'

숙소에 돌아온 건 초저녁 무렵이었다. 내일 해야 할 일들을 쭉 적었다. 첫 번째로 할 일은 연사석에 앉아 있던 여성에게 만나서 정말 즐거웠다고 마음을 표현하는 인사 메일을 보내는 것이었다. 아울러 미소 띤 얼굴로 내게 이야기했던 다른 사람에게도 메일로 어떤 말을 전하고 싶었다. 내가 당신에게도 건네고 싶은 그 말.

"오래오래 회복을 빕니다."

내가 받은 축복들

로빈스는 감사하면 화가 날 수 없다고 말했다. 확실히 유용한 생각이다. 화는 그냥 두면 사람들을 태워 재로 만드는 반면, 감사는 그 불을 끈다. 여기서 감사란 자신이 감사하는 마음을 인식하는 것이다.

감사를 실천하면 다른 효과도 있다. 악의와 적의, 짜증이 깨끗이 사라지고 삶이 눈에 보이는 것만큼 암울하지 않을 수도 있다는 사실을 새삼 깨닫게 된다. 감사를 실천하는 가장 간단한 방법은 감사를 느끼는 것들의 목록을 작성하는 것이다. 아니면 훨씬 더 간단하게, 내가 얻지 못한 것에서 내가 얻은 것으로 시선을 돌려 그것들을 적어도 된다. 이른바 '내가 받은 축복을 세어보는' 행위다.

오늘 아침에는 감사에 대해 성찰하면서 감사 목록을 적어
본다.

—지붕 아래 놓여 있는 침대

—베를린에서 구입해 영국으로 돌아왔을 때 가져온 책상.
  지금 그 앞에 앉아 있다.

—너무나 당연한 것들: 건강, 오감, 수돗물, 안전, 집세를
  낼 수 있을 만큼의 돈, 저녁으로 먹을 소시지와 감자칩

—오늘

—지인의 숫자: 비록 옆에 없지만 전화를 걸어 도움을 청
  할 수 있는 두 자릿수의 친구들과 가족·친지들

—지금까지 나를 여기저기 멀리 데려다준 두 다리, 누군가
  가 나를 안았을 때 나도 그 사람을 같이 안게 해준 두 팔

—이런 생각들을 타이핑해준 손가락들

—이런 이야기들을 할 때 따로 승인받지 않아도 된다는 것

—학습 능력. 이야기는 끝이 없다. 모든 결말은 일시적이다.

—해가 나고 따뜻한 바람이 부는 날씨에 감사하게 해주는
  정말 끔찍한 날씨

—절망과 우울, 두려움, 위기, 실연의 아픔, 실망을 느꼈던
  힘든 시기들과 그 후에 찾아온 좋은 시간

평소에는 이런 감사한 것들이 주변에 있음을 잘 알지 못하

지만, 내가 그것들을 더는 당연하게 여기지 않을 때는 이렇게 풍성해진다. 이런 목록은 나를 서서히 끌어올리며, 때로는 나에게 필요한 전부다.

감사라는 주제를 이야기하고 있으니 지금이 바로, 이 책이 세상에 나올 수 있도록 도와준 분들에게 감사를 표할 적당한 때인 것 같다. 뼈대만 있는 이 이야기들에 살을 붙이도록 시간을 내주고 전문적 조언을 제공해준 모든 분들에게 감사한다.

베를린에서 쓰러진 그날 이후 많은 분이, 정작 본인들은 모를 수도 있지만 기꺼이 아무 보상도 바라지 않고 나를 도와줬다. 나는 많은 사람에게 시간, 관심, 경청, 재미, 돌봄, 일, 격려, 호의, 금전, 직장, 조언, 생각할 거리, 잠잘 곳, 쉴 곳 등 셀 수 없이 많은 도움을 받았다. 모두에게 감사드린다.

하루가 저물 때면 생각하는 우리 가족 아버지, 레슬리, 앤드루, 아이오나. 마지막으로 나에게 읽고 쓰는 법을 가르쳐주시고 사랑과 친절의 의미를 몸소 보여주신 매리언 윌슨 브래덕.

엄마, 편히 쉬세요.

나에게 삶과 더불어,
살면서 겪는 변화를 이해하는 데 도움을 준,
소중한 책들을 소개하겠다.

심리학과 철학

가보 마테Dr Gabor Maté, 《걸신들의 왕국In the Realm of Hungry Ghosts》

나심 니콜라스 탈레브Nassim Nicholas Taleb, 《안티프래질》

대리언 리더Darian Leader, 《뉴 블랙The New Black》

레너드 코렌Leonard Koren, 《와비사비: 그저 여기에》

로널드 랭R.D. Laing, 《분열된 자기》

마르쿠스 아우렐리우스Marcus Aurelius Antoninus, 《명상록》

마르틴 부버Martin Buber, 《나와 너I And Thou》

마이클 싱클레어, 매슈 비드먼Dr Michael Sinclair & Dr Matthew Beadman, 《리틀 액트 워크북
The Little ACT Workbook》

베셀 반 데어 콜크Bessel van der Kolk, 《몸은 기억한다》

빅터 E. 프랭클Viktor E. Frankl, 《죽음의 수용소에서》

사라 베이크웰Sarah Bakewell, 《살구 칵테일을 마시는 철학자들》

세네카Seneca, 《인생의 짧음에 대하여On The Shortness Of Life》

쇠렌 키르케고르Søren Kierkegaard, 《공포와 전율》

애덤 필립스Adam Phillips, 《멀쩡함과 광기에 대한 보고되지 않은 이야기》

앤소니 드 멜로Anthony De Mello, 《깨어나십시오》

어빈 D. 얄롬Irvin D. Yalom, 《나는 사랑의 처형자가 되기 싫다》

존 그레이John N. Gray, 《하찮은 인간, 호모 라피엔스》

존 포웰John Powell, 《왜 나를 말하기를 두려워하는가》

지크문트 프로이트Sigmund Freud, 《꿈의 해석》

지크문트 프로이트, 《문명 속의 불만》

칼 로저스Carl Rogers, 《진정한 사람되기》

팀 캔토퍼Dr Tim Cantopher, 《우울증: 강한 자가 받는 저주Depressive Illness: The Curse of The Strong》

성별

나오미 울프Naomi Wolf, 《무엇이 아름다움을 강요하는가》

댄 밀먼Dan Millman, 《평화로운 전사의 길The Way of The Peaceful Warrior》

로버트 A. 존슨Robert A. Johnson, 《어부 왕과 손 없는 아가씨The Fisher King and The Handless Maiden》

로버트 블라이Robert Bly, 《무쇠 한스 이야기》

신앙과 영성

노자, 《도덕경》

덩밍다오鄧明道,《마음의 눈을 밝혀주는 도 365일》

《성경》

스티브 하겐Steve Hagen,《간단명료한 불교》

앨런 와츠Alan Watts,《선의 길The Way Of Zen》

앨런 와츠,《책을 위한 책: 나는 누구인가The Book: On the Taboo Against Knowing Who You Are》

오이겐 헤리겔Eugen Herrigel,《활쏘기의 선》

윌리엄 제임스William James,《종교적 경험의 다양성》

익명의 알코올중독자들Alcoholics Anonymous,《빅북The Big Book》

익명의 알코올중독자들,《온전한 생활Living Sober》

이야기

데니스 존슨Denis Johnson,《예수의 아들Jesus' Son》

무라카미 하루키Hariki Murakami,《달리기를 말할 때 내가 하고 싶은 이야기》

빈센트 디어리Vincent Deary,《우리는 어떤지How We Are》

에이미 립트롯Amy Liptrot,《아웃런》

윌리엄 스타이런William Styron,《보이는 어둠》

제임스 프레이James Frey,《내 친구 레너드My Friend Leonard》

제임스 프레이,《백만 개의 작은 조각들A Million Little Pieces》

폴 팔리Paul Farley · 마이클 시몬스 로버츠Michael Symmons Roberts,《엣지랜드Edgelands》

〈토치라이트〉에 대해 더 알고 싶다면 다음을 참고하길 바란다.

사이트 www.torchlightsystem.com

인스타그램 @torchlight_system

342

1. Fundamental Facts About Mental Health, Mental Health Foundation, London, 2016

2. https://pubmed.ncbi.nlm.nih.gov/9560163/

3. Dr Tim Cantopher, 《Depressive Illness: The Curse of The Strong》, pamphlet accompanying book of the same name, Sheldon Press, 2003

4. Marcus Aurelius, 《Meditations》, translated by Maxwell Staniforth, Penguin Books, London, 2004

5. Carl Rogers, 《On Becoming a Person》, Constable, London, 2004

6. Thich Nhat Hanh, 《Work: How to Find Joy and Meaning in Each Hour of the Day》, Parallax Press(https://www.parallax.org), Berkeley California, 2012

7. Sigmund Freud, 《Civilisation and Its Discontents》, Penguin Classics, London, 2002

8. https://www.theguardian.com/society/2018/oct/10/young-peopledrinking-alcohol-study-england

9. https://www.bbc.com/news/health-45487187

10. http://citymha.org.uk/wp-content/uploads/2017/11/MH-Inside-our-City-Workplaces-Report-Nov.17.pdf

11. https://assets.publishing.service.gov.uk/government/uploads/system/uploads/attachment_data/file/658145/thriving-at-work-stevensonfarmer-review.pdf

12. https://www.ucl.ac.uk/news/2009/aug/how-long-does-it-take-form-habit

13. Sigmund Freud, 《Civilisation and Its Discontents》, Penguin Classics, London, 2002

14. Adam Phillips, 《Going Sane》, Penguin, London, 2006

옮긴이 허윤정

대학에서 영어영문학을 전공하고 글밥 아카데미를 수료했다. 현재 바른번역 소속 전문 번역가로 활동하면서 번역을 매개로 시공을 넘어 사람들을 이어주는 세상의 다리가 되고자 노력하고 있다. 옮긴 책으로는 《당신이 명상을 하면 좋겠어요》, 《고요 속의 힘》, 《이로쿼이 족 인디언이 들려주는 옛날이야기》 등이 있다.

어떤 감정에도 무너지지 않고
나를 지키는 연습

나도 나를 어쩌지 못할 때

초판 1쇄 | 2020년 8월 13일
　　 2쇄 | 2020년 9월 8일

지은이 | 케빈 브래독
옮긴이 | 허윤정
감수 | 정우열

발행인 | 이상언
제작총괄 | 이정아
편집장 | 조한별
책임편집 | 김수나
마케팅 | 김주희, 김다은

디자인 | 여만엽

발행처 | 중앙일보플러스(주)
주소 | (04517) 서울시 중구 통일로 86 4층
등록 | 2008년 1월 25일 제2014-000178호
판매 | 1588-0950
제작 | (02) 6416-3709
홈페이지 | jbooks.joins.com
네이버 포스트 | post.naver.com/joongangbooks
인스타그램 | @j__books

ⓒ 케빈 브래독, 2020

ISBN 978-89-278-1139-8 (03180)

중앙북스는 중앙일보플러스(주)의 단행본 출판 브랜드입니다.